不協和音の宇宙へ

モンテスキューの社会学

中江桂子
Nakae Keiko

新曜社

はじめに

人々の信念体系と政治と身分構造が相互にその根拠を説明しあう、いわば統合的な国家が、その調和の美しさをもって人々を圧倒していた時代——西欧においてアンシャン・レジーム期にある程度の完成をみた、この一見して矛盾なくつくりあげられた統合的世界観——のさまざまな物語は、いまだに重い存在感をもち、私たちの思考に影響を与えていることは否めない。その後に訪れた近代は、アンシャン・レジームを打倒し、人々を重いくびきから解放された社会へと導いたはずだった。しかし、いま私たちが近代の行き詰まりをみせた時代のなかにいることは、誰もが認めるところである。現在私たちの目の前にある世界はまさに、自由と平等はもちろん、統合と調和というスローガンがいたるところに蔓延している。近代によって宗教的束縛や身分から解放されたとはいえ、近代以降の私たちはいったいどれだけ自由になったのだろう。いまや、自由と平等が現実に意味するものは、将来をいかに計算するかという問題と終わりのない経済競争だけになりつつある。統合と調和は、異質な人々を排除し、同質的な内輪だけで充足することを肯定する役割しか果たさない。それでも統合と調和を叫ばなければならない時代とは、本当に近代がめざしたものだったのだろうか。この行き詰まりとはいかなるものなのか、を知るためには、私たちはそもそも近代によって何から解放され、何を継承せざるを得なかったのかについて、繰り返して吟味しなければならないだろう。

ところで、現代の礎となる近代がいつ準備されたかについては、さまざまな角度から多くの説が並列しているが、最低でも私たちは十七世紀ヨーロッパまでは遡らなければならない。それは、啓蒙主義運動が胎動した時期である。そこから約一世紀をかけて、アンシャン・レジームは解体していった。しかしそれは、ただ跡形もなく消え去ったわけではない。解体のあとに、ふたたび新しい権力と新しい信念体系が発明され、それらの接合の模索がおこなわれたのである。そして当然ながらその新しい時代は、人間の知性のみによって、切り開かれなければならなかった――その確信は疑念を呼ばないほど圧倒的に十八世紀を呑み込んでいった。しかしその人間の知性とは、いったいどのようなものだったのだろうか。

本書の第一部では、西欧のなかに伝統的に受け継がれている思想の方法について吟味している。すなわち、真実は普遍的に人間にとって貴重なものとして存在するのであり、また逆に、普遍的なものは信じるに足る真実である。だから、普遍概念の所在を探すことが、思想をつくりあげることに等しく、その普遍概念を尺度としてもちいることによって世界を認識することが可能となる。普遍概念による世界認識を共有できるのであれば、人々は誤謬に陥ることなくあらゆる人々と共存し和解することが可能である。以上のような思考の方法はアリストテレス以後の世界において、学問や思想の基調を成してきたといってよい。そして時代の転換とは、普遍概念の発見や交替によって引き起こされてきたことも事実である。第一章で論じるジャック・ボシュエは、カソリシズムを普遍概念としたし、その後の啓蒙主義から革命にいたる時代の思想家たちもまた、自然科学や合理性などという普遍概念を導き出すことによって、思想とその世界認識を作り上げてきた。もちろん普遍概念の模索にあっては、一人ひとりが目の前の社会の独自の課題に向き合い、その格闘の結果として、独自の思想を生みだしたのである。しかも十八世紀は、西洋文明が自分以外の地域の多様な文化を知る時代でもあった。貴族の青年たち、文人たち、詩人たちは旅をした――それは世界の多様性を学ぶのと同時に歴史を学ぶことでもあった。そしてかれらの知的努力がはじまる――多様な世界を理解するために必要な普遍概念とは何か。

世界はあまりにも多様だ――だからこそ、その多様性の奥に潜む不動の真実を発見しなければならない。また、多様な世界だからこそその世界と向き合う普遍的な尺度や価値観が必要になるのだ。そして十八世紀のほとんどの文人は、理解と判断の母胎として自然科学の合理的な物差しをつかうことになった。これこそが多様なものを比較し、判断し、評価するために最もふさわしい普遍概念であった。こうしてアンシャン・レジームを通して強化された普遍概念は、近代以降ずっと社会に深く刻印されていく。私たちは普遍概念の圧力をいやだと思っても逃げ出せないでいる。たとえば現代の私たちは、数字や情報にどんなに弱いだろう。現代では一人ひとりがその自由と権利をもって、個性的に生きることが認められてはいるが、結局は自分が個別的に信じる価値の檻のなかで、客観性や普遍性からの圧力を怖れ、孤独を道連れにしながら生きるしかないのだろうか。

それにしても多様性と向き合うために普遍概念との関係を断ち切れないということは、パラドックスではないだろうか?

本書の第二部では、モンテスキューの全体像を描くことに専念した。

モンテスキューは、周知のように十七世紀末から十八世紀の半ばまで生きた、フランス・ボルドーの領主であり高等法院の副院長だった人物である。かれはアンシャン・レジームが崩壊の予兆を色濃くみせた時代に生き、アンシャン・レジーム解体後を見据えた書物を書いたことは、他の人々と同じである。またかれは、旅もした――世界の多様性と歴史を学び、新たな時代を展望したのだった。しかし、多くの同時代の人々とは異なり、モンテスキューが最も警戒したのは、多様性を見るときに普遍的なまなざしを経由してとらえてしまうために、結局のところ見えなくなる部分がどれほど大きいか、ということであった。パリやローマ、隆盛するボルドー港によって強いつながりをもつイギリスなど、ボルドーの領地からそれらの個性的な諸文化に触れることのできたモンテスキューは、こんなに小さな一人の人間が普遍概念を認識できるとなぜ無前提に信じることができるのだろう、と素朴な疑問を終始持ち続けたのである。世界は多様だという事実、普遍性などというものを語ることへの疑義。これらを自らのなかに認めるところから、かれの思索ははじまる。そしてかれの好奇心は世界じゅうを飛び回りはじめる。ヨーロッパはもちろんアジア、日本まで。為政者たちの政治手法から、恋人たちのかけひきまで。ローマ時代から十八世紀の現在まで。そして鉱山の研究から人口の研究まで……。そしてモンテスキューは、人間が生きている活動のただなかで、現象を普遍的に客観的に確認しうると考えることそのものが、いかなる人間にとってももはや不遜であり、誤謬でさえあると、確信するのである。

とはいえ、認識や理解が人間にとって不要になるわけではない。モンテスキューは、人間が多様であることを引き受けるところから、世界を把握する試みをはじめるのである。人間がその多様性からどんなに多くの恩恵を与えられてきたか。多様性と自由は社会にとって危険ではなく、むしろ社会の繁栄を支える重要な要素だという考え方は、近代産業社会のなかではほとんど忘れられてきたことである。また、その多様性がどんなに人間の可能性と深い関係をもつものなのか。かれは、人間の日常の何気ない行為から、国家を左右する権力者の選択に至るまで、あらゆる事象を扱いながら、この問題に接近していくのである。しかし同時に、観察し考察する人間そのものが有限で不完全な存在であることを、かれは忘れない。あらゆるものが制限をうけなければならない、何ものも不変ではないからである。認識者自身が必ずしも客観的にはなりえないにもかかわらず、記述できる社会とはどのようなものだろうか。開かれた多様性を排除せず、自由という動的な側面をも排除しないで、いかに社会はとらえられるのか。かれはその困難な問題と向き合い続けたといってよい。かれの敏捷な知の働きは、あらゆる偏見を警戒し、とどまることを拒否するのだが、その活動の全体を経由して、再び世界を認識する場所を獲得していく。そしてその知の活動には終わりがない。なぜなら世界はまた未知なるものと出会い、新しい可能性を引き寄せるからである。決して完全には理解し得ないからこそ、理解しようとする限りない努力が価値あるものとなるのだ。その限りない思考の旅路は、かれの相対主義を現実に適用可能なものにする力を与える。相対主義が普遍主義にまさる説得力をもつ可能性を、かれの挑戦から私たちは学ぶ必要があるだろう。モンテスキューの膨大な著作をつうじて、それら努力の軌跡を確認し、その結果としてのモンテスキューの人間観と社会観を明らかにすることが、本書の目的である。

モンテスキューの観察眼をとおして人々の生活の現実を見る限り、ボシュエにしても啓蒙にしても、はたしてかれらの普遍概念が、どれほどのリアリティをもつものとして人々に受け止められていたのだろう、という疑いがわいてくるのを禁じ得ない。もしかすると、この統合的で普遍的な世界観が実際に現象していたのは、実はそう長い期間でもなく、広い地域でもなかったのではないだろうか。この問いはいつの時代にも存在しうる。そして、その問いの受け止め方あるいは受け止めの感覚のあり方は、思想の発想の仕方にも大きく影響を与えるのではないだろうか。

第一部、第二部をつうじて、近代の刻印と現代の私たちとの関係、そして多様性と自由のある社会の原像をあきらかにしたい。そして多様なものの共存と平和への努力を、あらためて考える本でありたいと思う。

不協和音の宇宙へ――モンテスキューの社会学　目次

第二部　多様性と相互性——モンテスキューの相対主義

装幀――難波園子

凡例

一、モンテスキューの著作からの引用については、以下の二種類の全集をもとにしており、略語で示す。

（1）*Œuvre complètes de Montesquieu*, édition Roger Caillois, Bibliothèque de la Pléiade, 2vols.Paris, Gallimard.1949-1951.（O.C.M-Pléiade と略す）。

（2）*Œuvre complètes de Montesquieu*, édition Andre Masson, 3vols, Paris, Nagel, 1950-1955（O.C.M-Nagel　と略す）。

二、モンテスキューの主著の以下の三点については、慣例にならい、文中に略語で引用個所を示す。

（1）『法の精神』（EL と略す）。通例にならい、編と章番号を示した（例 EL7-10 は『法の精神』第七編第一〇章）。

（2）『ローマ人盛衰原因論』（CR と略す）。通例にならい、章番号を示した（例 CR9 は『ローマ人盛衰原因論』第九章）。

（3）『ペルシャ人の手紙』（LP と略す）。通例にならい、書簡番号を示した（例 LP85 は『ペルシャ人の手紙』書簡八五）。

三、モンテスキューの著作で前記の三点以外のものについては、註番号をつけて、巻末に出典を示した。

四、邦訳については、基本的には以下を参照している。

『法の精神』全三巻、野田良之・稲本洋之助・上原行雄・田中治男・三辺博之・横田地弘訳、岩波文庫、一九八九年

『ローマ人盛衰原因論』田中治男・栗田伸子訳、岩波文庫、一九八九年

『ペルシャ人の手紙』全二巻、大岩誠訳、岩波文庫、一九五〇年

ただし、引用する際には、これらの訳書を参考にしつつも、文脈に応じて手を加えている。従って基本的には中江訳である。

第一部　抵抗と呪縛——普遍概念をめぐる格闘

第一章　ボシュエ――あるいは近代への精神的転回について

近代という時代の基礎が完成したと思われる十八世紀の社会とその思想を論じようとするならば、私たちは必ず、ボシュエにたち戻ってみる必要がある。

とはいえ、今ここで論じようとしているジャック・ボシュエ（一六二七―一七〇四）は、カソリシズムの神を国家の政治の支配論理とした人間であり、神という中世のくびきからついに逃れることのなかった思想家として、あるいはリベルタンたちにとってみれば打倒すべきおぞましき権力者として、君臨していた人物である。近代とボシュエの存在は、真っ向から対立する立場であると考えられているのが常であろう。しかし実は、このことがまさに私たちがボシュエを論じなければならない必然性である。当時のあらゆる知識人は、ボシュエに反抗しボシュエにとって代わるものを志向していたといってよい。そしてその努力によって、かれらの新しい思想はボシュエと訣別し新しい世界観を構築しえたのである。しかし、超えるべき壁を超えようとする者は、壁の高さや厚みをふまえて超える戦略を立て、超えるための力を得るのである。結果として逆説的ではあるが、超える者には超えた壁のありようが刻印される。意図せざることとはいえ、ボシュエという思想的刻印を背負いつづけているのは、まさにボシュエと戦った啓蒙思想家たちであったと言っても過言ではないだろう。このときの思想的転回はどのようなものだったのか、について、私たちは詳細に吟味する必要があろう。

第一章は、ボシュエの世界観とのちに一世を風靡する啓蒙思想との、不連続性と連続性を解き明かす試みである。

1　地上における神の国——王と教皇の狭間で

ヨーロッパではいつの時代も、聖なるもの、つまり当為の体系を司る権力としてのカトリック教会またはローマ教皇庁と、世俗の政治体系を司る権力としての王権が、併存し続けている。そしてこの二つの権力が、どのような力関係のもとにどれほどの距離をとって関わりあうのかによって、その社会に独特の色彩が刻印されることになる。さて、この二つの権力がもっともはげしく対決し、かつ接合された時代の一つが、あきらかにボシュエの時代であった。

ボシュエが登場する以前は、当為の法と統治の法はそれぞれ、聖界と俗界とにかかわる法律として、おのずから分業されていた。たとえばこの二つの法を根拠とする権力は、互いに他方の正当性を支えたり覆したりするという関係になることもある。しかしいずれにしても、一方が聖なる権力すなわち当為であり、他方が世俗権力であることには変わりがなかった。しかしボシュエにおいて、この二つの法の基本的な関係は変化することになる。ボシュエにとって、たった一つの人生を生きる人間が二つの法の要請する異なった要求に応えなければならないということは、大きな矛盾を孕む問題であった。人間が、神の子である以上は当為の法に従おうとするのは当然だが、同時にその人間は国家のなかにも生きているのだから、君主によって課された法にも従わなければならない。しかしその要求は、しばしば相反するものなのである。ボシュエは、そのような時に人間が背負う苦悩にかんがみて、俗世における統治の法は聖世における当為の法に準じなければならない。すなわち、世俗の世界は聖なる世界のようにつくられなければならない、と考えた。ボシュエは当為の法と統治の法との間にあった、聖－俗という障壁を取り去ったのである。かれはこうつぶやいていたにちがいない。……人間の生きる世界となんのかかわりもない道徳に、どんな意味があるのか。道徳を人間の世界に融和させてこそはじめて、生きている人間の心に共通の価値がつくられるのであり、人間が幸福になることができるのである。

二つの法のもつこの問題は、十七世紀後半、ローマ教皇権とフランス王権のレガル（régale）をめぐる対立をきっかけとして、急速に先鋭化する。レガルとは、司教の位が空席となった場合にその司教区からうまれる収益を徴収する権利といくつかの聖職禄の付与権を、国王の権限とすることであった。それまでのレガルは、その権利の正当性や源泉にかんして曖昧なまま、慣習の一つとして、それが慣習化された地域においてのみ行なわれていた。実際は、レガルが慣習化されていた地域はフランスのごく一部であり、そのほかの大部分ではレガルは免除されていた。しかしルイ十四世は一六七三年、国家内のすべての司教管区にたいして例外なく、レガルすなわち収益徴収権を要求したのである。そしてこのとき、これまでは免除されていたほとんどの司教管区が、国王の要求に応じたのである。これまで司教区は聖権の管轄であり、そこにおける収益も地位も聖権の影響力のもとにあるはずだった。以前のように聖俗の分業を前提としている当為の法によれば、すくなくとも聖権と対立するかのような俗権の要求には応えるべきではなかったのだ。逆にいえば、これは、ローマ教皇庁のもつ教皇権至上主義にたいする挑戦であった。これを契機に、王権と教皇権との対立は十七世紀最大の局面を迎える。

フランス王太子の教育係であり司教でもあったボシュエは、この対立のただ中に立たされることになる。しかしボシュエは、躊躇なくフランスの教会のとった措置を弁護する。教皇権至上主義に、かれは聖職者でありながら、終始一貫して拒否の姿勢をしめしたのである。ボシュエにとっては、教皇権至上主義こそ、プロテスタントをうみだし、教会に分裂を引き起こした元凶なのであった。つまり、教皇庁という聖権は、教皇権至上主義をとるといいながらも、その奉じるべき当為の法を現実に生きる人々の前になんら示すことなく存在していたために信頼を失い、結果として人間一人ひとりの心の中に当為の規範を見いだそうとするプロテスタントを生んでしまった。ボシュエにとって教会は、現前する可視の理想的社会として、人々の前につねに存在し続けなければならないものだった。教会がそのようにあるときはじめて、教会は人々の精神的な支柱となり、人々の心の共通のよりどころとなるのである。教皇至上主義の説く神の荘厳は、人々の観念に訴えはするが、手ごたえのある人間の現実感からは遊離したものである。このため「目に見えない教会」(invisible Church)を求め、そこに至高なる神の存在を探そうとせざるを得ない人々があらわれはじめた。目に見えない教会の理論をかざしてプロテスタントが旗揚げしてしまったことは、教皇至上主義が、キリストのもとにある人々の絆を結び合うよりも、むしろ断ち切るようにしか作用していないことを意味していた。ボシュエにとって、この事態こそ最も憂慮すべきものであったし、かれはこの事態の修復に生涯をかけて励むことになったのである。ボシュエにとって教会は聖と俗の融和の場所、すなわち現実がそのままあるべき当為の姿として実現されている場所、換言すれば現存する神の国として、人々の心を引きつけ固く結ぶものでなくてはならない。人々が神を実体として感じとる場所であり、そこに理想社会をみるからこそ、教会の意味があるのだ。こうしてつくられるはずの善に満ちた平和な世界こそは神の意志であり、それを実現するためなら、教会を教皇庁から分離してもやむをえないことだ。こうして、ガリカニズム、すなわちフランスのカソリック教会と王権が強い結びつきをつくりだし地上における神の国を実現しようとする考え方は、かれのなかに結実する。

ボシュエは、教皇庁にたいしてはっきりと抗議を表明することはなかった。ボシュエのその微妙な立場をよくあらわしているのは、一六八二年の聖職者会議における四ヶ条の宣言である。このなかの、王権と教皇権の関係についての条項を整理すると、次のようになる。

まず、「1　国王や君主は神のおぼしめしにより、世俗の政治については、いかなる教会権力や教皇にも従わないこと。教皇の権威によって、主従関係が破棄されることも、忠誠の誓約を無効にされることもない」。ボシュエはこの条項の根拠として、キリストの言葉や聖パウロの言葉を挙げ、教皇の権威と政治との分割が、決して政治的な意図ではなく教義上の教えの確認から出るものとして述べている。ここには、現世に存在する教皇に従わなくてもキリストの民であるという神の法のもとに生きることはできる、という主張がある。もとよりこれが、ある意味で危険きわまりない思想でもありうることは指摘するまでもない。次に、「2　教皇の権威の行使は、神の御心によって定められ、万人の崇敬によって神聖となる教会法（Canon）に則って行なわれなければならない。そして国家とガリガン教会〔フランスのカソリック教会〕に認められている古くからの規則、慣習、組織は侵されることなく残されなければならない」。このように教皇庁に対する国家の独立性を強調した後、ガリガン教会が、人々の神への崇敬によって支えられた当為の法と、国家、並びに習俗として存在する俗世の法との結節点となるべきであることを述べる。さらにボシュエは、今度は教皇庁の反発を極力避けるべく、次のように続ける。「3　教皇の座と諸教会の合意によって確立されたそのような法規が例外なく認められるのは、まさに教皇の座の栄光と崇高さのたまものである」。ただし、その聖権は、俗世における当為を実現する教会の意に反してまで行使されてはならない。こうして第四条がつけ加わる。すなわち「4　信仰の問題の上では、教皇は主要な役割をもつので、教皇令はすべての教会に布告される。しかし教皇の判断は、教会の合意がないならば、破棄不能ではない(1)」。

　王権と教皇権との間でボシュエがとった難しいバランスは、この四ヶ条によく表われている。かれは教皇の座と、教皇の座にある者とを区別していた。教皇の座にたいしてボシュエはカソリシズムの中枢として崇敬の念を表明することを忘れない。しかしその教皇の座を教皇の座にある者が体現し得るかどうかにかんして、かれは否定的である。この四ヶ条の宣言を機に、ボシュエは教皇の不可謬性を否定するとともに、教皇による聖なるものの独占状態に風穴をあけた、といってよい。このときから各教会は国家権力のなかに取り込まれはじめる。換言すれば、教会を媒介として国家権力と当為という価値が混合した。ボシュエは、世俗権力が神に由来したものであり、かつ現世においての至高のものであることを主張し、国家に、教皇庁からは切り離された独立した権威を付与したのである。実際、フランスには、君主は教皇庁から破門されることがあるが、破門といってもそれは教法上の事柄にすぎず、現世においてかれがもつ権利と地位にはいっさいの変更が生じず、すなわち政治上の権力はもとより教会の聖職者の任命権や収益徴収権をも剝奪されない、という状況が生まれた。こうしてボシュエの「国家」が実現する。

ボシュエはフランス王国を、かれが肌身離さず愛読していたアウグスティヌスの『神の国』として建設しようと懸命になり、以下のように考えた。家族、隣人、あるいは敵を愛することによる絆がいかに善なるものかを聖書は説いている。だから国家は、圧政によって統治されるのではなく、愛によってつくられる共同体を基礎として形成されなければならない。アウグスティヌスも述べているところの、「愛するものについて、一つの共感をもつことによって結合されている、理性的な民衆からなる人間の集団」[2]こそが国家を成すことができる。愛はこの世のあらゆる存在が欲する平和を実現させる方法なのだ。それならば、平和とはどのような状態をいうのか。「人間の間における平和とは、秩序ある一致と融合であり、家の平和は共に住む人々の間における、命ずる者と命じられる者との一致と融合である。国家の平和は市民の間における、命ずる者と命じられる者との一致と融合であり、天の国の平和は神を享受し、神においてたがいに受け入れあう人々の、最も完全に秩序づけられつつ一致融合するところの、結びつきである。……すべてのものの平和は秩序の静穏さである」[3]。人間も家庭も国家もすべて、一つの価値のもとに心を合わせて一致し融合することこそ必要なことだ。それならその一つの価値とは、この世界のあらゆるものの根拠たる神の秩序以外に、なにが考えられようか。ポール・アザールはこのようなボシュエの思想を評して次のように言う。「ボシュエが努力したことは、この世界観に密着しそれをより強固にし、それが他人の精神を摑むのを目に見えるようにすることであった。……神にも、国王という地上における神の代理人（Roi, qui est le représentant de Dieu sur la terre）にも服従することが大切である。そうすればだれもが、人が参加する秩序のつくり主である神、真理であり命である神と同じ方向へ歩いているという安心感が得られる。そうすれば人は、いたずらな思弁からも不安からも脱却できる」[4]。

ボシュエはキリストを、生まれながら権利を持つ王として、征服権を持ち、選ばれたものの権利をもつ王として、とらえていた。そしてさらに留意すべきは、キリストがルイ十四世のうえに君臨し、ルイ十四世を通してフランス国家を統治しようとするのだと、ボシュエが考えていたことである。神の代理人とは教皇によって独占させられるものではなく、君主もその役割をになわなければならない。それまで教皇庁の権威を裏づけていたさまざまな価値——たとえば善、幸福、など——は、ボシュエによる強力なガリカニズムが達成されて以後になると、キリスト自身の意志に直結する世俗の権力をも、新しい根拠として援用しうることになった。こうしてカソリシズムを軸として、道徳と制度が協同してつくる国家が実現されようとしていた。神の御手による国家こそ、ボシュエにとってはつくられるべき社会そのものであった。

カテドラルの壮麗なステンドグラス、ゴシック建築の彫刻と高い天井、はるかなる天を刺す尖塔、そしてオルガンと賛美歌の響き。教会のそのような姿のすべてが、人々のまえに天上の神の国を彷彿とさせる。その美は、神の権威の目に見える徴しであるが、ボシュエにとってそれは、人々にさまざまな習俗にもまさる魅力をもつ、すなわち心をひきつける価値であるはずであり、さらに国家制度の体系とさえ合致したものであった。神の手に導かれて善なる者たらんとすることによって、人々は恩寵によって普遍なる国へと接近することができ、人間の個別性を超越し、永遠なる幸福をみずから生きることができる。同様に、人々が神の手に導かれて善なる者たらんとすることによって、聖書の教える隣人に対する愛のきずなが成長しそれが社会の根本的な基盤となり、人間の個別性はその倫理によって普遍性へと超越され、人々を普遍の腕につつみこむ幸福なる国家を実現することができるはずだ。人がこの世界で幸福を得るには、自分の心に育てている大切な価値が社会全体に認められ尊ばれると同時に、大きく崇高な存在であることを感じることが必要である。カソリシズムのもとに人々の心を一つにすることは、幸福を実現する国家を成り立たせるために必要なことであった。それこそ、神の国だ！

ボシュエはこのような信念にいつも極めて忠実であった。こうして世俗の手によって教皇庁の独占から引き降ろされた価値は、制度と結合することによって、国家のもちうる最大の統合力と化していくのである。ボシュエにとってガリカニズムの担うべき意味はここにあった。

教皇庁だけではなく国家にも、この世における神の権威をうつしだす権利を分かち持たせる、というこのボシュエの思想に、当然ながら教皇庁は敏感に反応したし、ボシュエ自身もそうなることに気づいていた。ボシュエの個人的な友人であるミルポワ司教は、四ヶ条の宣言を擁護するボシュエの長編の論文『ガリア聖職者の宣言の弁護』によって、ボシュエが破門されるかもしれないことを心配した手紙を書いているが、その返信（一六九六年二月十八日）にボシュエは次のようにしたためている。「あなたが予見していることはすべて私にもわかっています。しかし私たちは、地上における報酬などという考えは一切もつことなくあらゆる場合に当然のこととして真理を守らなければならないし、そうすること自体があらゆる報酬よりもさらに価値のあることなのだということを、神は私たちの心の中に、とうの昔から教えているのです」(5)。ボシュエにとって、君主が神的な性格をもつことは、地上に神の国を成立させるために必要不可欠な要件であり、それこそ神のおぼしめしなのであった。ボシュエの信念は、教皇庁との軋轢にもまして熱かった。

2　幸福なる国家の条件をめぐって――アウグスティヌスとボシュエ

ボシュエの思想のもっとも根底をなす価値は、有機体としての国家の一体性であった。ちょうど身体のそれぞれの部分と同じように、それぞれの人々が固有の生き場所と固有の働きをもち、それらがたがいに排除しあうことなく、その全体が一つの有機的な調和を――あたかも神の全体的な、完全なる姿をみるように――実現していることが、国家のあるべき姿なのだ。人々はその似姿を地上の教会にみることができる。なぜなら教会は、地上における「神の国」をつくるためにある、心のよりどころなのだから。そして、その有機体にある真理とは、神の真理にほかならず、それは聖アウグスティヌスをはじめキリストの名のもとに敬虔で賢明で学識のある人々が集まる教会や公会議において、何百年にもわたって人々が努力し続け、理解し続けてきた世界でもある。そのカソリシズムに支えられ培われた真理は、ボシュエにおける善、幸福、自由という観念のすべての母胎となっている。それにしても、前述したように地上の国家そのものが神の完全な調和と美を体現するとは、カソリシズムにとって、ある意味ではキリスト教そのものにとってさえ、ほとんど信じ難いほどの大胆な構想ではある。とはいえ、ボシュエ自身もその思想が、かれよりはるか後に到来することになる西欧近代、やがて民族国家を「社会」の原像として成立することになる西欧近代、にとってさえ重大な意義をもつことになろうとは、やはり想像しえないことだったのではなかろうか。

ボシュエにとっては、すべてが神の恩寵によって存在する世界であった。たとえば、そのなかの社会は基本的に父権によって統治されなければならない。神はキリストの父であり、キリストは人類を兄弟として結びあわせようとした。神は、愛によって結ばれた命ずる者と命じられる者との関係、すなわち社会のあるべき支配体系の原型を、家族内の父権にもとめているからである。そしてその父権が国家制度のうえに映し出されたもの、それが君主政である。ボシュエはこう演説した。「キリスト教徒よ、神は、その永遠なる教えのなかに国家の原点となる最初の家族たちの姿を伝えているし、また、地位をもたらすにちがいない優勢な資質とは何かをあらゆる国家のなかで伝えているのです」[6]。国家は、神から国家の父たるべき権利を与えられた君主を必要とし、この地位は決して誰にも侵されてはならない神聖なるものだ。だからこそ君主は、聖書への信仰の深い人間でなければならないし、神から与えられるさまざまな義務を最も厳格に果たす人間でなければならない。そして君主は人々にとっての慈父たるべく、地上に神の国をつくるために、聖書の教えのように愛をもって権力を行使しなければならない。この神から与えられた役割をすこしも違えてはならない。もし違えたなら、君主の罪は人一倍重い。地上における神の国の統治者たるべき君主は、それらすべてを理解していなければならない。現世の神の恩寵は国王の手に委ねられているからである。君主政は、愛の観念を介して善の体系に合致する。かれはいう――

神はすべての人々のうえに君臨している。……私たちのおぼつかない考えのもつ偶然さえ、より高次なるものの示唆すなわち秩序それじたいの原因と結果のすべてを含む永遠の教えのなかにある、熟慮されたおぼしめしなのである。……キリストが使徒に語った言葉、――「神はすなわち幸福であり、唯一の権力者であり、王のなかの王、主のなかの主である」――が明らかになる。それ自体に変化がなくともすべてのものは変化していることを知り、また、普遍なる教えをもってすべてを変化させる者は、どんなに心の平穏にして幸福なる者であろう。(7)

理想的な、幸福な国家を統治するためには、君主が神の代理人に成り変わらなければならない。統治のために必要とされる、分かつことのできない国家の一体性は、統治者自らが神の代理人となるとともに、名誉や祖国への愛といった、人々の心の中心的な価値となることによってはじめて達成され得るものであった。

かくして、ボシュエにとっては、善も幸福も政治と一体でなければならない。国家がすくなくとも人間の幸福を目指すものである以上、道徳なき権力に何の意味があろうか。また善は普遍性という属性を抜きにしては意味をなさない以上、権力のない道徳にどれだけ人々の心をつなぎ留めておく力があろうか。ボシュエにとって、道徳と政治は一体として融合していなければ、双方とも無価値なものに過ぎない。キリストのもとにおける融合と調和としての国家を目指さなければならない。ボシュエにおけるフランス・ガリカニズムの思想は、このような世界にたいする信念から誕生する。ボシュエは、ローマ教会にたいするフランス・カソリック教会の独立性を主張し、かつフランス・カソリックの精神とブルボン王家の国家支配の論理を切れ目なく融合する理論的基盤を整備し、王政を極めて絶対的な中央集権体制に構築した思想的中心として、その存在感を不動のものにしていったのである。「国家をつくるためには、それと同時に比類のない権力(une force incomparable)をみずからに感じ取らねばならず、また決してそれが根拠のないものだなどと考えてはならない」[8]。ボシュエの主張するこのような権力者の態度は、結果として、教皇庁という、現世と切り離された絶大な権威に制限を付し、国家という容物のなかに当為の法を収容しきろうとする。これこそがボシュエ独特の国家観に根ざしたものであった。

ボシュエにとって最高善とは、すべての人々に共通のもの、普遍のものである。そして幸福とは、個別の欲望を棄て、神を愛し善を積むことによって、普遍なる確実な存在のなかへと溶解しつくし、個別性を超越して崇高な存在との一体性に陶酔することである。これは、ほとんど不自然な肉感性とさえ形容したくなる、善と美の一致の構想であった。ボシュエにとっては、神への愛以外に人間の持ちうる欲望や快楽——たとえば個人的な感情や欲求の満足——は、人間が真の幸福をつかむためには障害以外の何ものでもない。ボシュエは、人間の生涯という主題に思いを馳せながら、次のように叫ぶ。

ああ、ほんとうにわたしの魂よ！　人生のなかでこんなに重要なものがあるでしょうか。過ぎ去るものであるかぎり、どんな人生でも所詮は些細なことにすぎません。人生全体をつなぎ留めておくことができず、一瞬に過ぎていく快楽とは、いったい何でしょう。そんなものに、地獄へ落ちていくほどの価値さえありましょうか。多くの苦痛と空しさをひきうけるほどの価値がありましょうか。神よ！　毎日、日没のときも日の出のときも必ず、わが身に死が訪れるまであなたを思うことによって、わたしの心のすべてがあなたの存在に溶けていきますように！[9]

聖書を学ぶ人ならば、審判をうけ地獄に落ちなければならないということを考えただけで、神への愛に生きる以外の生き方を選ぶはずがない。ボシュエにとって、快楽と幸福はまったくの対立概念である。幸福と同様に、ボシュエにとって人間の手にすべき自由とは、人間の気ままな欲求のすべてが許されるということではない。自由とは、神の意志と自分を一致させることによって、みずからの意志がこの世の秩序として実現されることである。かれは一六六六年に次のような説教をしている。「私たちは自分たちの望みをあまりに広げすぎると自由を失うこと。……真の自由、それは法を支配するものだということ。私は、そのことを皆さんに理解してもらうという仕事をおこなうのです」[10]。神の意志に融和して得られた真の自由、それを得た人間の意志は現世の制度を支配する権利を神から与えられる。そしてそのようにして実現された社会は、最高善たるキリストへの愛の秩序によって構築された、神の国の共同体なのである。

聖書の教える神の国は、それ自体としては信仰の織り物であり、魂の共同体である。しかしボシュエはこれを現実の国家と融合させようとしている。すなわちボシュエにとっては、神の国とこの世の国家とは共在統合すべき二つの国なのであった。かれは「形而上学」(métaphisique)という言葉を決して使おうとしなかった。ボシュエの研究家ゴイエは、これについて次のように述べている。

それはある特定の限られた分野を意味するからであったが、よしんばそれがアリストテレス学派やラテン哲学の論理的、修辞的、道徳的、政治的な用法であったとしても、かれ〔ボシュエ〕はそれを決して説かなかった。一七二二年に再版された著書(『哲学の手引き、あるいは神と神そのものの認識』)の第一章では、かれは行為と思惟にかんする普遍的見解について論じ、第二章では神によって神の監督のもとに、形而上学の広大な場を貫き、それと交わるための方法を示している[11]。

ボシュエにとって形而上学は、人間から距離を置いたものとして存在すべきではない。それどころか深遠なる世界を知り真実の哲学を体得した人間にとっては、形而上学的世界とは、かれが生きている世界と直接に交流するところの一つの世界として理解されるべき、必要不可欠なものなのであった。ボシュエにとっては、形而上学を形而上学として人間から切り離してしまうという発想は、人間から価値の源泉であるものを剝ぎとってしまう浅はかな思考にほかならなかった。

このようにボシュエは、聖書によって教えられた一つの有機的世界にたいする限りない信念を持ち続けた。これがかれの価値観、世界観、社会観の源泉をなしている。

この世界観は、かれが愛読したアウグスティヌスの世界観とたしかに酷似している。たとえばアウグスティヌスもまた、国家は神から贈られたものだとして、次のように言う。

委譲された王国ないし国家を統治する機能を、私たちはただ真の神にのみ帰するのである。神は、天の国における幸福をひたすら敬虔なものだけに与えるが、他方、地上の国を敬虔なものにも不敬虔なものにも分け与える。(12)……

また次のようにも言う。

異なったものを結合させようとしたり廃棄しようとすることなく、むしろさまざまな国家的差異にあっても、それらのものが信仰にとって妨げとなることなくかえって信仰にしたがって至高で真実の神が崇拝されうるかぎり、天の国はこの世の平和というおなじ一つの目的をもくろんでいる機構や組織を重んじ、それらを保護するのである。……天上の国はこの世の平和を天の平和に関係づけるのであって、ひとりこの天の平和のみが少なくとも理性を備えた被造物にとって平和と見なされ、またそう呼ばれなければならない。すなわちそれは、神を享受するものによって成り立ち、神にあって相互に楽しみあう、完全な仕方で秩序づけられ和合一致された共同体の平和なのである。(13)

しかしアウグスティヌスとボシュエ、この十二世紀近くも時を隔てた二人の間には、もちろんその世界観の意味という点で大きな違いがある。なかでも留意すべき点は、三つある。

まず一つは、神の国という世界観にたいして二人が持っていた信念の強さである。アウグスティヌスは主著『神の国』のなかで壮麗な宇宙観を描き出したが、『告白』のなかでは、神への愛のみに殉じなくてはならないはずの人間が、いかに他の欲望にたいして弱い存在であるかを、みずからの体験を告白するというかたちで述懐している。『告白』全体は、かれが正しい信仰の道にいたるまでのさまざまに繰り返される挫折を物語りながら、信仰の価値を説く、という設計で書かれている。しかしこれは同時に、聖書の信仰の正しい道をもとめることが人間にとっていかに難しいものであるか、を示してもいる。すくなくともアウグスティヌスは、人間が聖書によって語られた壮麗な宇宙に溶け込むことは多くの修練を要することであり、換言すれば、ありのままの人間は容易にその世界を愛し、受け入れることができない、と考えていたのである。つまりアウグスティヌスは、聖書の世界と通常の人間との間には、確かな距離があることを認識していた。これとは逆にボシュエは、人間が生きる道は聖書に書かれた道以外には考えられないし、そのように生きない人間を決して許さない。聖書の世界と通常の人間との間には決して距離などがあってはならないと考え、聖書の世界から逸脱した人間にたいしては非難の手をゆるめない。ボシュエの聖書にたいする熱狂的な信仰は、アウグスティヌスでさえ認めていた人間と神の国との距離を、すっかり覆い尽してしまうものであった。

二つめは、前述したことの原因でも結果でもあるのだが、政治権力へのアクセスの可能性に関する認識の違いである。アウグスティヌスは政治権力とは隔てられていたし、かれの生きた時代、すなわちローマ帝国が蛮族の侵入に苦しみつつ、やがて西ローマ帝国が滅亡へと驀進しはじめる時代の政治にたいして、すくなくともアウグスティヌス自身に発言力はなかった。確かに『神の国』は、異教徒の侵入に揺らぐローマ人がみずからの神に不信を抱きはじめたことにたいするアウグスティヌスの回答であり、キリスト教以前と現状を比較しつつ、神の加護が存在することを説くものであった。その意味ではたしかに政治的意味を帯びていないではないが、しかしこれが何かの政治的行動にうつされる可能性は、全くなかったのである。しかしボシュエは王太子の教育係であり指南役であったために、かれの神の国の議論は、そのままフランス王国の政治、すなわち権力行使の正当性を支える議論になりえた。ボシュエの信仰の篤さは、そのまま権力の制度的価値に反する者への不寛容を導くことになる。これが、二人の思想的インパクトの違いにも反映している。

三つめは、歴史的視点についてである。アウグスティヌスは少なくとも歴史家ではなかった。時間についての議論においても、あるいは世界をキリスト教以前と以後とで比較しているところでさえも、かれは歴史家ではなく今の世界に神の手を感じるための方法としてそれらを語ったのである。それは歴史の分析ではなく、人間の存在の神秘を語るための、引用された過去にすぎない。しかしボシュエは明らかに歴史家であった。しかも独自の歴史観をもつ歴史家であった。かれにとって歴史は、聖書に書かれた歴史にはじまり、異教徒のもとに支配されたローマがキリストの導きのもとに繁栄を極めるまでの歴史であった。聖書とローマの歴史を分析することによって、神の意志のもとに政治を行なうことの意味を述べ、そのローマの歴史の営為の上にフランス王国の歴史をも構想しようとした。ボシュエにとって歴史は、いうならば、聖書に表わされた一つの有機的全体に照らして理想社会像を構想するための、実証的研究なのである。

3　歴史が無用となるとき——ボシュエの歴史観

「歴史がほかの人々にとって無用のものとなるときにこそ、国王陛下に歴史をお読みしなければならない」[14]。

ボシュエの長大な主著『世界史論』の冒頭は、このような言葉ではじまる。一見逆説的なこの言葉は、膨大な著作の全体をつらぬく、ボシュエの歴史に対する立場を象徴しているのである。ボシュエにとって時代（les temps）とは、福音書に書かれて区分された時間のことであり、具体的には聖書の物語の時代からローマ帝国がキリスト教を国教とすることによって繁栄するまでの時間を指している。人間の世界は、生来自然に存在した生活から人間が逸脱した時、すなわち生活の方法として守られていた法に代わって、キリスト教という新しい当為の法と価値に対面した時に、はじめて歴史の契機が生じ、やがて人間が神の御手のもとに深い恩寵に満ちた社会を取り戻した時に、その歴史が止まるのである。「それ以前の時代、すなわち人間がみずからを統治するために自然なる理性と先祖たちの伝統しかもっていなかった〈自然の法〉の時代から区別するために、あらゆる時代は〈書かれた法〉の時代を必要とする」[15]。言い換えれば、ボシュエにとっての時間の観念すなわち歴史とは、神の恩寵に満ちた世界をめざして人間が歩み始めてから、それを実現するまでの過程のことである。冒頭にいう「歴史が無用になるとき」とは、社会が恩寵に満ちて幸福である状態のことであり、神の作品としてのこの世界がもっとも完全な姿を現わしたときのことである。このときこそ、君主が統治者として求められる役割と資質がどのようなものかを学ぶのにふさわしい時なのである。求められるべき国家像をもち、そこへ至るまでのさまざまな段階や方法を論じることは、その形態は多様であるが、多くの思想家にとっての仕事であるとされた。ボシュエもその一人であった。同時に、彼は国家の進むべき方向は神によって示される、と考えてもいた。

どのような変化を経て福音の法にかなった世界が神によってつくられたかを知ることによって、君主自らのなすべき政治を、君主に学ばせなければならない。歴史を振り返ると、恩寵の国にいたるために多くの戦争と失敗が繰り返されたのであり、これらの失敗を繰り返さないために、さらに聖書を読みつづけなければならないのだ。「殿下、古代から近代までの膨大な歴史を殿下がお読みになりましたのは、これらの不都合を避けるためでございます。なによりもまず殿下は、宗教の土台をお造りになった神に選ばれし民の、書かれた歴史をお読みにならなければなりません」[16]。この歴史から時代を見分け、従うべき普遍の法に接近することによってはじめて、国家のなかに生きる人々の代表となることができるのだ。「私は君主にではなく一般的なすべての紳士たちに言うが、……時代の流れがこの世に繰り広げている変化を無視してはならない。もし歴史から時代を見分けることを学ぶならば、その人は、福音の法のもとに生きている人であり、自然の法あるいは書かれた法のもとにある人々を代表するであろう」[17]。神の教えのもとに統治することによってこそ、国王は統治者としての正当性を確実に得ることができる、とボシュエは考えていたのである。

このようなボシュエの国家観は、キリスト教がローマ帝国内に布教され、ローマが大帝国として繁栄するという歴史を解釈することによって、培われた。ボシュエはローマの繁栄について、こう語っている。

この世界のすべての帝国のなかで最も偉大なもの、つまりローマ帝国についての、神の判断は、わたしたちには明らかである。……ローマは神の手（la main de Dieu）を思わせる。ローマは、よくいわれるように、神の正義の一例（un exemple de sa justice）であった。とはいえ、その運命は、ほかの国々と比べても最も幸福なものであった。ローマは、遺跡の破壊によって偶像崇拝から純化され、全世界にその名を知らしめたのと同様に、キリスト教によってもまた、生き続ける[18]。

ローマこそ、歴史のなかで、偉大な統治者によって神の意志が体現され実現された「神の国」なのであった。そしてボシュエは、皇帝たちの統治に関してさまざまな考察を繰り広げたあと、唯一、権力者こそが国家の運命を担っていることを論述していく。「グラックス、マリウス、スラ、ポンペイウス、ジュリアス・シーザー、アントニウス、そしてアウグストゥスについて、私は語りたいのですが、これらの特別の性質と才能とを、偉大な（国家の）運動に、その原因として結び付けることができます」[19]。「名誉、勤労における忍耐、国家の繁栄、そして祖国への愛を人々の精神に刻みつけることができる人は、偉大な人物たちを生み出すのに最も適切な国家の構造を見いだしたことを、誇りにすることができる。それが帝国の力をつくりあげる偉大な人々であることは間違いない。国土全体に高貴なる精神と熱意を芽生えさせることを、自然がせずにはいないのだ」[20]。このような国家では、次々に、次代の政権を担うに足る偉大な人物が、おのずから生み出されるのである。ボシュエの目には、キリスト教が国教となり繁栄しているローマは、社会全体が、皇帝に象徴される一つの宗教的価値に融合した、すなわち神の恩寵に満ち、歴史がすでに不要となった理想的社会に映ったにちがいない。そしてローマの崩壊については、ボシュエはなにも語らないのである。「殿下、わたくしはローマの滅亡の原因には、なにか特殊な偶然（incidents particuliers）を見つけることができると考えております」[21]。ボシュエにとって、ローマの滅亡は、決して必然ではなく偶然、それも「特殊な偶然」であった。

ボシュエにとって歴史とは、聖書に書かれた歴史の時代にはじまり、現実の社会が聖書の世界を求めて歩きはじめ、やがてそれが実現されるという道筋のことなのである。現実の歴史が聖書の世界を取り戻すことを目指して流れ、運動する限りでは、歴史は時間的であるが、やがて聖書の世界と国家とが融和を達成すると、歴史は無時間的なものとなる。かくしてローマは、みずから次々に優秀な人物を権力者として生み出す力を得て、国家をますます安定なものとする。時間的な歴史が、やがて無時間的な歴史に到達して終わるという構図は、ユートピア論にみられるものであるが、絶大なフランス王権のもとで、現実の歴史を神の国の歴史として刻もうとしたボシュエは、それがユートピア論であるなどとは断じて考えていなかったであろう。それが可能であると考えるほど、ボシュエの神の国という有機的全体にたいする信念は、強固なものであった。

4　真理と幸福の亀裂——ボシュエがリベルタンに見たもの

しかしこのように、習俗、制度、歴史、そして国家のすべての中心に、不可分な有機的全体性を求めるというボシュエの信念に満ちた思想は、絶大な権力が後ろ盾となっていたにもかかわらず、成功したわけではなかった。ボシュエがなによりも求め続けた、人間の心をよりどころとした国家、すなわち「信念の共同体としての国家」への熱意は、ボシュエ自身に多くの戦いをも引き受けさせることとなったのである。

君主を中心とする信念共同体としての国家は、その不可避な結果として、信念を異にする者を、国家の存立根拠を揺るがすものとして排斥しなければならない。地上に神の国を追い求めたボシュエは、生涯の最大のエネルギーをもって、この国家を揺るがしかねない人々への戦闘を開始せざるをえなかった。それは結局ボシュエの生涯の後半の大仕事となったのである。たとえばその一つがナントの勅令（条件付きではあるが、プロテスタントの信仰を認めた法。これによりユグノー戦争は終結した）の廃止である。ナントの勅令の廃止は、教会を中核とする国家の信念共同体を構築するために、いいかえれば愛による共同体を実現するために、必要な措置であり、その意味では筋の通った政策であった。しかしこの試みは、決して成功したとは言い難かった。衆知のように、そのころのヨーロッパ全体が、もはやカソリシズムという一つの価値体系のもとに集結するような時代ではなかった。この強権の発動に対しては、フランス国内だけでなく、ヨーロッパ各地で反発と攻撃の論争が激しく巻き起こった。個々の人間の心に政治権力が及ぶか否かについて、ボシュエとその時代のいわゆる自由思想家たちとは、完全に意見を異にしていたのである。なかでも、とくにボシュエが警戒し目の敵にしたのはデカルトであった。というよりもむしろ正確には、デカルトを信奉する同時代のリベルタンたちすべてであった。

デカルトは、周知のようにこの世界における最も確実な真理が、「私は考える、故に私はある」（cogito ergo sum）であるとし、その結果得ることのできる真理――数学的真理――こそが、たんに自然学、形而上学のみならず、道徳までをも律しうるものであると考えていた。にもかかわらず、このようにして得られた真理は明証的であるとしても、客観的な真理であるといえるだろうかという問いに対して、デカルトは否と言う。なぜなら、このみずから真理であると確信する自分自身が、同時に懐疑する存在であるからである。デカルトにとっては、このように人間が自らの有限性を認め得ること自体が、有限性を超えるもの、すなわち無限なる神の認識が自らのなかに存在することの証明となる。つまりデカルトは、人間が懐疑することこそが神の存在を証明する、という。人間は無限なる神の存在になることはできないが、それを認識することはできるのだ。人間によって明証された数学的真理は、客観的真理すなわち神の実在性そのものではないが、分有されたその実在性である。『方法序説』のなかでデカルトは、「私たちの観念や概念は、明晰に判明しているすべての部分においてある実在性をもち、かつ、神に由来するからこそ真ならざるをえない[22]」、と言う。これを本書の文脈にそって言い替えると次のようになる。デカルトにおいて、人間の理性とそれが発見し得る真理は有限であり、他方、神の理性は無限の客観的真理として存在する。人間の理性の発見する数学的真理は、神の理性のもつ真理の一部を分有するだけであり、神の理性の持つ無限性は、数学的真理のみにとどまらない深遠さを有しているのだ。そしてこの二つの理性は、人間の個体のなかで交わるのである。

ボシュエの目から見ると、このように考えるデカルトの哲学は一つの大きな点で憂慮の種であった。デカルトが、人間の理性と神の理性は全く異質なものであって、そこには断絶があると考えているからである。ボシュエにとって、幸福とは、神の理性に自らを一体化させることによって得られるものにほかならない。言い換えれば、人間の理性は、神の理性、すなわちこの世界の摂理の全体に接近可能であるばかりか、それに完全に同一化しうるものでなければならない。デカルトも、人間がみずからの理性を琢磨し、真理の認識にできるだけ接近することこそ幸福に近づくこととするが、しかし人間ははどれほど努力を重ね尽くしても、真理に接近しうるだけで、融合することはできないのだ。そして接近していく真理は、どこまでも明証性のなかにとどまるものであって、理由抜きに愛される対象ではない。これが、ボシュエにとっては、神の権威に対する大きな反抗であると思われたのであり、無神論の種さえ蒔きかねない危険な問題点なのであった。

デカルト自身は、神の無限なる真理が人間の把握し得る世界の存在の前提にあり、それは数学的真理にとどまらない深遠なものだということを心得ていたから、ボシュエにとってはまだよかった。しかしボシュエは、デカルトを誤解して解釈している人々に対して、より大きな不安を持っていた。デカルトを誤って解釈すると、無限なる神の客観的真理と、数学的真理とを同一視してしまいがちだからであった。ボシュエにとっては、神の理性と人間の理性は融合しうるものでなければならない。しかしそれは神の理性のもつ崇高さのなかに、信仰を深めた人間の理性が吸収されるという形において、でなくてはならない。人間の理性が証明し得る数学的真理が、神の理性を吸収するようなことが、決してあってはならないのだ。しかしボシュエは、デカルト哲学を誤解してしまいがちなリベルタンたちが、この忌むべき後者の観念をもってしまうのだと考えた。ボシュエは、一六八九年に次のように言う。

私は、本性や恩寵というものばかりではなく、もう一つの宗教上重要な事件——すなわちデカルト哲学の名のもとに、教会に対して準備されている大きな闘いのことを、考えます。デカルト哲学の存在とその原理から、いや私の意見ではその誤解から、多くの異端が生み出されつつあります。祖先から伝えられた教義に反して引き出されるこのような結果を予見すると、デカルト哲学は不愉快なものです。デカルト哲学が、哲学者たちの精神（l'esprit des Philosophes）と、魂の神性および不滅性（la Divinité et l'immortalité de l'âme）をうちたてるために望みえた多くの実りを、私たちは教会において失うことになるでしょう。(23)

真理を、人間の理性の明証性のなかに取り込んでしまおうとするリベルタンたちに対して、かれは次のように非難する。

自分の思考のもつ物さしで神のはかりごとを測定し、神が創造したのはある一般的な秩序だけで、そのほかのものはすべてそこから展開される、と言っている哲学者たちがいます。私はこの人たちをたいへん軽蔑します。これではまるで、神が人間と同様に漠然として不明瞭な目的を持つことになるではありませんか。[24]

ボシュエは人間の理性という観念、すなわち人間が理解できること以外を信じることを拒否するという観念、を攻撃して、次のように訴える。

かれらが指針として選ぶ理性は、かれらの心に単に猜疑心と困惑しかもたらしません。宗教を否定することによって招いてしまう不合理は、その崇高さに感動した真理よりも、いっそう堪え難いものであるはずです。理解を超える深遠なる原理を信じないことによって、かれらは理解し難い誤謬を繰り返すことになります。みなさん、この忌まわしい無信仰とは何でしょうか。それは際限のない誤謬であり、命知らずの短慮な行動であり、迷妄にみずから飛び込むことであり、つまりつける薬のない病んだ態度、正当な権威をないがしろにする不遜な態度ではありませんか……人間は感覚的な快楽にのみ流されるものではありません。精神的な快楽もそれに劣らず心地よいものです。感覚と同じく、それもまた隠れた悦びであり、妨げられるといらだちます。そのような傲慢な人は、長いあいだ崇拝し続けた宗教を超越すると、超越したような気になると、自分をもふくめたこの世界のあらゆるものを見下すようになります。かれは、迷妄から醒めたという人々に迎合します。そして、自分では何も見つけることができずに、ただ他人に追随するだけの愚かな人々を馬鹿にします。やがてただ自分自身のみにへつらって、自分自身を神にしてしまうのです。[25]

ボシュエにとって、宗教を通じて崇高な真理に感動する心こそ、国家の統一性の基盤をなすものであった。かれの念頭には、ほとんどこの一事しかなかった、といってもよかった。ところが、リベルタンたちが指針とする人間の理性は、この心を人間から追放してしまうのである。その結果、普遍的な真理から切り離された、すなわち幸福をもぎ取られた世界が実現する。人々が数学的真理の追求にとどまり、普遍的な真理のもとに心を一つにしようとしないかぎり、幸福なる国家は決して実現し得ないのだ。ボシュエは、憤りに声をつまらせながら訴えたにちがいない。かれらの議論は国家のことごとくを転覆させ、神によって支えられている権力のことごとくを失墜させる、決して許されない謀反である、と。さらにボシュエが許せなかったのは、真理が個々の人間の理性によって獲得できるという思い上がりである。長い歴史と、そのなかの多くの知性によって論じられ、深められてきた神の真理の偉大さよりも、さらに重要な価値が、たった一人の人間のなかでいったいどうして培われ得ようか。結局そうした人間は、みずから生きるために必要な舵を、かなぐり棄てているのに等しいのである。ボシュエにとって、理性は、神の理性でなければ意味がない。世界の根元をなす基盤（神の存在）に目をつぶって、なお存在するとレベルタンたちが主張する理性は、人間を、絶えざる批判の袋小路に追いやる結果となるにちがいない。かれは、代表的なリベルタンであったマルブランシュのもとに通う若い青年に対して、次のような手紙を与えている。

こういう原理が誤解されると、ほかの不都合が顕著に精神を冒していきます。なぜなら、明確に理解できることしか認めてはならない——ある限度内では確かにそうなのだが——という理由で、一人ひとりが、「わたしはこれを理解できるが、あれは理解できない」と言う自由を与えられ、それだけの理由で、好きなようになんでも受け入れたり拒否したりしてしまうからです。明確ではっきりした観念ばかりではなく、漠然としてはいるけれども、それを否定したら全てのものが転覆してしまうような本質的な真理を抱懐している、そのような観念も存在するということが、考慮されないのです。それだけの理由で、伝統などには関係なく、考えたことをなんでも向こう見ずに主張する、という判断の自由が、徐々に人々の精神の中に蔓延していくのです(26)。

信仰や世界に対する認識が、個々の人間の自由な判断のもとに奪われてしまうと、そこからは、個々人の理解の相違を原因とする意味のない批判が蔓延するだけであって、その世界には人々が生きるに必要な当為の法の入り込む場所がなくなってしまう。そしてもはや、心を共通に寄せるべき、本質的な真理さえも人間は見失ってしまう、とボシュエは考えた。ばらばらな人間は、この現世において共通に感動すること、換言すれば教会という具体的な場所で、さまざまな礼拝や説教を通じて心を一つにすることによって、はじめて普遍的で本質的な真理を、実感として獲得することができるのであった。だからこそ、そこから要請される当為の法を現世界の実感のなかに生かすことができるのである。逆にいえば、現世におけるこのような共通の経験がなければ、人間は、普遍的な真理を共有することができない。人間は、この世界に生きている以上、観念だけの世界の生き物ではないはずだからである。ボシュエはこの点で、明らかにボシュエ以後のリベルタンたちとは異なった関心の上に立っていた。たとえば後世のヴォルテールの寛容の観念を、まさにこの点で、ボシュエは受け入れなかったはずである。

5　近代——それは新しい転回か、あるいは新しい仮面か

ボシュエのこの必死の警鐘にもかかわらず、リベルタンたちの思想的潮流は抑制されるどころか、その逆の経過をたどった。フランスのルイ十四世時代の強権は、ヨーロッパ中のプロテンタントと自由思想家たちとにとって手を携えるべき共通の敵を与えてしまったにすぎず、むしろかれらの思想的潮流にたいして、手の施しようがない弾みをつける結果となった。しかし、次第に大きくなるこの敵に対して、ボシュエは一歩も譲歩することの

ない戦いを宣言する。「私たちは聖書のすばらしさと、その充実した世界を語るのです。私たちは、この時代の病であり誘惑でもある誤った批判を、不屈の努力をして攻撃するのです[27]」。ボシュエは、最初から最後まで、神の国を地上に実現しなければならないという信念に献身しきっていた。

ボシュエは、もともとは別なものとして存在していた二つの対象、すなわち、神の理性に命じられる当為の法と、人間の必要から生じた統治の法である制度とを融合して、現世に神の国を実現しようとした。それが、実際に強力な中央集権制をともなった君主によって強権的に行なわれたために、多くの批判や反発をあびたにせよ、ボシュエのこの試みは、ヨーロッパ思想史上、一つのエポックであった。

いや、むしろ次のようにいう方が正しいとさえいえよう――ボシュエが絶対王政を結果的に正当化した理論家だったという事実は、かれがその思想のなかで実現したものの、西欧社会にとっての意義と影響の重大さを考えると、問題にもならないほどの些細な論点でしかなかった、と。一言でいうと、神への献身の念に満ち溢れながら、実はボシュエは、皮肉にも、絶対にして普遍の神と人間との間に横たわる壁を、結果的に取り払ってしまったのである。ボシュエからあと、万人に妥当する普遍的な当為の法と、現実に存在する制度は当然にも同じものでなければならない、という観念を、ヨーロッパはついに刻印されることになった。たしかにボシュエは多くの思想の批判の的であり、次世代の思想家たちにとっては打倒すべき最大の目標でさえあった。だがそれは、ボシュエの信奉した当為の規範がカソリシズムの名におけるものだったから、という理由以外のものはほとんど存在しない。当時の人々にとって、カソリシズムの規範に準じることは、中世の鎖から解放されていないことを示しているかのように感じられたことは、たしかに事実であろう。しかしその点を除けば、聖なる法と俗なる法の二つの間の障壁を破壊しまったボシュエは、それ以前とは一線を画す新しい世界観――すなわち神の理性と人間の理性との融合――を提示し、それをある程度まで実現して見せたのである。その帰結は、当然にも、「神」が相対と化すことであるよりはむしろ、人間が絶対と普遍とに化すことを要求することであった。そしてこの呪縛は、かれを批判してやまない次世代の思想家にさえ、執拗につきまとうものになったのである。ボシュエが見通していたように、リベルタンたちのめざす人間は世界に融和をもたらすのではなく、際限のない批判の渦を蔓延させるしかないにもかかわらず、その人間こそが普遍と化す時代が到来するのである。

第二章　揺るがす力と揺らぐ挑戦——啓蒙主義

啓蒙主義の多くの思想家のなかで、とくに二人をあげてここに論じようと思う。啓蒙主義といえば、もちろん数多くの重要な人々がいることは言うまでもない。しかしここでは、普遍観念が抱えこんでしまう矛盾と息苦しさに気づき、そこに向かいあい、みずからの思想のなかにいかに取り込むのかという課題に、意識的に取り組んだ人物を上げるべきであろう。この観点から考えて、この章では二人の啓蒙主義者——ヴォルテールとディドロ——をとくに取り上げたい。かれらの思想には、普遍主義を乗り越えようとしながらも、引き受けざるを得なかった遺産の特徴が、刻印されているからである。

1　寛容と絶対の相克——ヴォルテール

（1）ボシュエの光と影

ボシュエは、ヴォルテール（一六九四—一七七八）にとって間違いなく偉大な時代の精神であり、かつ、打倒し乗り越えなければならない人物であった。ある意味では、ボシュエを超えることはさほど困難なことでもなかった。なぜなら、ボシュエが雄弁に人々に語りかける聖書の物語は、歴史的事実として解釈するにはあまりにも根拠が薄弱であることが多すぎて、はたして信頼するに足るものだろうかという疑念が一般的となりつつあったし、なおその上に、当時普及しつつあった小アジアやそれよりさらに東方のアジアにかんする知識に照らしてみても、それらは歴史的事実というよりは単なる伝承ととらえたほうがよいのではないかという態度が広く支持を得つつあったからである。ヴォルテールにとっては、新しい知識を加え、かつ時間的側面でも地域的側面でも視野を広げ、ボシュエを超える新しい世界史論を書くことは腕にあまる仕事ではなかったし、事実かれはそれに取り組みもしたのである。しかし、ヴォルテールにとってボシュエという存在が意味するものは、それだけで済ませてしまうにはあまりにも巨大なものでありつづけた。

その理由は、世界にある摂理が存在しそこに人々の心が結ばれるのだ、換言すれば、人々の目の前にある地上の世界に美しい当為の法によって成り立つ国を実現するべきだ、というボシュエの主張の中心的な価値を、ヴォルテールが否定しきれなかったからである。ヴォルテールは、実に多様な側面においてボシュエにたいして反抗し、批判的姿勢をとりつづけたものの、この一点に関してボシュエと立場を同じくし、それを覆すことができなかった。おそらくヴォルテールも、ボシュエに負けないほど、人々の心がある摂理のもとに融和し調和しているという状態を理想として心に抱懐し、何ものにも代えがたい貴重な価値として、みずからの内に秘めていたのである。ボシュエのあの崇高で美しい演説に人々が心を震わせて涙する教会堂、たしかにそこには一つの摂理のもとに融合した心があった。そしてヴォルテールは、そのような力を持つボシュエの演説にしばしば舌を巻き、その雄弁さに自分は到底匹敵しえないと感じていたようである。美学にかんする叙述のなかで(1)、かれは韻の美しいボシュエの演説を引用しつつ賞賛している。

しかし、その反面、もはや特定の宗教的な教義を、普遍的摂理と同一化することができなかったヴォルテールは、真実を追求するにはボシュエの演説はあまりにもセンチメンタルすぎる、とも感じていた。そこには多少の嫉妬が入り込んでいたであろうが。「私は再び、ボシュエの棺前演説の美しさを、そこにはまさに崇高ささえもあることを、認める。しかし私たちにとって、棺前演説とはいったい何だろうか。そこにあるのは、道具としての説教、朗読、決まり文句であり、そしてしばしば真実への冒瀆さえ混在する。キケロやデモステネスの揺るぎない言説とくらべれば、あまりに詩情あふれた演説だといわなければならないではないか」[2]。ヴォルテールにとって、真実はもはや感情のみをもって納得させられるような性質のものではなかった。感情の高まり、心の中に沸き上がる情熱というものは、たしかにボシュエの説教に集まる人々の間で心を一つにまとめ上げる強力な溶融作用を持つことができた。しかしその情熱が、ボシュエに必ずしも賛同しない多くの異質な価値を持つ人々をも包摂する「国家」という観念と結合するとき、逆に国家のなかに分裂を引き起こすということを、ヴォルテールは認識せざるを得なかったし、また充分理解してもいた。実際、ナントの勅令の廃止は、ヴォルテールには特定の宗教的情熱が政治と結びついた際にむき出しになる牙——教義を共有できない多くの人々の心にむけられた牙——以外の何ものにも見えなかった。このときヴォルテールは、ほとんど崇拝してやまなかったといってもよかったボシュエと、決定的に袂を分かってしまった。

「情熱は、信仰の誤った姿のなかによく見られる。祈りながら自分の鼻先ばかり見ている若い托鉢僧はしだいに興奮し、五十ポンドの鎖を背負う自分は、至高なる存在から多くの報いを得るべきだと思い込む。天を一心に思いながら眠り、それを夢に見る。ときには夢うつつのなかでかれの目には火花が散り、輝く天を見ながら恍惚となる。これがしばしば、不治の病となるのである」[3]。ボシュエは決して若い托鉢僧ではなかったが、ヴォルテールがこのように書くとき、次第に狂信的になっていくかに見えるボシュエの姿が頭を掠めなかったと、誰が言えるであろうか。ヴォルテールは、政治と宗教が癒着しつづけた長い人間の歴史を振り返りつつ、次のように思ったはずである。神権政治は、みずからを神聖なものと自称すればするほど、長い時間をかけて除々に人間の狂気が達しうるもっとも恐ろしい残虐行為、すなわち暴政へと突き進んだのだ、と。

もっとも、歴史を繙くまでもなくヴォルテールの目の前には、その時代のフランスが宗教的不寛容によって被ることになった不自由と、その不自由から引き起こされた人々の深刻な分裂があった。国家を人々の心を結ぶ場として再生しようとするならば、もはや特定の教義によって心を縛ることは時代錯誤である。カソリシズムによって国民の心を結びつけようとして強権を発動したボシュエについて、ヴォルテールは『寛容論』のなかで次のように述べている。「モーの司教ボシュエは、あの賞讃されるべきカンブレの大司教フェヌロンを追放した人物だが、かれはフェヌロンに、神とはただ神であるという理由で愛する価値があるということを人々の心に刻印してしまったという罪を問うた(4)」。

ヴォルテールも、カソリシズムの神への信仰ではないというだけで、さまざまな宗教に無神論というレッテルを貼った。しかしそうしながら、社会の後ろだてとなる価値はカソリシズム以外にもあり得る、とヴォルテールは主張する。それは、あくまでもカソリシズムにこだわりつづけたボシュエへの異議申し立てともなった。ヴォルテールは、無神論者の社会が存立し得るかという問いに対して、ローマを引き合いに出しながら次のように答えている。

なぜ無神論者の社会が不可能に見えるのだろうか。それは次のように考えるからである。制約を持たない人々は共同生活ができないし、法律は心に対する制約としては無力であり、そこで、人類の正義からふみはずれた悪人たちを、現世か来世かで罰する復讐の神がどうしても必要である、と。……異教徒には束縛の一切ない宗派がいくつかあった。懐疑主義者はすべてを疑い、逍遙派はあらゆる判断を保留し、快楽主義派は神は人事に介入できないと信じ、結局のところ、いかなる神聖もみとめなかった。かれらは、魂が実体ではなく、肉体とともに生死する一機能である、と信じていた。かれらは道徳や名誉以外には、いかなる束縛も持たなかったのである。ローマの元老や騎士たちは、真正の無神論者であった。なぜならば、神に対してなんら恐怖や希望を持たぬ人々にとって、神は実在しなかったからだ。したがって実際、ローマの元老院は、カエサルやキケロの時代の無神論者の集まりであった(5)。

ヴォルテールは、ローマにはさまざまな宗派が混在していたが、かれらは自然の要請する価値すなわち道徳や名誉という、根本的な価値を共通にしていたおかげで、国家を分裂させるどころか、むしろ発展させる時代を築くことができたのだ、と考えた。そして、同じように国家を発展させ、かつ同時に人々の幸福を実現できるのならば、かれはカソリシズムへの狂信よりも無神論を、あえて選ぼうとしたのである。強権的な権力の衝突によって引き起こされる憂慮すべき事態について、ヴォルテールは次のように語っている。

狂信と無神論では、もちろん狂信の方が千倍も有害である。無神論は血生臭い情念を吹き込まないが、狂信はそれを吹き込む。無神論は罪悪に反対するだけだが狂信は罪悪をつくりだす。……ホッブズは無神論者と見なされたが、穏和で清潔な生活を送った。かれと同時代の狂信者たちは、イングランド、スコットランド、アイルランドを流血で溢れさせた。スピノザは無神論者であったばかりでなくそれを講じたが、バルネヴェルトの合法的暗殺にはまったく無関係であったし、ウィット兄弟を八つ裂きにし、火あぶりにして食べたりはしなかった。(6)

(2) 寛容と自然

こうして、ヴォルテールは「寛容」という観念を提起することになる。

「寛容とは何か。それは人類愛の領分である。私たちはすべて、弱さと過ちからつくりあげられている。私たちの愚行を互いに許しあおう。これが自然の第一の掟である」(7)。人間が弱くて愚かであるが故に、人間はかならずしも、全員が一気に真実へいたる道を、発見できるわけではない。人々はさまざまな試行錯誤を繰り返しながら、自ら選ぶ価値への道を歩いて行くのである。したがって、人それぞれさまざまな道があって良いのである。真実へいたる多様な道筋を許容しよう。たがいに弱い存在であることを認め合い許し合いながらも、真実への道程を歩むこと、これはキリスト教精神にまさに合致することではないか。そのうえ、このような寛容の精神によって、国家内の分裂を緩和して統合を達成している例が、すぐ隣の国イギリスにあるのだから。「当地〔イギリス〕は諸宗派分立の国である。イギリス人は、自由人として自分の気に入った道を通って天国へ行く(8)」、とヴォルテールはいう。

人々の心の中に、国家という共通のよりどころをつくろうとするとき、これをフランスのようにカソリシズムという制度にだけ依存していては決して成功しない。制度によって縛られた心は、そこから脱しようとするから。イギリスは、宗教的寛容を達成しながらも国家として成り立っているではないか。ヴォルテールはそのような主張を『イギリス書簡』のなかで展開する。ヴォルテールのいう寛容は、国家が既に内包している信条の分裂を、国家の統合を揺るがすような分裂にいたらない前に緩和するという意味を持つ。しかし、ヴォルテールにとって寛容の意義は、それだけに止まるものではなかった。かれにとって寛容は、国家の盛衰そのものを左右する重要な問題であった。『諸国民の習俗と精神について』のなかでヴォルテールは、ローマの歴史を分析しながら、宗教についてこう論じている。

ローマ人の宗教についての、二つの重要な事柄を指摘しよう。一つはかれらがギリシャ人の例にならって、ほかのすべての民族の信仰を採用したか、あるいは許容したことである。もう一つは、元老院と皇帝たちが結局のところ、ギリシャの大部分の詩人や哲人と同様、つねに、ある至高の神を認めていたということである。

すべての宗教を許容するということは、すべての人間の、心に刻みつけられた自然の法則であった。そもそも、被創造物である一個の存在が、自分と同じように考えるようにと、他の存在を強制する権利など持つはずがない。しかし一民族が集結し、宗教がその国家の法となった時には、この法に従わねばなるまい。

ローマ人はみずからの法律によって、ギリシャの神々を全部取り入れたのである。……さらに注目すべきは、ローマ人のもとでは誰一人、自分の抱く考え方のために迫害されなかったことである。ロムルスからドミティアヌスにいたるまで、そういう例はただの一つもなかった。ギリシャ人のもとでは唯一、ソクラテスの例があっただけである。[9]

ヴォルテールは、ローマ帝国が蛮族たちによって破壊された理由について次のように言う。

皇帝たちの弱さ、その大臣や宦官の間の徒党、古くからの国の宗教が新興宗教に対して抱く嫌悪、キリスト教内部で起こった血なまぐさい闘い、武器の操作に代わって生じた神学上の論争、勇気にとって代わった無気力、また、農民と兵士の代わりに増加したおびただしい数の僧侶。これらすべてが、蛮族たちを呼び寄せたのである。かつては、戦士の国であった共和国を破ることができなかったおなじ蛮族の民が、今度は、残忍で柔弱で信心に凝り固まった皇帝たちの下にある、衰弱したローマを征服してしまったのである。[10]

ここに見ることができるように、ヴォルテールにとっては、ローマが宗教的に寛容であり、さまざまな信仰を持つ人々が存在していながら、政治的には統一を保つことができる状態にあるときこそ、国家は繁栄するのである。逆に、政治が宗教に対して非寛容になり、国家内部の信条の相違にもとづく分裂が顕在化し、さらに宗教家が神学上の議論に終始して、人々の心を惹きつけるという基本的な仕事を怠るに至ると、国家はたちまち衰退しはじめるのである。ヴォルテールにとって、このような認識は、古代ローマから当時のイギリスの繁栄に至るまで、歴史を見渡してなお妥当するところの真実であった。

あらゆる宗教のうちでキリスト教がおそらくもっとも寛容を鼓吹すべきであるのに、今日までのキリスト教徒はあらゆる人間のうちでもっとも非寛容であった。……

幾世紀も続いたこの恐るべき（宗派間の）葛藤は、互いに過ちを許しあうことを必要とする私たちにとって、実に衝撃的な教訓である。葛藤は人類の大病であり、寛容はその唯一の治療薬である。

書斎のなかで冷静に思考するにせよ、友人と穏やかに真理を検討するにせよ、真理を認めないものは一人もいない。それなら、個人的に（en particulier）寛容や慈善や正義を認める同じ一人の人物が、公に（en public）なると、それらの美徳にあれほど狂暴に歯向かうのは、いったいなぜであろうか。それはかれらの神が実は利害だからであり、かれらが、崇拝するこの怪物のために、一切を犠牲にするからである。

「私は無知と信仰に基づく威厳と権力を所有する。私はわが足下にひれ伏す人間どもの頭上を踏んで歩む。かれらが起き上がってそれを直視するならば、わが破滅である。されば鉄鎖でかれらを大地に縛り付けておかなければなるまい」。

幾世紀にわたる狂信によって強大となった人々は、こう考えた。……かれらはすべて、民衆の犠牲で金持ちとなった連中が会計報告を恐れるように、また暴君が自由を恐れるように、寛容を憎んだ。……

人々は多くの地で長いあいだこのようにふるまったが、かくも多くの宗派の権力が均衡している今日では、それらにたいしてどのような立場をとるべきであろうか。周知のように、派閥はすべて誤謬の肩書きである。幾何学者や代数学者や算術家に派閥は存在しない。なぜならば、幾何学や代数学や算術の命題はすべて真実だからである。そのほかのあらゆる学問には誤謬がありうるのだ。(11)

寛容は、たしかに内部に多様な信条や考え方を許容することではあるが、それにもかかわらずヴォルテールは、その多様性は決して人々を分裂させはしないし、いやそれどころか国力を拡大させるほどの力さえ持ち得るものだ、と考えていた。そう考える根拠は、人々が理性に従って検討を加えながら真実を求める限り、やがて理性のつくる確実性を拠り所にして、人々が新しい共通の価値を構築するはずだからである。こうして見いだされた確実性は、人々の心に安寧をもたらし得る唯一のものとして、次第に人間の信頼を獲得するはずだからであった。たとえばヴォルテールは、洗礼抄本、呪詛、卜占、魔法などにみられる、かつて人間が信じてきた確実性と、数学的確実性を比較しつつ、次のように言う。

この二つはひどく違っている。前者の確実性は蓋然性（probabilité）にほかならなかったし、それらの蓋然性は吟味されると誤謬に変わってしまった。だが数学的確実性（la certitude mathématique）は不動であり、永遠である。
私は実在し、思考し、苦痛を感じる。それらすべては幾何学上の真理と同様に確かであろうか。その通りである。なぜか。それらの真理は、一つのものが存在すると同時に存在しないことはありえないということを証明するのと同じ原理によって、証明されるからである。私が実在すると同時に実在しないとか、感じると同時に感じないとかということはありえない。三角形が二直角の和である一八〇度をもつと同時に持たないことはありえない。したがって、私の生存や感情についての物理的確実性と数学的確実性は、種類は異なるが、おなじ価値を持つのである。[12]

（3） 信念の共同体

こうしてボシュエに代わって新しい世界の摂理を構築しようとしたヴォルテールは、その中心的価値として、聖書ではなく「理性」、つまり幾何学的真理のなかにそれを見いだしたのである。数学的理性は、なによりも人間の感情を排除したところに成り立つ。そこには、ある価値との熱狂的な同化は存在しないけれども、それにもかかわらず安静な魂は、たしかにそのなかに確実なある価値の存在の手ごたえを感じることができるはずであった。それは狂信によって無理に結び合わされていた心を解放するし、熱狂が醒めてもなお信じることのできるような、確かさなのである。ヴォルテールによれば、この精神こそ、新しいフィロゾフの精神であった。

狂信と迷信の関係は逆上と興奮、憤激と立腹のそれとおなじである。法悦にひたり、幻影を抱き、夢を現実と思い込み、自分の空想を予言と信じるものは、熱狂者である。自己の狂気を殺戮によって遂行するものは、狂信者である。……

この流行病の治療薬となるものは、哲学者の精神のほかにはない。それはおもむろに広がり、人間の習俗を和らげ、悪の接近を防ぐものである。……この流行病がはびこると、避難して空気が浄化されるのを待たなければならない。法律や宗教は、魂の黒死病に対しては無力である。……

哲学者たちの各派は、この黒死病からまぬがれていたどころか、その治療薬でさえあった。というのは、哲学の効能は魂を安静にすることであるが、狂信は安静と両立しえないからである(13)。

ボシュエの狂信的政治にとって代わるものとして、ヴォルテールはこのような理性を提起した。そして少なくとも、この理性によって、人間が国家のなかで生活していく時に必要な利益とは何かについて、共通の認識を人々の間に確立することができると考えたのである。

しかし、このようなヴォルテールの世界観において、別の問題が新たに浮き彫りにされてしまった。それは、道徳に関する問題である。理性によってもたらされる精神の冷静さによって、人々が互いに狂信的となり葛藤しあい争うという事態は回避できるし、またそれが社会としての利益であるということは理解できる。しかし、ヴォルテールがこう考えたときに、こんどはボシュエが道徳に与えていた意味とはまったく異なる意味をもった、新たな道徳が登場することになる。ボシュエがデカルトの弟子たちにたいして抱いていた危惧が、まさにヴォルテールにおいても現実となったのである。たとえば神への徳と隣人への徳は、ボシュエにおいては聖書という媒介物によって融合され、同一化されていた。すなわち、自らの救済あるいは幸福と、他者と平和に共存することとは、矛盾することなく、不可分の一体であった。しかしヴォルテールは、ボシュエが聖書に果たさせていた役割を、排除してしまったのである。では、人間を他の人間たちと結び付ける道徳は、何によってもたらされるのだろうか。かれは必然的に、次のようなため息をはくことになった。

徳とは何か。隣人に対する善行である。私に善を与えてくれるもの以外を、私は徳とよべるだろうか。あなたが貧乏な私に恵みを与え、私の危険を避け、騙された私に真実を告げ、除けものの私を慰め、無知な私を啓発してくれるならば、私は文句なしに、あなたを有徳者と呼ぶであろう。ではしかし、枢機卿たちが教える徳（les vertus cardinales）や神学者が教える徳（les vertus théologales）はどうなるであろうか。……神学者の教える徳は天の賜物であるし、あなたの枢機卿たちは、あなたを導くのに役立つすぐれた資質をもっている。だが、それらは隣人との関係におけるあなたの徳とは、何の関係もない。用心深い人は自分のために善をなすが、有徳者は他人のために善をなす。慈善は信仰や希望に勝る、といった聖パウロは正しかった。

なんということだろうか。隣人に有用なものだけを認めるのか。ああ、どうしてそれ以外に徳を認められようか。私たちは、社会に生きているのである。だから、社会の善（le bien de la societé）となるものだけが、私たちにとって真実の善である。隠者は質素、敬虔で、苦行帯をつけるであろう。たしかにかれは聖者である。だが、かれが他の人々も利用できるなんらかの徳行を示した時はじめて、かれは有徳者と呼ばれるのである。孤独であるかぎりかれは善人でも悪人でもない。かれは私たちにとって無である。(14)

ヴォルテールが自問自答しているのは、善や徳は抽象的な教義のなかにではなく、人間同士の関係のなかにしかあり得ないのではないか、ということである。しかしそのとき、ヴォルテールのなかのもう一つの声は、もはや私たち人間は、他人の心という当てにならないものに左右されるような不確かな徳しか持ち合わせないのだろうか、という嘆きに変わる。たしかに数学的理性は、人々が共存するために必要な「手続き」については、明確に認識させてくれた。そしてそれは、人々が共有するものとしては実に明確で、信頼するに足るものであったかもしれない。しかしそれ自体は、最高善や救済といった、人間がともかくも永続的に抱きつづけるはずの、その意味でやはり一般的で普遍的といえる、別の種類の価値を、内部から生み出す力をまったくもっていない。

古代人は最高善について大いに論争した。かれらが同時に、最高の青、最高の味、最高の歩き方、最高の読書、などが何であるかを追求したとしても、おそらくそれと同様の価値があったにちがいない。

各人はそれぞれに可能な場所に善を認め、それぞれの仕方で可能なかぎり善をもつのである。……最高の善は、最高の悪が私たちからすべての感情を奪うにいたると同様に、他のことをまったく感じさせないほどの力で、あなたがたを楽しませるものである。そこに人間性の二つの極限があり、その二つの瞬間は短い。生涯続くような極度の歓喜や苦悩は存在しない。だから最高善と最高悪は、夢幻である。[15]

その存立する拠り所を奪われ、もはや個人的なものとなってしまった最高善や最高悪は、ヴォルテールには普遍性を失ってしまったと思えたのである。人々が共同して心に抱き合う価値は、その拠り所――十七‐十八世紀のフランスにおいてはそれが聖書であった――を失ったとたんに、どこかに雲隠れしてしまった。そうなったとき、ヴォルテールにとって心の融和を目的とする信仰とは、もはや意味のないものなのだろうか。

信仰とは何か。明らかと思われる事柄を信じることであろうか。そうではない。必然的な、永遠の、至高の、知的な存在があることは明らかであるが、それは信仰の領分の問題ではなく、理性の領分の問題である。……信仰は、真実らしい事柄を信じることではなく、われわれの理性には虚偽と思える事柄を信じることから成り立つものである。アジア人はマホメットの七星間旅行、仏神、ヴィシュヌ神、釈迦、梵天、サモノコドン、などの化身を信仰によってのみ信じている。かれらは理性を押さえ、検討に怯え、串刺しや火あぶりをのぞまない。かれらは言う、「私は信じる」と。……驚異的な事柄に対する信仰と、矛盾した不可能な事柄に対する信仰とがある。[16]

このヴォルテールの言葉で明らかなように、かれにとっては、現世にありうべきことはすべて理性の支配下にあり、全くありうべきでないことのみが信仰の領域なのである。すなわち、ヴォルテールにとって、現世の共同体と信念の共同体とは、相容れない異なる世界であり、それが交差することがあってはならない。なぜなら、それらが交差することを要求する信念を、かれは原理的に寛容と相反する根元悪として退けたのであるから。一方、このときヴォルテールによって退けられたボシュエにおいては、現世の共同体は、有徳なものとして洗練されればされるほど、やがて神のもとにおける信念の共同体として成長する。この二つは交差すべき世界であったからこそ、現世において最高善という観念が、現実のなかで生きていられたのであった。

この矛盾は、ヴォルテールにとってきわめて深刻なものであった。かれはボシュエを尊敬しつつも、結局批判した。しかし、人々の心がある一個の摂理のうちに融和されること、というボシュエの理想を、実はかれ自身も共有していたのであった。かれも理想の普遍性という観念を、捨てることができなかった。それはたしかに、現に生きている人間についての思いであったはずなのだ。しかしこの溝に架橋すること、あるいは、普遍的な価値に対する熱狂的信仰と、幾何学的理性とが一人の人間のなかに共存することは、ほとんどありえないことをヴォルテールは気づいていた。それが、かれの矛盾を深刻なものにしたのである。かれは、きびしい表現を敢えて用いれば、間違いなく悪循環のなかに落ち込んでしまった。たとえば「誤った精神」と題する小論のなかで、ヴォルテールは次のような興味深い文章を書いている。

どんなに偉大な天才でも、検討せずに受け入れた原理を足場にしようとすれば、誤った精神をもちかねない。『黙示録』を注釈した頃のニュートンは、ひどく誤った精神をもっていたのである。……狂信者に幾何学を少し教えてみたまえ。かれらはたやすくそれを習得するであろう。しかし奇妙なことに、それによってかれらの精神は立ち直らない。かれらは幾何学の真理は認めるが、蓋然性を計測することを知らない。かれらは幾何学にかれらなりの襞をつけてしまい、生涯にわたって歪んだ理屈をならべる。かれらのためには残念なことだ。[17]

この、ほとんど絶望的な、と思われた矛盾に、ヴォルテールは気づいていたけれども、しかしそれを認める訳にもいかなかった。ほかでもない、ヴォルテールは、自分を新しい時代のボシュエであるべきだ、と考えていたからであった。そこでかれは、この苦境をのりこえるために、もう一つの大がかりな仕掛けを用意する。それは、「自然」という観念である。

ヴォルテールの神は、カソリシズムの神ではない。その神は、キリスト教に先立ってあらゆる時代――ソクラテスから孔子までの――を通じて存在する神であり、あらゆる時代において唯一無二の、理性と道徳との双方にとって根源となるものであった。かれは言う。

誠実と不誠実の微妙な違いを区別するためには、私たちの理性を用いさえすればいい。善と悪とは隣合っている。私たちの情念（nos passions）がそれを混同するのである。私たちを啓蒙するのは誰であろうか。それは、冷静なときの私たち自身である。私たちの義務について書いた誰もが、世界中の国々で、立派な書物を著わしてきた。なぜならば、かれらは理性にしたがってのみ執筆したからである。ソクラテスとエピクロス、孔子とキケロ、マルクス・アウレリウスとアムラト二世は、同じ道徳を持っていたのだ。あらゆる人々に毎日繰り返して言おう、「道徳は一つであり、それは神に由来する。教義は異なるが、それは私たち自身に由来する」と。……

神は、キリスト教に先立つあらゆる時代に、正義と不正義との知識を教えてくれた。神はけっして変更しなかったし、変更することもできない。私たちの魂の根源、私たちの理性と道徳の原理は永久に同一であろう。神学上の区別、その区別にもとづく教義、その教義に基づく迫害は、善にとってなんの役に立つのであろうか。このあらゆる野蛮な作為にびっくりして猛然と反発する自然がすべての人々に呼びかける。「正義であれ。排他的な詭弁家にはなるな」と。[18]

ヴォルテールは、このように普遍的道徳を教える神という観念をたてた。かれはそれを「自然」と言う。自然はいつも普遍的なものとして、人間の前に存在している。そこからさまざまな宗教が生み出されるのは、それを解釈する人間の側が多様であるからである。しかしどんな宗教の教義であろうと、それを理性によって最も深くまで追求すると、自然という同じものに到着するはずだ。すなわち、その信念の形式は異なるにしても、その本質は同じなのである。かれは言う、「道徳は迷信のうちにも儀礼のうちにもないし、また教義となんら共通点をもたない。教義はみな異なるが、理性を用いるすべての人間において道徳は同一である、とどれほど繰り返しても、言い過ぎることはない。道徳は光のように神から到来するのである」[19]。

二つの見方が可能であろう。まず、ヴォルテールにとって、自然という究極的な観念において一致するという前提があるからこそ、宗教的寛容は、分裂ではなく多様性を生むものとなるのだった、という見方ができる。と同時に、ヴォルテールは、自分が主張した寛容から、かれがもう一つのかけがえのないものと考えた普遍性を、救い出さねばならない羽目になったのだ、という見方も可能になる。どちらであったにせよ、ヴォルテールは、この自然において、理性と情念は葛藤なく融合される、と考えた。

(4) 芸術作品としての社会

前述したように、自然は、自然における理性を、同時に普遍的な道徳とする。かくしてそれは、同時に人々の感情の共通の基盤ともなるものであった。たとえば、ヴォルテールは、『哲学辞典』のなかで次のように書いている。

あらゆる人間の心底の動きが、ときには通俗的な表現のうちに反映することもある。ローマ人のセンス・コンムニス(sensus communis)は、常識だけでなく、人間性や感受性をも意味していた。われわれはローマ人に比肩できないから、我が国ではこの言葉はローマ人の場合の半分の意味しかない。それは正しい感覚、粗雑な理性、幼稚な理性、普通のものごとにたいする基礎的観念、愚鈍と才気の中間状態しか意味しない。「あのひとには常識がない」というのはひどい侮辱である。「あのひとは常識家である」というのも侮辱である。かならずしも愚鈍ではないが才気が欠如している、という意味になるからである。しかしこの常識(sens commun)という表現は、感覚以外のどこから生まれたのであろうか。この言葉をつくった人々は、感覚以外からは、何ものも魂に入ってこないということを知っていたのである。そうでなければ、普通の推理力を意味するために感覚という言葉を用いたであろうか。

「常識はきわめて稀である」と言われることがあるが、これはいかなる意味であろうか。これは、ある人々の理性は偏見によって初めから発展を中止されてしまい、またあることにはきわめて健全に判断する人でも、他のことに関してはたえず大きな誤りを犯すということを示している。かのアラビア人は、一方で優秀な計算家、博識な科学者、正確な天文学者であろうが、マホメットが袖の中に月の半分を入れたことを信じるであろう。アラビア人が以上三つの科学〔数学・科学・天文学〕において常識を超えながら、月の半分の問題では常識を下回るのはなぜか。前者の場合は自分の目で見、知性を磨いたが、後者の場合は他人の目で見、自分の目は閉じ、自己のうちにある常識を歪めてしまったからである。[20]

ヴォルテールはここで、常識といわれるものが、人々の感覚がおこなう共通の判断に他ならないことを述べたあと、同時にその常識は、自分の目で見て知性を磨くことによって獲得できると主張している。つまり、かれにとって、自然とは、普遍的な道徳へと導く理性の母胎であると同時に、感情や信仰――すなわち心――の共通の母胎なのである。しかし、観念の上では自然において理性と情念が融和することができるにせよ、現実に存在する世界のなかで、融和はそれほど易しいことではない。だがそれは、決して不可能なことではないのだ。そう訴えるために、ヴォルテールは次のように言う。

理性と情念が結び付くことは、もっとも稀なことである。理性はつねにあるがままに見るところに成立する。酔眼朦朧として対象を二重に見る人は、それだけ理性を失っているのである。……

いかにして理性の働きは情念を制御し得るのであろうか。詩人がまず絵の構図を書く。そこで筆を取るのは理性である。しかし詩人が作中人物たちを生気づけ、かれらに情念という性格を与えようとするや、想像力が高まり、情念が動きだす。それは自分の走路を夢中で走る駿馬のようなものである。しかしその走路は

きちんと描かれているのである。(21)

ヴォルテールはもちろん誠心誠意そう言っている。その論理がいかに不自然と感じられようと、その誠実さを疑うことは残酷であろう。しかしその結果、理性と情念が融和する状態の自然とは、ヴォルテールにおいては芸術作品となる。それは達成し得るものであるが、自然という観念のもとで理性と感性の特別の修練を必要とするのである。ヴォルテールにとって理想的な社会とは、理性と情念が融和してはたらいている、芸術作品としての社会であった。

さらにヴォルテールは、自然の持つ権威の下に理性と情念を融和させることは、人間の幸福に通じることなのだ、と考えていた。恵まれた自然のもとに生きる人間ならば、そこで、人間は生きるために必要なものを得ることができ、かつ独立して生きることができる。それが、不要な欲求を持つこともなく幸福に暮らすことを可能にするのだと、かれは言っている。

ある犬がほかの犬に、ある馬が他の馬に、何を負っているだろうか。なにもない。いかなる動物も、その同類に依存してはいない。だが、人間は、神から理性という光明を授かりながら、その結果はどうだろうか。地上のほとんどの場所で奴隷となっている。

もしこの地上があるべき状態にあったならば、すなわち人間が、どこにいても容易に食物を確保でき、その本性にかなった風土に恵まれるならば、ある人間が他の人間に奉仕することは、あきらかにありえないであろう。もしこの地球が滋養のある果実で満たされ、私たちの命に役立つべき空気が病気や死をもたらさず、人間が鹿やノロと違った住まいやベッドを必要としなければ、ジンギスカンやチムールのような人物も、かれらの老後をいたわってくれる善良な子供だけを従者とするであろう。

このように四足獣や鳥類や爬虫類のすべてが亨受する自然状態にあっては、人間もかれらと同様に幸福であろうし、支配することは妄想となり、だれもそんなばかげたことは考えないであろう。なぜといって、奉仕を必要としないのに従者を求める必要がどこにあろうか。
……したがって人間は、欲求を持たなければ必然的にすべて平等であろう。人間に不幸が結びつき、ある人を他の人に隷属させるのである。真の不幸は不平等ではなく、依存するという性格である。(22)

自然のなかで、人間の世界のすべてがやっと満足した平穏のもとに立ち戻る。ヴォルテールは、自然という観念を通じて、ようやくその世界観を完結させることができたのである。

ヴォルテールが、自然という観念を中心とするこのような世界観に対して抱いていた憧憬は、ボシュエがカソリシズムに抱いていたそれと、ほとんど同質のものである。二人とも、それぞれに抱いたその世界においては、自らの内側から欲する当為の命令に従うことによって、人間は普遍的真理と合一することができ、同時に、そのことを通じて地上において幸福な世界に生きることができる。その世界は、当為の法と統治の法つまり制度とが一致する場所であり、かれらにとっての地上における神の国なのであった。

ところが、そのようにかれ自身の神の国をつくりあげながらも、ヴォルテールはその自分の世界観に、細い亀裂がはいっているような気がして、最後まで気が気ではなかったのであった。それは自然と社会という二つの観念の対立から生じる。かれにとって自然は、そして自然の価値の中核にある理性は、法律、習俗、歴史などにおけるあらゆる多様性を貫いて、なお自ずから発見しうる真理であるはずであった。かれは普遍的なこの真理についていて次のように言う。

自然だけが私たちに、あらゆる思考の存在する前からある有用な観念を吹き込んでくれる。道徳についても同じである。私たちはみな社会の基礎である二つの感情――憐憫と正義――を持っている。……神は、まるで鳥に羽を与え熊を毛皮で覆うように、私たちに普遍的な理性（la raison universelle）という原理をあたえたのである。その原理は恒常的である。これと葛藤するあらゆる情念の存在にもかかわらず……この原理はつねに存在しているのである。だからこそ人々は、長いあいだには自分たちを支配している法則について、いつもたいへんよく判断できるようになるのである。というのは、かれらは、その法則が自分の心の中にある憐憫と正義の原理にかなっているか否かを、感じ取るからである。[23]

そして法律、習俗、歴史の全体を通じて、なおその真理は変わらず発見し得るし、人間の究極的な道徳観念は、やはりただ一つであることを証明するために、ヴォルテールは『諸国民の習俗と精神について』という大著を書かざるをえなかった。しかし結局かれは、この重要な主張を証明することができなかった。

例を挙げよう。ヴォルテールはインドの章で、インド文化が古くから持っている慣習について論じる。そしてインドの人々のなかに、広く深く根づいている輪廻の思想をとりあげる。転生する来世において下等で不幸な生物に生まれ変わってしまうことのないように、という願い、また、生きものを殺すことは自分の家族を殺すことにつながるかもしれないという恐れが、この国の道徳の基礎をつくっているという。そしてかれは、この観念は必然的に普遍的な愛の観念を生み出すのだと論じ、これは原始キリスト教の姿を今にとどめるクエーカー教にも見られる同じ道徳である、と言う。しかし一方で、「動物を殺すことを罪と感じていた同じ人間が、来世にはより美しく幸福な肉体で生まれ変わろうという空しい希望をいだいて、夫の亡骸の上で焼身自殺をするというような、そんなことを認めるとは、なんということだ」とヴォルテールは怒りをぶつけながら、続けてこう言っている。「それは狂信と矛盾が人間の本性だからである」[24]。ヴォルテールには、このように自分の思想の根本をくつがえしてしまうような、矛盾する言説が随所にみられる。それは、『諸国民の習俗と精神について』のなかで、幾度も繰り返される。かれはついに最後まで、一方における理性の普遍性と、他方における習俗の多様性との間で、動揺と煩悶とを繰り返した。

ヴォルテールは、ボシュエを打倒してかれにとって代わりたかったにちがいない。しかしその望みは、半分しかかなえられなかったようである。ヴォルテールが、ボシュエの持っていたカソリシズムの呪縛から人々を解放することができたことは、確かにかれの新しさであり業績であった。しかし、二つの点でかれはついにボシュエを超えられなかったのである。一つは、その世界観のもつ完結性、あるいは求心力の大きさである。ボシュエは、みずからの思想であるカソリシズムへの信仰にかんして、動揺したことは決してなかった。六歳の時にはじめて聖書に出会い、恍惚として読みふけったときから、かれにはそれに疑いをはさむ余地は一度もなかった。ボシュエ自身のなかでは、完全なる神の国はすでに実現していたのである。それに対してヴォルテールは、前述したように、最後まで自分の世界観にたいして、完全な確信を得るに至らなかった。さらにもう一つは、かれが自分の世界観に確信を持とうとして提起した「自然」という観念もまた、ボシュエのカソリシズムと同様に、精神の当為と現実の制度との融合するはずの価値の中心であり、その意味でかれが排したボシュエのカソリシズムと、機能的には等価物であったことである。すなわち、ボシュエとヴォルテールの世界観の構造は、全く同じなのであった。ただ、ボシュエがカソリシズムを置く場所に、ヴォルテールは理性という観念を置いたにすぎない。ヴォルテールは、カソリシズムから「自然」へという新しい世界を開いたにもかかわらず、ボシュエの世界観の構造そのものを根本から覆すことはできなかったのだ。もっと正確に表現すれば、かれらの世界観は、それが社会観に延長された途端に同じ構造になってしまったのである。

ヴォルテールとモンテスキューは同時代の知識人であった。だから、当然にもさまざまな面で影響を受け合っている。たとえば、ヴォルテールの『イギリス書簡』は、ペルシャの一知識人がヨーロッパを旅しながら、フランスのことを書いて祖国へ送る手紙という形式をとったモンテスキューの『ペルシャ人の手紙』を模倣して書かれたものであった。ただし、ヴォルテールの『イギリス書簡』の場合は、イギリスを旅するフランス人が本国へ送る手紙であった。この違いは、本の読み手、すなわちフランス人からみれば、大きな質の違いとなる。モンテスキューは、ペルシャ人という異邦人の目を通じてフランスを客観化し、かつ相対的に論じたかったのである。これに対して、ヴォルテールは『イギリス書簡』によって、イギリスに見られる寛容なる国家を賞賛したかったのだ。かれはフランスという文化を、自らの視点から批判、あるいは中傷こそすれ、それを相対化するという強い意図は持たなかった。

このように、両者の著作の性質は全く異なっていたが、ヴォルテールはモンテスキューを最後まで高く評価している。かれは、著名なフランスの哲学者についての批評が盛られている「書簡集」のなかで、モンテスキューについて次のように書いている。

最も穏やかな、最後の哲学者は、モンテスキュー氏であった。かれは『ペルシャ人の手紙』においては茶目っ気たっぷりであったし、『法の精神』においては鋭敏かつ深遠であった。さらに、非常によい内容と欠点とを満載したその作品の根源には、自然法と宗教的無関心があるようだ。そのことは何よりも、かれに多くの支持者と、多くの敵をつくらせた。しかし敵は、かれの哲学によってすぐに負かされてしまう。かれは、長い間いたるところで訴えられつづけた。しかしモンテスキューにおいては、有神論の進歩などというものが、とうの昔に根こそぎ破棄されていることを、人はまざまざと知るのである。〔あるとき〕ソルボンヌ大学が『法の精神』の検閲をした。ところがソルボンヌ大学は、自分が人民によって（par le public）検閲されているように感じたのである。[25]

ヴォルテールが、唯一モンテスキューにかんして論難したのは、モンテスキューがその著作のさまざまな箇所で、論理性を貫くことを放棄することなのであった。たとえば、ヴォルテールは「モンテスキューについての注意」のなかで、賞讃しながらもモンテスキューの欠点を述べた。

『法の精神』の良さの最大のものは、この作品の全体にあふれている、法を愛する心である。そしてこの法を愛する心は、人類愛の上に育まれたものである。だが最も奇妙な点は、モンテスキューのイギリスの政体にたいする評価が、フランスにおいて、より高かったことだ。ここにみられる宗教裁判所にたいする辛辣な皮肉は、宗教裁判所判事をのぞいて、万民を魅了した。いつも深遠なかれの考えは、あらゆる国家の歴史から取り出した事例に基づいたものである。たしかにかれは、旅行者のとても怪しげな報告をたよりにして、未開の小国を例にとることがあまりに多すぎる、と非難を受けた。かれの引用はかならずしも充分正確であるとはいえない。……この作品のなかにふんだんに見られる方法の欠如、しばしば一つの章に三、四行、しかもそれを冗談に流してしまうような奇妙な気どり、これらは多くの読者を不快な気持ちにさせた。論理性を期待されているところで、しばしば機知を使うことに、人は不満を持つのだ。また、疑わしいものを確実な観念として与えることが多すぎる、という非難もある。しかしかれは、かならずしも読者を啓発するわけではないにしても、読者をいつも考えさせる。これはとても重要な長所である。[26]

たしかにヴォルテールの指摘は、モンテスキューがたびたび受けざるをえなかった非難として、事実であった。しかし、自分自身がモンテスキューの失敗であると指摘した、その同じ轍を、ヴォルテールは『諸国民の習俗と精神について』のなかで踏むことになる。すなわち、かれにしてみれば理性をもって論理性をつらぬかなければならないはずのところで、しばしば、憐憫と正義の感情によって論述しているのである。

その欠点を知りながら、ヴォルテールは、自分には真似のできなかったモンテスキューの重要な業績をたたえている。「それらの欠点にもかかわらず、この作品はつねに人々に愛されなければならない。……かれは至るところで人間が自由であることを人々に思い出させた。かれは、人間の本性に、その権利――地上のほとんど大部分において失われてしまったもの――を指し示す。かれは迷信と闘い、道徳を吹き込む(27)」。

2　神なき普遍の探求――ディドロ

フランス十八世紀の思想上重要な運動として、いわゆる百科全書派、アンシクロペディストのそれがある。ヴォルテールもその一員であったのだが、一七五一年から八〇年にかけてディドロを中心としてまとまりを保っていたこの運動は、ヴォルテール、ダランベールをはじめとして、ドルバックやエルヴェシウス、ルソーなどもその一員に加えながら、全三五巻の『百科全書』として結実した。この間にディドロと袂別するようにしてアンシクロペディストを抜けていった人々も数多いが、それでも百科全書派とディドロという思想的求心力がそこにあったという事実は、周知のことである。

(1)　制度の偽善性

ドゥニ・ディドロ(一七一三―一七八四)はヴォルテールと同じように、ボシュエの打ち立てたカソリシズムという特定の教義に由来する同一性をかなめとして人心を統合しようという社会構想にたいして、大きな疑問を持っていた。権力によって上から与えられる世界観は、ボシュエの演説の響きの魅惑的な美しさにもかかわらず、もはや人々の心を結び付けるにはあまりにも批判が多く、カソリシズムの教義の狂信的な信者にはなりえない多くの人々にとっては、白々しささえ感じさせるものになっていたのである。権力の与える世界観に与することはできないが、しかし権力に対して心の底から怒りの叫びを上げることもできない人々の姿を見て、ディドロは次のように共感の言葉を発している。

きみたちの親方は、社会にはみごとな秩序が保たれていると自慢している。しかし社会とはじつはこんな下らない人間の寄せ集めではないか。裏で法律を踏みにじる偽善者、心の痛みに負けてしまって、かえって自分自身が自分を苦しめる道具となってしまった不幸な人、偏見が自然の声を全く押し殺してしまった愚か者、自然の権利をまったく要求できないような生理的欠陥をもつ人々[28]。

ディドロは、『ブーガンヴィル航海記補遺』でタヒチ人に言わせたこの言葉をはじめとして、権力者によって整えられた秩序のなかには人間の心は決して包み込まれるものではないこと、それでもなお押しつけられる秩序は往々にして心の声を押し殺してしまう凶器であることを、説得的に述べている。

人々に精神の忠誠を強いる宗教について、ディドロはヴォルテールと同様に、いやそれ以上に、それが人間にとって幸福の基盤にはなり得ないものだ、と考えていたのである。ヴォルテールのほうは、人々はそれぞれ異なる方法と教義をもっていても、ただ一つの真理に到達しさえすれば、結局人々はみな幸福になるのだから、その途中の道のりまでも強制する必要はないと考えつつ、ボシュエと対立したのであった。つまり、ヴォルテールが「寛容」を語るとき、幸福の状態はすべての個々人の心の中にある差異が乗り越えられて、やがて共通で唯一のものに到達する、と考えていたのである。しかしディドロのほうは、幸福は、それがどんな幸福であろうと、たとえば宗教のように人間の外から与えられる思想によって実現されるものではなく、人間がみずからの手で心の中に育てていかなければならないものだ、と考えていた。ディドロは、死後発見された哲学にかんする手稿に、次のような挿話を書き残している。

子供にも女にも友達にも裏切られた男がいた。不実な仲間のために財産も蕩尽して、かれは一文無しになってしまった。人類に対する憎しみと深い軽蔑を胸に抱いて、男は世を棄て、唯一人、洞穴にこもった。そこで、こぶしを目に当て、この恨みをはらす復讐の手段を考えながら、かれは言った。「あの悪党ども！あいつらみんなの不正義を罰し、悪人にふさわしい不幸に遭わせてやるには、どうしたらよいのだろう。ああ、なにか思いつかないものか。……みんな命より大切に思いながら、それでいて絶対にお互いの意見が合わない、そういうとんでもない妄想で、あいつらを震え上がらせてやれないものか……」。そのとき急に何か思いついて、男は大声で叫びながら洞穴から飛び出していった。「神だ！　神だ！……」。無数のこだまが、かれの回り中で響きわたった。「神だ！　神だ！……」。この恐るべき名前は世界の端から端へ伝えられ、どこでも人は驚異の念をもってこの言葉に聞き入った。まず人々は平伏し、それから立ち上がって互いに問いただし、議論をし、しだいに興奮して、相互に破門しあい、憎みあい、殺しあった。こうして、あの人間ぎらいの不吉な願いがかなえられたのである。このように、過去においても未来においても同様に、存在（神）の歴史（l'histoire d'un être）とは重要で、不可解なものである。(29)

神は、いつも真実や幸福への道しるべとして人々の心に君臨しているかもしれない。しかし神の名のもとに求められる幸福の姿が人々にとって必ずしも共通のものではなくなり、かつ、お互いの心が見えなくなった人々の集まる社会においては、神という言葉は、お互いの心を疑心暗鬼にさせる合図以外の意味を持たなくなってしまった。ボシュエにおいて国家統合の論理という側面を裏打ちする「神の理性」という言葉の意味を、もはやディドロは理解さえしない。なぜなら、神の理性と人間の理性とは、あくまでも異なるものであることはディドロにとって自明のことであったから。神の理性という言葉には、ボシュエがそこに込めていた崇高な輝きはもはやないのだ。それなのに、その神の理性と人間の理性を合致させようとするのは、権力の狂気以外のなにものでもない。「人間の理性（la raison de l'homme）と永遠の理性（la raison éternelle）――つまり神――との間になんらかの一致を認めながら、しかも、神は人間の理性を犠牲にすることを求めているというのは、あたかも、神は一つのことを欲すると同時に欲していない、と主張するようなものだ。理性を授けてくれた神が理性を犠牲に献げることを要求するとしたら、それは自分が与えたものを騙しとる手品師にひとしい[30]」。ディドロは、理性の名において神の世界に人間の世界を従属させ、一つに統合してしまうことのいかがわしさについて、このように激しく非難する。

（2）理性・感覚・判断

ディドロにおいては、もはや宗教さえ、人間一人ひとりの理性的な判断力の光のもとにさらさなければならない。どんな奇跡も、たとえそれが事実であろうとも、奇跡の生起した因果関係が論証されない以上、どう信じよというのか。ディドロにとっては、理性の働きである論理性の方が、人間の生きた目よりも、信じるに足るものなのだ。二度と見られないものを見たところで、それが真実で、決してまやかしではないという証拠が、どこにあるのだ。ディドロにとって、真実は確かなものであり、同時にいつでも検証可能なものであり、その限りで万民が納得し、認めるものでなければならない。

五十の事実よりも、たった一つの論証の方が、私を動かす。自分の理性に絶大な信頼をよせているおかげで、私の信仰はどんなに巧妙な道化師であろうと、その意のままにすることはできない。マホメットの大祭司よ、足萎えを立ち上がらせ、啞者を語らせ、盲目に光を与え、中風患者を癒し、死人を生き返らせ、さらには不具者に失った手足を取り戻させるような、前代未聞の奇蹟を行なうがよい。私の信仰が微動だにしないのを見て、あなたは驚くだろう。私を改宗させようと思うのならこんな奇蹟はやめて、ともに議論しよう。私は自分の目よりも自分の判断力を信用している。

もし、あなたの説く宗教が真実なら、証拠によってその真実性を示し、無敵の理性によってそれを証明できるはずだ。そのような論理を見つけなさい。三段論法ひとつで私を説得することができるのだから、奇蹟などで私を疲れさせる必要がどこにあるか。[31]

このようにディドロは、人間の心や感覚は社会的に与えられる外的作用によっては決して統合されないと主張し、さらに、人間の魂にとって論証が何よりも勝ると考えた。すなわちディドロは、人々の共通基盤を理性による論証によって得られるもの——誰もがその限りで納得するもの——によってつくるべきだと考えた。そして、論証というものに感動する心をもつことによって、神の理性と人々の心が、互いを犠牲にし合わずに結び付きうると、少なくとも一時期は、考えていたようだ。実際、このような世界観のもとに、ディドロは君主政に対して次のような見解を述べていたこともある。

宗教、理性、自然から人民が課される第一の法は、次のとおりである——人々の結んだ契約を人民みずから守ること。かれらの政府の本性を見失わないこと。フランスでは、支配王家が男系によって存続するかぎり、服従の義務をまぬがれないことを忘れぬこと。神の姿が地上にあってそれを目にすることを望んでいる人民は、その神の媒介者としての君主に、畏敬の念を抱くこと。君主の名のもとに保護され、平穏と福祉を亨受している人民は、感謝と畏敬の念を抱くこと。もしも不正で、野心的で、暴力的な君主があらわれたとしても、この不幸に対抗する手段は唯一つ、すなわち服従によって君主の心を静め、祈りによって神の心をやわらげること。[32]

この言葉は、カソリシズムという言葉に代わって「理性による契約」という言葉になっているという違いはあるが、どことなく、まるでボシュエの言葉のように思える。すなわち、君主が論理的で正しい理性を持つ者であるとき、それはあたかも地上における神の姿にほかならず、君主はそのまま国家の心的紐帯となるべきものであり、人々はそれに心から服従するべきである、という見解である。ディドロはこのように、理神論に近い考え方をしていたこともあった。

しかしそのような時代は長くは続かなかった。ディドロは、人間の心、とくにその情念というもののもつ価値を、大いに認識していたのである。人間の情念は、ボシュエのカソリシズムの世界観のなかに収容できなくなったように、しばしば論理性のなかにさえ収容しきれないものであり、そこから溢れてしまうものである。また逆に、情念は論理性を撹乱し、その働きを妨害しさえするものである、と考えた。しかしそれでもなお、ディドロは、人間にとって情念は最も基本的な自然であり、必ずしも論理性に収容できないという理由で、目を背ける訳にはいかないものであると考えたのだ。それに、論理性は必ずしも理性そのものと同一なものではないのではないか、とも。論理と理性を信じてやまなかったかれも、他方で、この時代にあって、社会のなかにおける人間の情念、という問題を避けて通ることができなかったのである。

そのような問題の前に立って、ディドロは情念について、たとえば理性を奉ずる人々にいつも悪役を押しつけられる情念について、こう言っている。

情念（passion）を人は際限なく悪いものだと言う。苦しみをすべて情念の責任にして、情念が人のあらゆる喜びの源であることを忘れている。情念は人間を構成する一要素であって、ほめすぎても、けなしすぎてもいけない。人がいつも情念の悪い面しか見ないことは、私には不愉快だ。人は理性に対立するものを少しでもほめると、理性を侮辱したことになると思っているらしい。だが魂を偉大にするのは、情念、しかも偉大な情念だけである。これがなくては、人生においても作品においても、崇高なものはなくなってしまう。芸術は子供時代に逆戻りし、徳はせせこましくなってしまう。(33)

情念のもつ、人間にとっての良い面を認識しなければならない。むやみに情念を犠牲にすることの愚かさを認めよう。そうしなければ、人間は知らず知らずのうちに、自分の心を犠牲にしてしまうから。目指すべきなのは、人々の心が一つになる社会なのだから。

ところが、哲学者がいつも直面する重要な問題、すなわち、個人の情念の満足と社会という問題について、ディドロは、たとえば次のように答えている。

公人と私人の正義、したがって両者の道徳が同じものではありえないこと、さんざん語られるあの万民法というものは、今でもまたこれから先も、絵空事にすぎないことは自明です。万民法とは弱者の悲鳴、その弱者が強者になった場合にも、隣人にあげさせる悲鳴であり、哲学のこのうえなく美しい常套句の一つにすぎません。(34)

だから、社会にとって大切なのは、「世の中全体の幸福と一人ひとりの利益（le bien général et l'utilité particulière）である。この基準の他に何が必要であろうか(35)」。

このように、個人の心の中にある情念は、普遍的な理性によって制御されるべきだ、と考えていたとはいえ、ディドロにとって、この二つは決して葛藤なくして統合されうるものではなかった。それでは、いかにすればいいのか。「人は問う。強烈な情念を持つことは幸せなのか。その通りだ。すべての情念が調和しあってさえいれば、疑いもなくそれは幸せなことなのだ。情念相互の間に正しい調和（une juste harmonie）を確立せよ。混乱を厭うな。希望が恐怖と、名誉心が生命への愛と、快楽への傾斜が健康への関心と、それぞれつりあっている（balance）ならば、放蕩者も命知らずも卑怯者もいなくなるであろう」[36]。これを言い換えれば、さまざまの情念が調和を保ち、つりあうように調整することが、理性の役目であるということになる。私的なものに関わる情念と社会的な情念とは必ずしも融合しないが、それらを理性の力で一つにまとめられればよい。

ディドロにとって道徳とは、人間の幸せになりたいという願いと社会の統合とが両立・調和するための条項のことであり、特定の内容を持つべきではないのである。ボシュエにとっての聖書のように、人々全体に権力によって強いられる道徳は、ディドロにとっては道徳の名に値しない。なぜなら、人々の幸福の内容は他人から与えられるべきものではなく、一人ひとりの心の内から湧き上がるものなのである。そして法律もまた、人々の幸福の内容に関与することのない道徳に基づいてつくられることが、望ましいのである。ディドロは言う。

人間の義務は、幸せになることだけです。抗いようのない、譲ることのできない私の自然な志向は、幸せになりたいということなのだから、これこそが真の義務の、唯一の根源です。またこれは、あらゆる立法を行なうときの、唯一の基礎です。

人間が自分の幸福に反することを他人に命じるような法律は、間違っていて、長く続くはずがないものですが、それにもかかわらず、それが続く限り人間は従わなくてはならないのです。

立法者にとって徳とは、かれの行為が公益の観念と慣習的に一致すること、と定義されます。哲学者にも同様の定義があてはまります。哲学者とは、公益とは何かを知るために必要な知識をもつ者だからです。一般の人々にとって徳とは、自分の行動を法に合致させる習慣のことです。このとき、法の善し悪しは関係ありません[37]。

すなわち、社会にとって必要な徳とは、人間のさまざまな情念の葛藤を調和させ、さらに個人と社会をも調和させることなのである。ここで、道徳はその内容ではなく方法となったのである。

この調整機能としての理性という観念は、モンテスキューの提起した均衡装置としての「エスプリ」という観念に似ている。たしかに、情念の葛藤を調和させ、バランスを達成する機能を理性に託し、かつ、それが道徳と法律の基本的な観念となるべきだ、という点においては、ディドロとモンテスキューはよく似た立場をとっている。しかし、結果としてこの立場をとることになった経緯については、この二人は全く異なる。この経緯は、むしろディドロとモンテスキューの間にある大きな亀裂を明らかにすることとなり、かれらは決して同類に考えられるべきではないことを証明することになる。

ディドロは言う。

情念を満足させないと生きることさえ大きな負担となるほど激しい情念にさいなまれている人が、他人の存在を自由にする権利を得るために他人を傷つけてしまったとしても、それを非難できるだろうか。かれが大胆にも次のように言う時、私たちはどう答えたらよいだろう。「私は、恐怖と動揺を抱いているのを感じる。人々のなかにあって、私は自分を不幸にするか、他人を不幸にするか、いずれかを選ばなければならない。私ほど自分自身を強く愛せる人間は、ほかにいない。このいまわしい偏愛について、私を非難しないでいただきたい。偏愛は自由ではない。それは自然の声であって、その声よりも強く私に訴えかけるものはほかにないほどだ。しかも、それが激しく呼びかけるのは、ほかでもなく、私の心の中ではないか。ああ、人間よ！　私はあなた方に訴えたい。あなた方のなかで、もし決して咎められず秘密にしておくことができるとわかったら、死ぬまぎわに人類の大部分を犠牲にしてでも、自分の生命を救おうとしないものがいるだろうか」。同時にかれは言う、「しかし私は公平で誠実である。もし私が自分の幸福のために、邪魔になるすべてのものを一掃してしまおうと望むのであれば、同じように誰であろうと、もしその人の幸福のために私が邪魔になるのなら、私を一掃することが可能でなければならない。理性はそう望むし、私はそれに従う。他人のために払いたくはない犠牲を、他人に求めるほど、私は不誠実ではない[38]」。

(3) 有機体への傾斜

ディドロは、情念こそが人間にとって重要な価値を生み出すものだと認識していたが、同時に、それが他人の心にとって障害となる可能性をもっていることは、当然わかっていた。しかしこのようなディドロの事実認識にもかかわらず、かれの思想のなかには、個人的な情念と社会は、どこかで統合されるべきであり、また統合されることによって対立が解消されてほしいという意識が強く働いていた。前記の引用のなかにみられるように、ディドロにとって個人の情念と社会の対立は、生物的な自己保存という、道徳を最も根源的な水準にまで引き下げた地点まで人間が追いつめられたとき、ようやく解消されうるものだった。つまり「私は公平で誠実である。もし私が自分の幸福のために、邪魔になるすべてのものを一掃してしまおうと望むのであれば、同じように誰であろうと、もしその人の幸福のために私が邪魔になるのなら、私を一掃することが可能でなければならない。……他人のために払いたくはない犠牲を、他人に求めるほど、私は不誠実ではない」という生存限界の論理によって、それが克服されるのである。

しかしこれとは全く反対にモンテスキューは、人間とはたとえ自己保存の危機に直面しようと、情念を途中で放棄することなどできない存在だ、という認識を持っていた。コントとは異なりモンテスキューは、生存限界に臨んでもこの人間の情念と社会の亀裂を覆いつくすことは不可能だ、と考えていたのである。従って、理性を情念の調整者とするという考えは、ディドロにとっては人間が生きることが困難な場合に限っての必要悪であり、反対にモンテスキューにとっては、人間が生きている限りは必要不可欠なものであった。

ディドロが、生物体としての人間のもつ、自己保存のための道徳、という必要最小限の道徳において、人間の理想的な全体性を——あたかも肉体が有機体として一個の全体性を保っているように、理性と情念、個人と社会など、すべてをふくむ全体性を——達成することができる、と考えていたことは、かれの生物学に対する関心へと直結していく。かれは『生物学提要』において、理性について次のように言っている。「理性、または人間の本能は、その人間の組織と、母親が胎内で子供に受け継がせる資質、趣味、天性の能力によってつくられる[39]」。さらに別の箇所では、「対象は感覚器官に働きかける。器官のなかで、感覚はいくらか持続する。感覚器官は脳に働き、これにもある持続性がある。……というのは、そのような感覚は束をなすからである。そこから、思考、判断がうまれる[40]」と言う。情念についてはさらに、「私は、情念にはそれぞれの独自な脈拍があると信じている——ちょうど器官ごとに、病気によって、それぞれの脈拍があるように。また、情念にはそれぞれ独自の行動がある。それは肉体の動きである。怒ると、目は血走り、拳を握り、歯を食いしばり、瞳孔が丸くなる。自尊心をもつと頭を高く持ち上げ、荘重さをもつと上体の安定がよくなる[41]」。このような命題から出発しながら、やがて人々の心の紐帯、あるいは道徳の共通基盤を、ディドロは結局のところ、人間の生物体としての共通性に帰するようになるのである。

ディドロがたどりついたこの結論、すなわち人間の道徳観念を神経細胞の反応にまで遡る傾向をますます強めていくかれの思想は、その極端な唯物論のために、それまで百科全書派として協力的であった人々の心をディドロから乖離させてしまう一因となった。たとえば、その構想の初めから最も協力的で、ディドロの片腕でもあったダランベールも、ディドロがその活動の後半において、このような極端な唯物論者になっていくとともに、しだいに距離をとるようになった。しかしだからといって、ディドロから目を逸らすのはやや早計であろう。かれは唯物論的な立場をとったがゆえに、他の一面では非常に民主的な改革者となり、これは後世に大きな影響を与えたかれの側面でもあったからである。ただここでは、かれが生物学的唯物論に傾斜した一つの無視し得ない動機のなかに、モンテスキューの人間観とも共通する問題、すなわち道徳にたいする理性と情念との関係、という問題があり、それに、かれが前記のような、モンテスキューと対照的といってよい独特の思考による解決法をもって対しようとしたことが関係していた、という事実だけを指摘しておきたい。

生物体として平等な人間たちの理想的社会の実現のためには、ディドロにとって、教育というシステムが必要不可欠なものであった。教育とは、理性の習熟を達成するための唯一の方法であり、かつ論理的に、身分や財産の所有の有無にかかわりなく、健康な人間であれば誰でもが平等に受けることのできるものであった。ディドロにとっては理性に欠ける、貴族によって担われがちであった社会制度は、まさに封建社会から担わされてきた重荷であった。生物の持つ平等な理性から、教育によってさらに理性を平等に習熟させよう、という理念のもとに構成されるべき新しい社会においては、修得された理性の度合いに従って、能力の高い人間には制度上の高い地位を与えるべきである。ディドロは、社会的地位が売買されていた当時の社会を批判しつつ、次のような試験制度を提案するにいたる。

主要な地位を能力試験で決めるという方法こそが、金銭の価値をそれにふさわしい地位にまで引きもどすことのできる、唯一のものである。そう仮定すると、蓄財だけに専念し、ただ息子に守銭奴か浪費家か遊蕩児になる手段を残してやるために一生の苦労を厭わないという父親など、どう考えてもいるはずがない、という結果になるではないか。才能が最も尊敬されるようになる上に、金銭欲が減り、教育の価値が見直され、富の不平等も緩和されるであろう。そしてこの望ましい結果は、必然的にさらによい結果を生み出すことになる。(42)

さらにディドロは、国家のなかに存在する経済的不平等にかんして、次のように言う。

富の分配は、それが一人ひとりの腕と働きに応じたものなら、公正といえる。その結果として生み出される不平等は、なんの不都合も生じないであろう。財産の影響力を失墜させ、あるいは減じる方法が見つかるならば、むしろこの不平等は、社会一般の幸福の礎となりうるものであろう。そしてその方法とは、国家のあやゆる役職、あらゆる地位を、試験によって与える、というものであり、それ以外には考えられない。(43)

この構想は、社会制度を理性という価値によってのみ構築することにほかならない。また、理性の到達度である教育を、社会的地位と相関関係に置くことは、哲学のない人々に教育を受けさせ、哲学を普及させるために、有効な方法でもあった。ディドロは次のように言う。

哲学を普通の人の眼にたいして、真に推奨すべきものと思わせる方法は一つしかない。それは、哲学をその有用性とともに示すことである。素人はつねに、「それは何の役に立つのか」と尋ねる。それにたいして「何にも役立たない」、と答えるようでは絶対にいけない。普通の人々は、哲学者が求めるものと、普通の人にとって役立つものとは、非常に異なったものだということを知らないのである。哲学者の求める真理は遠く、その悟性はしばしば、有害なものによって導かれたり、役立つものによって混迷させられることがあるが、役に立つものは誰にもわかりやすいものである。(44)

教育を社会的地位とうまく相関させるなら、理性はますます広い社会の人々にとって、共有しうる「有用さ」と直結するものとなり、そのうえに立っている社会制度の価値基盤を支えることになる。これはのちに、フランス公教育の理念として発展していく。

このような思想を持ち、他のあらゆる点で、急進的といってよいほど明快だったディドロだが、それでもなお、それらと同様の急進性をもっては解くことのできない問題があった。それは、生きることの必要以上に増幅してしまう情念のやり場をどうするかという問題である。

そもそもディドロにとって社会とは、自然との対決を通して形成された。

人間には生まれつき敵がいたとしたら、恐ろしい敵がいるとしたら、ましてその敵が精力旺盛で、人間が絶えずそれに追い回され、多少とも優位に立つには力を合わせるほかないとしたら、人間はごく早くからそのように力を合わせる方向へ向かったはずです。その敵とは、自然です。自然に対する闘いこそは、社会の第一の原理なのです。自然は、人間に必要を与え、その獲得のために危険をも与え、人間を責めたてます。人間は気候の不順や食糧不足や病気や動物と闘わねばなりません。

人間は、おそらく自分の幸福に必要な程度をはるかに超えて勝ち過ぎたのでしょう。矢尻から中国の陶器の人形までには非常な距離があります。しかし、人間精神が最初の飛躍をして以来、すべてはつながりあっているのです[45]。

人間の情念の活動は、ディドロにはどう見えたのだろうか。それを、人間の生命維持のために必要最低限の量に立ちもどらせることは、どのようにして可能なのか。別の箇所でかれは「至福とは何か。欲求するものが常に獲得できるという成功をいう[46]」と述べている。欲求に制限が課せられる場合、これを至福とは呼ぶことができない。また人間にとって、より幸福になりたい、至福へと近づきたい、という思いは断ち難いものである。しかしディドロは、その人間のやむにやまれぬ情念を充分知っていて、かつ、そのような人間社会を構想しようとしていたにもかかわらず、結局最後にはみずからそれを否定してしまうことになった。ディドロの哲学は、この問いについに答えられなかったのである。

ディドロはこれまでの論旨でわかるように、理神論的な立場から唯物論や無神論など、その思想を大きく転換させてきた。この揺らぎは、一方で理性のつくりあげる社会的絆の強さに惹かれ、すべての人間が納得できる方法とは理性によるものしかないのだという確信がある反面、他方では、理性だけで構築されていく社会像が人間の幸せと最も関係の深い情念を排除していくばかりであることに憤慨し、情念の不可欠な重要性を主張することから生じる。ディドロはモンテスキューのようには、この二つがある均衡を保ちながら存立し得るということに最後まで確信がもてなかったのであった。ディドロの思想のなかには、たしかに善と悪との均衡や、公益と私益の均衡をもとめるという一面が存在するが、結局のところディドロは、その均衡にかんする認識を哲学の根幹に据えた理論を構築するに至らなかった。ディドロは、この二つを統合しようという試みをなし続けなければならなかったのである。

この二つが両立し得る可能性としてかれが考えたのが、生物としての存在に人間が立ち戻ることであった。その結果ディドロは、人間の身体、つまり一個の有機体を、そのまま社会という有機体へと拡張しようとする。かれは人間を、自己保存を達成するという欲望だけを満たすことで満足する有機体だと把えようとした。そうすれば、他人の生命を傷つける必要なく、その上で自らの身体のなかに持っている理性や悟性を教育によって向上させ、人間を確実に社会的な存在として育てることができると考えたのである。ヴォルテールも、ディドロとおなじように、自然という観念のもとに、理性と憐憫の情という、二つの相容れないものを結合しようとした。しかしヴォルテールは、自然という観念を、個体を超越し、歴史を貫通する真理としてとらえていたのにたいして、ディドロは、自然という観念を、人間の個体に密着した細胞として考えていたのである。すなわち、ディドロにおいて自然は、生物の最小単位として常に人間を貫ぬくものであるがゆえに、一般性を持ちうる唯一の観念なのであった。この違いからもわかるように、ディドロはヴォルテールよりもはるかに、人間社会における個人というもののもつ意味を重要なものとして考えていたのである。ヴォルテールにおいては普遍的な理性に到達することが人間の幸福にとって最も重要なことであったが、ディドロにおいては、自らの身体の内部に存在する個別的な理性に密着することが人間の幸福にとって重要なことなのであった。

ところでディドロは、自分より少しばかり先輩のモンテスキューを非常に高く評価し、モンテスキューはフランス十八世紀にとって欠くことのできない人物であったことを認めている。たとえばディドロは『百科全書』のなかの「銀」（argent）という項目を書くにあたり、まず銀の採掘の自然条件などについて述べたあと、その社会的な意味について論じる。

銀は金属としてはほかの商品と同じようにある価値を持つ。だが銀は、さらにもう一つの価値を持つ。表象としての銀の価値は、君主がある関連のもとに定めることができる。……さまざまな金属との間に、ある比率を定めることも、また、貨幣の重さと純度とを定めて、それに観念的な価値を付与することも、できる。この価値を、現実的な価値から区別しなければならない。……貨幣は擬制の富（une richesse de fiction）である。(47)

ディドロがこのように述べるとき、かれはこの認識をほとんどモンテスキューに負っている。かれが引く歴史上の事例は、しばしば『法の精神』のなかにあるものである。

もちろんそれ以外にも、ディドロがモンテスキューを信奉していたとおもわれる例は多々ある。ディドロは、一七五五年二月十一日におこなわれたモンテスキューの葬儀から帰ったあと、モンテスキューへのさまざまな思いをひもときながら、『百科全書』の「折衷主義」（éclectisme）の項目に筆を走らせる。

……こういう考えを私は一七五五年二月十一日に、祖国の最も偉大な人間の一人であるモンテスキューの葬儀から帰宅して書いた。かれの死によって被らなければならない、国家（la nation）と文芸（les lettres）において失われるものの大きさを悲しみながら、また、モンテスキューが生前に被った迫害に大きな憤りを覚えながら、書いた。私はかれの記憶をかけがえなく大切に思うので、私がモンテスキューの名著『法の精神』の銘にしようとした言葉――「天空に光を求めたかれは、見いだした光によって苦悩した」――を墓に刻んだ。この言葉が後の世につたえられ、後の世にかれが受けた扱いを伝えることを、私は願っている。モンテスキューは、かれが恐れた敵たちのささやきを警戒し、また周期的にあびせられる侮辱に過敏になって――たぶんこの侮辱が権力を後ろ盾にしているからこそかれは恐れたのであって、そうでなかったなら、気にも留めなかったであろう――かれにとってあれほど貴重であった魂の平穏をうしなってしまった。これが、かれがフランスに栄光をもたらし、全世界へ重要な貢献をしたことにたいする、悲しい報いであった。[48]

ディドロはこのとき、執筆担当の項目であった、「折衷主義」というヨーロッパの知的伝統を高く評価している。かれはこれを以下のように定義し、モンテスキューが十八世紀におけるその代表者であったことを認めるのである。

偏見、伝統、古代性、普遍的な合意、権威、といったものに囚われない折衷主義者（éclectisme）とは、一言でいえば、多くの精神を惹きつける哲学者であり、あえて自分自身で考え、もっとも明白な一般原理に立ち返り、それを検討し、議論し、自分の経験と理性を根拠とするもの以外を認めない哲学者のことである。[49]

ディドロは、自分と異なっていたモンテスキューの資質の美点を、充分に知っていたのである。偉大な折衷というものが、あらゆるものに対する、とりわけ自分を含めた人間の一切に関する透徹した洞察なしにはありえないことを、よく知っていたのである。

それにもかかわらず、モンテスキューとディドロが大きく異なる点は、政治改革にたいする態度である。モンテスキューは政体の分類をし、適切な政体のバランスを求めたが、それは社会改革を目指すものでは決してなかった。モンテスキューは、しばしばフランス社会を君主政支持のもとに安定させることを政治的立場としたとして誤解され、あるいは王権派であったと批判されるが(50)、それはモンテスキューの時代に君主政という制度を採用していたフランス国家の安定を、かれが模索した結果にすぎない。なぜなら、人々の生活にふかく根を下ろした習俗、という観念に注目していたモンテスキューは、制度の変革によって必ずしも社会を変革することにはならないことを、充分認識していたのである。しかしディドロは、革命という時代精神の状況に呑み込まれざるを得なかった。たとえばかれの教育にかんする思想は、エルヴェシウスやルソーらとともに、人民主権の国家創造に必要な教育制度として、大きなインパクトを与えた。

ディドロはモンテスキューとは違って、制度を変えることが、社会全体を変革するたしかな手がかりになる、と考えていたのである。だからかれは、習俗という観念にそれほどの重要度を感じていなかった。モンテスキューやヴォルテールの時代から、やや離れていたからであろう。すくなくとも、ディドロにとっては、人間の個々人の生命体のもつ絶対的な平等性と普遍性にくらべれば、習俗という問題は取り上げるべくもない些細なものに見えたのである。ディドロにとって重要だったのは、ヴォルテールもこの点においてはディドロと一致しているのだが、個人や個別性であるよりは、普遍性なのであった。一方モンテスキューには、人間は全くの孤独のうちに生まれるのではなく、さまざまな習俗のなかに生まれるのだという認識があった。つまり、モンテスキューにとって重要だったのは、人間がみな自然のうちに包まれているそれぞれの習俗と、多様な人間が人為的につくらざるをえないよりよい政体とは何かという問題であり、普遍的な原理を無条件で求めることはなかったのである。

第三章　忘れられた幸福――コントの実証主義と社会学

物理科学・数理科学における画期的発見の威力や、ヴォルテール、ディドロらの百科全書派の影響などから、自然科学における法則性は、十八世紀までの数世紀、あるいは十数世紀を通じて見ても到底信じ難いほど世界を席巻した。その実績の上で自然法則は、政治や道徳をも呑み込む普遍的な真理として、その意味を肥大させることになった。時代は、科学の法則性は自然に対しては万能であるが、人間性に対してはあるいは無力なのではないか、という二十世紀の知識社会学者の逡巡を、まだまったく知らなかった。そしてこのような時代に、このような科学への確信に満ちた認識の上に、オーギュスト・コント（一七九八―一八五七）が登場したのであった。コントの提唱したフィロゾフィ・ポジティヴ（philosophie positive）という言葉は、定訳として実証哲学とされ、通常はその文字の通りに理解されている。もちろんそれに誤りはないのであるが、しかし、では、かれがそこに冠した「実証的」という形容詞は、もともといかなる意味を持っていたのだろうか。またその背景に、どんな歴史的文脈と思想とを担っていたのであろうか。

まずこの問いに答えることから、コントの精神の検討を始めなければならない。そしてそれに答えるために、私たちは、時代をボシュエよりさらに遡り、少なくともトマス・アクィナスの哲学にまで、視線を立ち返らせることが必要なように思われる。実証的という言葉は、すでにスコラ学のなかに特有の位置を占めた観念であったと同時に、前章のヴォルテールやディドロの節でも見たように、十七世紀末から十八世紀にかけての時代のモットーともいうべき、「自然」や「自然法」という言葉と、切っても切れない、対照的関係にあるものでもあったからである。

1 「実証」の意義

スコラ哲学の偉大な体系構築者とされるトマス・アクィナスは、『反異教徒大全』(*summa contra gentiles*)と並ぶかれの主著であり、またいかにも体系構築者の名に恥じない万象網羅的な大作でもある、その『神学大全』(*summa theologiae*)のなかで、実定法(jus positivum)の概念について、長大な議論を展開している。アクィナスによれば、世界に存在する主要な法には二つあるとされる。すなわち、自然法(lex naturalis)と、人定法(lex humana)である。アクィナスにおいて、自然法とは、「自然なる理性の光、つまりわれわれの内なる神的光の刻印[1]」であった。また、自然法は「神の法」(lex divina)とも言い替えることができるものであった。これは、かれによれば思弁的理性(ratio speculativa)によって把握されるところの「永遠の法」であり、「普遍的な理性の秩序」である。最高善を中心として秩序づけられ、あらゆる当為の源泉となるものも、この法である。他方、人定法とは、人間が生きるうえでみずから制定した法であり、時間的にも地域的にも、限界と特殊性を免れることのできない法である。すなわち、人間的な事柄にみられるところの多様性に応じて、多様な実定法が生ずるのである。このような人定法は、しばしば実定法と同義に使用される言葉であった。アクィナスのなかでは、この範疇と同じものを指すものとして、「人間の法〈正義〉」(jus humanum)、「現前している法〈正義〉」(jus positivum)、あるいは「現前する、人為の法〈正義〉」(jus positivum humanum)などの表現も使われている。共通善を中心として秩序づけられ、諸人の福祉や共同利益をもとにする法である。実践理性(ratio practica)の働いた結果であるところの法であり、慣習法、国法、制度などがこれにあたるものであった。

実定法はさらに、万民法(jus gentium)と国法(jus civile)とに区分される。万民法は、自然法の原理から必然的に導かれたことがら――たとえば公正な売買などがこれにあたるが――言い換えれば諸国民の共同活動を成立させるために必要なことがらを扱う。万民法は、その効力の一部を自然法から得る。他方、国法は、自然法がある地域や文化の特殊性に応じてある特殊な形式へと変換されたものである。たとえば国政の特殊性に応じて、王政においては君主の勅令が、貴族政においては元老院議決が、民主政おいては平民会決議が、この国法に区分される。また特殊なことがらについての法、たとえば姦淫にかんするユリウス法、殺人にかんするコルネリウス法などが、やはりこの実定法に区分される。国法の効力は、ただ実定法からのみ生じるものとされる。(2)

実定法と自然法はこのように互いに関係を持ちながらも、アクィナスにおいては、二つは全く異質な秩序を代表するものであり、決して混同されることはありえなかった。自然法は、帰するところ神の法であり、普遍的で、つねに正義と摂理にかなった確実なものである。それにたいして、実定法は「諸学の論理的結論が有しているような、そうした不可謬性をもつことはできない。また(実定法の)すべての規準が不可謬にして確実なものである必要はなく、それぞれの領域において可能なかぎりに不可謬かつ確実であればよいのである」(3)。アクィナスにとって、人間はこの二つの法のもとに生きているのであった。神学的観点からは、前者は誤謬を避けることができない人間の人為の所産であり、後者は無謬の神に由来する秩序である。また前者はスコラ哲学的形而上学のいう個物、後者はそれに対比させられる普遍、に帰着するものということもできよう。いずれにせよ、ここでは実証的(positivus)という形容詞は、この俗世界に現前したもの、という意味合いを持つものであると同時に、どこかで、人為的に(強くいえば恣意的に)つくられたもの、したがって普遍的理性の思弁によって監視される必要のあるもの、という危うげなニュアンスを、完全には払拭しえないものであった。

これにたいして、これまでボシュエ以来ヴォルテールを経てディドロにいたるフランス精神の一つの流れの考察からも想像に難くないように、コントにおける実証哲学にいたっては、諸法の関係はもちろん、まったく異なる様相を呈することになる。コントにとって、神の法が人間に関与するということ自体が、人間精神の進化の低次の段階、すなわち神学的段階および形而上学的段階に属することがらであった。それらと訣別した新しい進化の段階、すなわち人間精神の実証的段階においては、神の法の人間への関与は忌むべきものであり、排除されるべきである。アクィナスにおいて、最高善を中心に秩序づけられることによって当為の源泉となった法は、コントにおいては神学からも形而上学からもその地位を剝奪されるべきものであった。他方、自然法もまた、アクィナスにおいて与えられていた最高善の地位から降格され、コントにおいては物理世界の「自然法則」という意味に置き換えられ、そうしてはじめて、かれのいう実証的精神の段階にふさわしいものとして名誉回復することができたのであった。コントにとって自然科学は、学問の発展過程の最高段階に達したものであった。すべての学問は、自然科学の歩んだ道のりを必然的に追いかけなければならない。コントにおける人間精神の進化の三段階──神学的段階、形而上学的段階、実証的段階──は、そのまま学問進化の三段階であり、それが自然科学の発展段階を下敷きにして構成されたものであったことは指摘されている通りである。またコントが過去、および目前に来るべき段階に与えた名称そのもののなかに、かれの長い西欧精神史に対する認識と、時代への自負とが反映していたのであり、それらはあながちかれの妄想の産物として葬ることのできないものでもあった。

一方このようなコントにとって、社会科学は、自然科学が脱した神学的あるいは形而上学的段階からいまだ脱出していないものでもあり、いまや必然的に、同じ道程を進むべき時に、さしかかっているものでもあった。コントは言う。

あらゆる先入観を抜きにして、いまや科学的で正常な検討をなすように向上させなければならないところの、真に実証的な精神（esprit franchement positif）をもって、社会科学の現状を検討してみると、他の自然科学における神学的、形而上学的段階の未熟な時代に認められるさまざまな特徴が、その原理にも方法にも連結していることを認めないわけにはいかない。つまり、現在の政治科学と真の科学との関係は、天文学に対する占星術、化学に対する錬金術、医学研究に対する秘伝万能薬、という関係と同じである。……とりわけ方法的には、観察ではなく想像に優先的地位を与え、また原理においては、ただ絶対的観念だけを追求する。その結果現象に対して、不変の自然法則とは何の関係もない恣意的で不確実な暴力を働くことが、科学の目的になってしまう。一言でいうと、神学的・形而上学的な状態にある人間の思惟は、理想的なものを目的と信じ、観念を絶対的なものとし、その応用は恣意的に行なわれてしまう。社会的思惟の全体も、これと同じである。……

それにたいして、実証哲学の特徴は、方法において、観察が想像に勝利することである。……社会科学に吹き込まなければならないのは、観念を事実に従わせるということである。[4]

社会科学を、実証的段階に進化させるために必要なのは、観念を事実に従わせることである。事実は自然法則に従うものであるから、観念もまたそれに従わなければならないはずである。社会学こそは、この原則に基づいた、新しい哲学（実証哲学）のもとにおける学問として、提起されたのである。その学問の性格も方法も、自然科学を正確に写し取ったものでなければならない。たとえば、「社会学は、生物学と同様に、科学的研究として三種類の、基礎的な観察方法を同時に用いる。……すなわち、純粋なる観察、実験、そしてあらゆる生命体の研究に用いられる、比較法である[5]」、とコントは言う。そして、そのような方法で発見される事実には、自然法則同様、ある普遍的な法則性が存在するはずである。人間の理性の、合理的判断によって発見された法則性は、コントにとって、実証的段階の中心的内容となるべきものであった。しかし、ここでいわれている自然法則は、もはや当然トマス・アクィナスの言葉でいうところの「自然法」ではない。コントの自然法則は、かつてのアクィナスにとっての自然法の本質であった「最高善」を否定し、さらには、ボシュエはいうに及ばず、これまでの啓蒙思想家たちの念頭を決して去ることのなかった、「最高善」を自然法から抜き取ってしまった。コントは、歴史の当然の権利において、「最高善」を抜き取ったのだった。

しかし、この法則に依拠することによってはじめて、実証的段階の社会学は、自然科学と同様の資格において、未来を予測することが可能である。コントは主張する、「社会学にとって必要なことは、要するに、私がこれまで他のあらゆる自然哲学の分野にまたがって論じてきた際に明らかにした、科学の実証性の基準である合理的予見の法則を、社会にも適応することである。……社会的諸現象は、他のすべての現象と同じく、予測し得るものだと考えるべきである」(6)。つまり、実証的段階にいたれば、これまで、社会が少なからず囚われつづけてきた、呪術的、神学的、あるいは形而上的な観念によって与えられる社会の理想像を、完全に破棄することができ、しかも事実の法則に基づいた、確実な未来を予測することができるのである。

同時に、コントは神学と哲学のなかで行なわれた第一因と究極因とに関する長い理論の歴史を念頭におきながら、それを全面的に否定して、次のように主張する。すなわち、社会学という実証的精神の所産によって発見された社会的法則性は、決してその法則の「原因」（究極因）について問われることがない。これまでは、社会のさまざまな現象やその法則性は、その原因を必ず与えられていた。たとえば古代の共同体は呪術的な原因を与えられていたし、ボシュエは聖書に基づく神の恩寵という原因を与えていた。しかし今や形而上学的段階を脱しようとする社会学においては、そのようないわれなき原因論を認識のなかに混入させてはならない。自然科学において、たとえば引力や浮力は、実験と観察によって一旦その存在を確認されると、その存在の原因を問われることなく「事実」として客観的に認識される。だから社会学もそれと同様に、事実として確認されたものについては、その原因に遡って思考することを棄て、その法則、すなわちその現象にかかわる因果関係のみを明らかにすることにつとめるべきである。

この実証哲学は、あらゆる現象が不変の自然法則のもとにあると考える。……またそれは、最初のであろうが究極のものであろうが、原因を探求することを無益であるとみなす。……実証的説明（explications positives）においては、諸現象の源となる原因が示されることはない。現象の現われる環境を分解し、その継起を追求するとともに、他の現象との類似と比較によって、分解した諸要素同士を相関させ、結合させるのである。[7]

2 歴史法則としての実証的精神

社会に対するこのような態度は、かれの提起する社会学の構想のなかにも、くっきりと反映される。たとえばコントは社会学を、社会動態学と社会静態学の二つの側面に分類してこの二つを説明している。「社会動態学（la dynamique sociale）は継起の法則（les lois de la succession）を研究し、社会静態学（la statique sociale）は共存の法則（les lois de la co-existence）を研究するものである。前者は政治の実践にたいして進歩の理論を、また後者は秩序の理論を、提供する」[8]。社会秩序は人間にとっての共存の形を示すものであり、それは、実証的精神という理性の最高形態の合意を得た、一つの理論として提起されるべきものである。また社会の歴史的運動は、コントにとっては必ず進歩の理論と同一のものであるはずである。社会が自然と同じように運動するはずだからである。

実際コントは、『実証哲学』のなかで、この進歩の理論を実証するためにさまざまな例をあげているが、そのなかでも印象的なある一つの例をあげよう。ローマが、あれほどまでに、国家としての繁栄を実現しえた理由について、コントはまず次のように問いかける。ローマが征服した諸民族は、多様な呪術や異教のもとにあったにもかかわらず、ローマ人がその統合を次々に成功させていった理由は何であったか。コントによれば、その理由は、ローマ国家が諸民族の社会と、進化の段階において同位置ではなく、より進化した発展段階に到達していたことであった。具体的には、被征服民族の国家が神学的段階にとどまっていたのに対して、ローマは形而上学的段階に脱皮していたからである。

降伏した諸民族に対するローマ人の支配方法は、あの偉業を打ち立てることに、少なからず寄与していた。ローマ人は、軍事的精神が普通であれば避けられなかったであろうところの、蛮族に対する本能的な反感の代わりに、被征服民族を逐次ローマに組み入れ、同化させるという素晴しい方法を持っていた。他のいかなる勢力の征服に対しても頑強に抵抗していた世界が、ローマの支配に対しては自ら服従し、その支配を脱する努力をあえてしなかった理由は、明らかにローマの卓越をきわだたせた、大きく、完全な融合という新しい精神によるものである。[9]

ローマの新しい、偉大な融合の精神とは、換言すれば、より発展した精神のことである。すなわち、諸民族は同じ発展段階の国家に征服される場合には頑強に抵抗するが、それがローマという発展段階の上位の国家であった場合には、諸民族は、意識すると否とにかかわらず、ローマの一員となることによって、自らが進化することを知っていたのである。こうして、諸民族が自然の法則の導く発展段階におのずから従った結果、ローマの支配を進んで受け入れることになったのだ、とコントは説明する。「ローマ人の使命は、その世界的な優越によって、人類を際限なく分裂させることによって生起した、相互に憎み合う小さな部族たちの不毛な戦争を、終息させることであった」[10]。

当時のローマが、国家の発展段階の先駆けであったことの証拠として、コントはいくつかの事例を挙げているが、そのなかの一つに次のようなものがある。コントにとっての道徳の原理とは、人間の自己保存にかかわる命令である個人的な道徳から、共同生活者を基盤とする家族的道徳、さらにそれに次いで社会的道徳へと、しだいに道徳が範囲と深さを増しながら、進化することであった。

個人の生活（la vie individuelle）は私的本能（instincts personnels）が優越することによって、家庭生活（la vie domestique）は同情（instincts sympathiques）を絶えず施し合うことによって、また社会生活（la vie sociale）はとりわけて知的な影響（influences intellectuelles）が発展することによって、それぞれ特徴づけられる。これらの、人間生活の基本的三段階は、それぞれ必然的に次の段階を準備するものである。このような科学的継起は、それ自体実践的に普遍的道徳の合理的発展順序を準備する、という事実を示唆している。すなわち、まず最初には個人的道徳（la morale personnelle）、次には家庭的道徳（la morale domestique）、そして最後に社会的道徳（la morale sociale）、である。第一の道徳は、人を個人の自己保存の命令に従わせ、第二の道徳は、人の心をエゴイズムよりも同情心で満たし、第三の道徳は、高度な見識ある理性の司令によって、しだいに人々の共通の目的のために役立つように、私たちすべてが自然から授けられた能力を、その能力に本来備わった法則に従って、経済全体に関心を向けさせるようにする。(11)

このように道徳の進化した状態においては、個々の人間は社会全体を指導するような道徳をもつことになる。進化すればするほど、人間は個別の存在としての命令のみに従う段階から、家族、ひいては社会の命令を意識し、それを理性の働きに従って受け取るのである。この道徳的発展は、コントにおいては実証的精神の広がりをあらわしていた。かれにおいては、人間の集団生活の発展段階の法則と、道徳的心性の発展段階の法則と、道徳の発現形態そのものの発展段階の法則とが、あたかも必然の因果の連鎖となって進化していくのであった。かれは、その事実を必然性として説明する必要を認めないほど当然のことと見なしていた。なぜなら、それらの法則は他ならぬ自然法則そのものであって、そのように発展し、進化し、それ以外ではありえないことなどを、ことあらためて説く必要などは、あろうはずもないものであった。

コントは、当時の被征服民にたいするローマの道徳的優位に関して考察しながら、進歩について次のように言っている。ローマでは「道徳の進化は、社会の一般的な向上と調和して進んだ。……さらに、古代の精神に倣って、個人的道徳は、男子が兵士としての生活によく適応しうるような訓練を要求した。……ローマ人においては、女性にたいする社会的な尊敬と、法律的地位とが非常に高められた。……たとえば、ギリシャ人の文化にはなかった、家族名の採用という制度だけでも、家族的道徳の進歩を証明するには充分であろう」[12]。すなわちローマにおいては、兵士はその義務と必要から武力的に訓練されるのではなく、道徳として、みずから自発的に訓練するのである。またローマにおいて、はじめて家族が客観的な制度として確立されたのであり、これは、道徳の進化の次なる最終段階へ至るために、必要不可欠なステップとして用意されたのであった。このように、ローマが当時具現していた進化は、まさに自然の普遍的な原理と合致するものであった。そしてより遅れた諸民族にあっては、ローマは、かれら自身の生き方の先達となるべきものであった。だからこそ、コントは次のように宣言することができた。「私たちはローマという国家を学べば学ぶほどますます、詩人たちがよく表現しているように、ローマ市民は世界の帝国たるべく運命づけられており、それがまたかれらの長い間の努力の唯一不変の目的であったのだ、と理解することができる」[13]。このようなコントの、万物、万象がちょうど天体の運行のように予定調和した、確信に満ちた世界を前にすると、人は一瞬言葉を失ってしまうほどである。歴史がこれほどにも強固な目的論に結合しえたこと自体が、まるで奇跡のように見える。

歴史的予定調和とでも名付けるしかない、コントにとっての進化は、もちろん決して国家や社会においてのみ見られるものではない。それは当然のように、人間の進化とも、平行して進むものであった。前述したように、人間の道徳は、自己保存の必要からくる個人的道徳、家族的道徳という段階を経て、理性の命令に従って人類の共通の目的に役立つべく、社会全体におよぶ社会的道徳という、最高段階へと進化する。すなわちコントにとって、人間の道徳的進化が進めば進むほど、人間と社会とはより深く一体化するものであった。コントは次のように言う。

各時代の社会を検討すると、次のことがわかる。進化の結果は、人間の行動が外の世界に向かって次第に拡大するにともない豊かになっていく物質的な状態としてのみ、把握されるべきではない。この発展(development)は、ときには物質に対する欲求を縮小したり、あるいは社会的感情(sentiments sociaux)や、高度に洗練された知的能力を興起させたり、理性的な行動を普及させたりすることによって、人間の本性のなかでも、もっとも卓越した能力がつねに優勢に働くように促す。……この点においては、個人の発達は社会の発達の、主要な契機である。この二つは、共通の目的のために、個人的本能の充足よりは社会的本能の活動を優先させ、次第に大きな勢力をもつことになる知識の法則(règles imposées par une intelligence)に、人間の諸々の情欲(nos diverses passions)を支配させるようにする。(14)

すなわちコントにとって、進化した人間たちの社会は、人々全体をまとめる力に溢れたものであるはずである。あるいは、別の言い方をすると、人々を統合するには、人間の知的進歩がありさえすればよいのである。

3 社会有機体と自由検討

このような観点に立ちながら、コントは圧倒的にカソリシズムを擁護し、プロテスタンティズムを批判する。コントは、諸々の思想のなかでもカソリシズムを有用で、最も実際的な宗教であると考えていた。かれは一神教の時代(最後の神学的状態)を分析するときに、カソリシズムをその検討事例として取り上げ、そのなかでカソリシズムの卓越した知恵が、さまざまな事象の長所あるいは特質を取り出し、その特質を歪曲させる、不合理や有害な企図を、破棄するものだと論じている[15]。なかでも、コントがカソリシズムを評価する最大の理由は、それが進化の最高段階である実証的段階にとって必要不可欠な、人間と社会の一体性を一貫してつくろうとしつづけたと考えたからである。ボシュエからコントにいたるまでの時代は、ちょうどフランスでボシュエが排斥されたことに見られるように、カソリシズムがプロテンタンティズムにたいして旗色が悪い時代であった。コントは、当時非難されていたカソリシズムの教義の現実離れした性格や無益さに対しては、たしかにその欠点を認めていた。しかしコントは、カソリシズムをその教義のみでとらえるのではなく、より広い社会的な視野で評価しなくてはならない、とも思っていた。

カソリシズムの道徳に及ぼした効果をたんに教義内容のみに由来させて批判し、カソリックの組織までも、この道徳的効果に反するものとして破棄してしまうことは、プロテスタント、あるいは自然宗教的形而上学の派閥のもつ誤謬である。……これは、ギリシャ・カソリシズム、あるいはむしろビザンチン・カソリシズムをみれば明らかである。これらは、教義上はカソリシズムと同一であるにもかかわらず、かつ、その信者も古代においては同じ民族であったにもかかわらず、道徳上においては驚くほど停滞していた。カソリシズムの、道徳における著しい成果とは、その組織が生んだ成果なのである。その道徳がいかに純粋であっても、もし精神的能力を積極的に開拓する、適切な組織がなかったならば、教義は迷信を強要する無力な条文と化すことは、明らかである[16]。

コントは、カソリシズムの教義にはほとんど関心がない。かれは、その教義の内容よりも、カソリシズムが道徳と社会制度を結び付けるものであったからこそ、これを評価したのである。実際、カソリシズムがそのような社会制度をつくったおかげで、人間はその進化の道のりを着実に歩くことができた、というのがかれの認識である。コントは、特に次の三点をあげて、カソリシズムを賞賛している。

第一は、カソリシズムが自殺を非難したことである。コントによれば、自殺は来世に対する期待の現われである。しかし、「来世が道徳的効果を喪失すればするほど、すべての個人にとって現実の生活がますます重要なものとなる」[17]。現実の人生を歩く上で、現実の世界以外の要因を考慮に入れることは、形而上学的段階以前の状態に、人間を退化させることであった。カソリシズムの教義は、人間の陥りやすいこのような退化を防ぐ利点をもつ。第二は、カソリシズムが家庭内の道徳を育てた実績をもつことであった。「カソリシズムの勢力は家族の最も内密な関係にまで徹底し、力に訴えずに、そこに正しい相互的義務の感情（un juste sentiment des devoirs mutuels）を育てた。古代人のなかにあった絶対的専制主義は破棄され、あらたに家父の権威が神聖化された」[18]。これは、自己保存の道徳から家庭道徳への進化を支える機能をもつものとされた。第三は、この第二の段階を経た次の段階なのだが、カソリシズムが社会道徳を育てる上で重要な基盤をつくったことである。「社会道徳という見地から考えると、カソリックは、古代人にとって最も強力で野蛮な愛国心を、崇高な人間性あるいは世界に対する友愛の情（la fraternité universelle）にとって代えた。そしてそれに慈悲（charité）という優しい名をつけて普及させた」[19]。カソリシズムは、一人の人間のなかに普遍的な人類愛といった観念をもたせるにあたって、重要な役割をはたしたのである。そしてこれは、コントにとっては当然ながら、理性の解明する普遍的な真実と不可分な道徳なのである。

さらにコントは、修道院制度にも、歴史的に高い評価を与えている。

修道院制度（institutions monastiques）は、カソリシズムにとって欠くことのできない部分であった。……この制度は、初期カソリシズムのなかで、当時の社会的腐敗から脱出し、厳粛にそれを静観し、真理を学ぶ必要を痛感した人々によって生み出された。そこで、キリスト教の教義やその実践に関する中心的思想がはぐくまれた。……修道士の生活は、後に知識階級の修業となった。すなわち知識階級の最も意欲的な人々は、ここに人格と精神を鍛えるために、やってきたのである。諸制度の施行や改良は、政治的天才が活躍する場を与えることになったが、もしこの厳粛で静謐な修業をした人々が、制度についての思想をそこで学び、かつ独立した人間として模範とならなかったとしたら、この組織はヨーロッパ全体にわたる諸関係のなかに必要な普遍性を生みだささなかったであろう。[20]

すなわち、ヨーロッパの知的伝統とカソリシズムとは、相互的に協力しながら発展してきたとコントは考えた。かれにとってヨーロッパ社会の実証的段階に求められる、人間と社会の普遍的な一体化の母胎となるべきものの一つは、明らかにカソリシズムなのであった。

カソリシズムは、過去の哲学者の全体が一致した意見を受け継いで、個人の徳性（les vertus individuelles）を他のすべての道徳の基礎とみなした。個人的徳性とは、理性（la raison）のますます強くなる決定的な影響力を、情念（la passion）の上に自然に浸透させることであり、……これはあらゆる段階における道徳的過程の本質である。[21]

カソリシズムの社会的機能について、コントとボシュエは見解が一致する。カソリシズムの修得と人間の発達は、同一軌道を進むものであり、その行く先は、人間にとって必要な、普遍的世界の獲得なのである。そしてそれは社会的な進化の最終段階と一致する。二人の異なる点はただ、ボシュエが神の国を論じたのに対し、コントは自然科学的真理を論じたということのみであった。

コントはボシュエと同様に、プロテンタンティズムにたいして厳しい批判的態度をとった。なぜならボシュエと同様にコントも、これが人間をばらばらに引き裂くことにしか役立たないものであることを知っていたからである。

プロテスタンティズムは第一に知識の、次に社会の、革命的な崩壊を引き起こした。……批判という教義(la doctrine critique)の成立と発達は、プロテスタンティズムの直接の申し子ではないにせよ、これによって基礎づけられたものである。[22]

議論を整理すると、私たちは、批判という教義は、プロテスタンティズムの体系自体だとみなすことができる。それは、個人的におこなわれる自由検討(libre examen)という、絶対的で際限のない教義であり、世界的な原理である。……その結果として、個々人は、話すこと、書くこと、さらに行動すること、の自由を獲得することは、確かなことである。それはただ、さまざまな個性の平等に関すること以外は何にも配慮することなく、それぞれの信念に従えば良いということである。[23]

実証的段階を生きてきたことを自認するコントも、真理が人々の前に普遍としてあらわれ、かつ、真理への接近が人々の幸福に結びつくものである、という点においては、これまでの歴史上の哲学者と同じ考え方をしていた。すなわち、進化の最高段階においては、人々は一つの「摂理」のもとに幸福になるはずであると言うのである。批判精神を生んだとはいえ、プロテスタントたちは確かにかれらにとっての理性の命令に従って信仰を行なうのだが、コントが、それでもプロテンタンティズムを認めることができなかったのは、人心を一つに統合する、という重要な役割を、プロテンタンティズムに負わせることができなかったからにほかならない。「さまざまな個性の平等に関すること以外には何にも配慮することなく、それぞれの信念に従えばよい」という状態は、コントにとって、人々に幸福をもたらす実証的段階の状態とは、認められなかったのである。たしかに、この批判精神が、社会的腐敗を発見し指摘する役割をもつことは、コントも認めていた。しかし、だからといって、検討の自由を制限なく認めてよいということではなかった。コントは、ある場所では次のように言う。

「批判の教義という基本原則」(le principe fondamental de la doctrine critique)が社会に対して干渉することは、いまや不可欠なものとなった。この批判という原理のあらゆるものは、必要に応じて世俗的な独裁を矯正する。このような対立がなければ、独裁は無謀な専制主義と化すであろう。人々が、このような否定的哲学(la philosophie négative)の教義に共鳴したのは、教義自体に魅力があったからではない。知らず知らずのうちに社会的な要求をうけて、かれらはそれを求めたのである。[24]

コントにとって、批判と検討の自由とは、社会の腐敗と退化を防ぐために必要な手続き以上の意味をもってはならない。すなわち、それは進化の正常な進路に立ち戻らせるための契機をつくるものであって、進化の道筋そのものにかかわるべきではない。むしろそのようなことは絶対に避けなければならない。「人間の集合のなかにどれほど知識が啓発されようとも、社会の秩序は、人々が毎日繰り返し社会の基礎そのもの(les bases mêmes de la société)について討論することを許すような自由とは、とうてい両立するものではない[25]」。

しかしプロテンタンティズムの生んだ自由検討の精神は、コントの目からみると、その正当な制限範囲を超えた勢力を得て、人々の間に混乱を引き起こしていると映っていた。「プロテスタンティズムが、最も難解な諸問題にとりくむ自由をすべての知識人に与えたことは、重大な混乱の原因となったことは明らかだ[26]」。まして今日では、知識人と呼ばれるに値しない人々に至るまでが、この批判精神を受け継ぎつつあるのだ。進化の遅れた精神が、この批判原理を身につけるときに引き起こされる途方もない混乱を、コントは、幸福のための摂理を阻害する重大な事件として、大いに心配したのであった。

個人の自由検討の原則は、ほとんどすべての人間の幼稚な虚栄心をくすぐり、討論が盛り上がるにつれて、個々人の理性は専断的な主権者となった。批判という原理のもつ他の教義も、やはりこれと軌を一にしている。人民主権の原理は、人々の野心の前に無限の世界を開き、熱狂的に歓迎されたに違いない。ここでは自負心も羨望も、平等を愛していたのだ。しかし進化していない精神にとっては、平等への愛着は、世界にたいする友愛の情に基づくどころか、むしろ優越するものへの憎悪に基づいて生まれる。[27]

というのがコントの見解であった。

4　幸福と実証的精神の矛盾

自然科学的真理を社会科学に適応しようとしたコントであったが、人間の心や幸福という問題に向かうと、自然科学がその方法としていた、観察と実験と比較のうえに、道徳科学を平静に位置づけることはできなくなった。実証的精神は、いかに不自然であろうとも、なりふりかまわずそれに制限をつけなければならなくなったのである。人間の心が幸福を得るためには、多様な人々の心をも一つの真理のもとに融和させることがどうしても必要であり、是が非でも実現すべき理想である、という信念が、コントにそうさせたのである。いったん実証的精神という高みに登った理性にとっては、こうして再会することになる信念の世界は、以前にも増して危険な熱気を帯びないわけにはいかない。コントの『実証政治学体系』のなかでは、一つの真理への融和というボシュエと同じこの信念において、ヴォルテールの説く寛容などという観念は、考慮される余地もない。なぜなら、一つの真理にいたる道は一つの進化の道であり、それは社会制度として存在しなければ無意味だからである。コントにとっては、実証性という一個の真理への道からはみ出す人間は、進化に遅れた人間にすぎないのであり、そのような存在は、排除されてもおかしくないものであった。

トマス・アクィナスの最高善をめざす自然法を、自然のなかに人間が発見する自然科学的、数学的法則に高らかな凱歌とともに置き換えてしまったコントは、人間の心の幸福の問題を前にして、結局はボシュエのように人の心を結ぶ制度というものに、自ずから先祖帰りしなければならなかったかのようである。コントがプロテスタンティズムを批判し、カソリシズムを擁護したのは、もはや実証的精神は、心の幸福という問題に関しては無力である、という自己宣言の始まりに似ていた。コントは、精神進化の段階の上にではなく、カソリシズムという宗教制度のなかに、デュルケム流にいえば「道徳的連帯」の避難所を求めることになったのである。そのなかに、幸福なる心のすみかを、つまりは最高善をめざす地上の秩序の体系を、求めるしかなかった。しかし、現実のカソリック教会は、コントの思うように、無条件に人々の心の紐帯として機能できる制度ではもはやなかった。このため『実証政治学体系』を書き続けていた一八五一年から五四年の間に、コントは除々に自分の宗教をも作っていくことになった。コントは、ついに自ら「普遍宗教」の司祭となり、『実証主義教義問答』の副題には、「普遍宗教概説」(Sommaire exposition de la religion universelle) という名称を与えることになった。コントが宗教へと向かわざるをえなくなるのを、ボシュエが見たらなんと評したであろうか。あるいはアクィナスなら、当然のことと感じたであろうか。コント自身が宗教家にならざるをえなかった事実を無視して、実証哲学の意味を論ずることはできない。

ところで、コントはモンテスキューの業績を、実証的精神にとって必要不可欠な法則性の概念を提起したもの、として高く評価している。コントは、自然科学における法則と同じように、社会科学においてもそれが見いだせることをモンテスキューから学び、その科学的方法を徹底させるべく、実証哲学体系を書いたと考えているのである。法則性と実証的精神の不可分な関係について、かれは次のように言う。

同時代のすべての哲学者のなかでも、モンテスキューが抜きん出て優秀な名誉ある著者であることは、『法の精神』によって明らかである。この記念すべき作品『法の精神』のもつ主要な力は、政治現象を、あたかも不変の自然法則に従うべきものとして理解しようとする、強固な努力のなかにある。……法則（loi）の一般観念は、基本的な意味――すなわち、政治を含め身のまわりのすべての対象に対して私たちが慣習的に行なうところの、単純な実証的探求（recherches positives）から得られる法――に従って定義されることとなった。[28]

コントはモンテスキューに学びながら、理性によって認知できる客観的な法則が自然科学にも社会科学にも認められる、と考え、その方法をさらに探求しようとしたのである。コントは、モンテスキューが、ある部分で自分の実証的方法をすでに先取りしつつ、法則の発見をしているとして、次のように指摘する。

モンテスキューの著作のなかで、一種の実証性（positivité）であるとみられる部分が一つある。それはモンテスキューが、その土地にみられるさまざまな原因が、継続的に政治制度にあたえる影響を論じた部分である。この諸原因は、一括して風土（climat）という言葉で表わすことができる。ヒポクラテスの記述に喚起されたこの科学的計画のなかには、自然哲学を模して、観察された多様な現象と、それを引き起こしている真の力とを結びつけようとする意志が認められる。[29]

社会的現象の原因を、神学的なものや形而上学的なものに求めず、あくまでも自然現象である地形や気候にもとめたモンテスキューの精神にたいして、コントはおおいに共鳴し、鼓舞もされたのである。コントは観察という行為によって、自然科学と社会科学は一つに連結できるのだと確信したにちがいない。

しかし、とコントは言う。「モンテスキューの目的は本質的には達せられなかった[30]」。コントは、モンテスキューが提唱した法則という観念が、かれの作品のなかに、必ずしもかれの注文通りの、かれが期待した意味での明確な方法なり形式によっては表わされていないことに、気づかざるをえなかった。そこで、それをモンテスキューの限界でもあり欠点でもある、としているのである。たとえば、『法の精神』をあげながら、次のように言う。

不幸なことに、モンテスキューの哲学の卓抜さを認めざるをえない多くの証拠が、同時に、モンテスキューの非常に高邁な企てが完全には成功していないことの証拠にもなっている。……モンテスキューの著作はある部分においては評価されるが、かれ以前の諸著作とくらべてとくに斬新だということではなく、なおアリストテレスの著述の原始的形式を継承したものでもある。モンテスキューは原則として、社会現象が自然法則に従うということを認めたが、この基本的な二つの法の関係についてはなんら論じてはいない。極めて多様な文明のなかから収集した諸現象は、かれの持っていた真の科学的な連関という観念をまったく反映しておらず、それどころか、形而上学的な連関のもとにおこなわれるイメージの、たんなる結合があたかもそこに留められているようだ。モンテスキューが実際に示したことは、かれの仕事は、かれの当初の偉大な意図と合致することができなかったということだ[31]。

コントは、モンテスキューの政体の分類が、アリストテレスの模倣だとして、モンテスキューが依然として前近代の知的因習から抜け出せないでいる、と残念がっているのだ。そのうえ、モンテスキューが引用する歴史上のさまざまな事例は、科学的根拠がなく、モンテスキュー自身のもつ特殊な思考との関係のもとで取り上げられることが頻繁であることを知って、コントがモンテスキューのなかに発見したかった「科学的な試み」は、その意図にもかかわらず全く不完全に終わっていると考えている。モンテスキューはその方法の科学性にもかかわらず、人間の知性から理性以外のものをすべて追放することがなかった、とするのである。この二つの点は、コントばかりではなく次代のデュルケムからも、また後世の哲学者たちからも、共通してモンテスキューが受ける批判とそっくり同じものであった。それでもコントは、次のようにモンテスキューの誤りの原因を述べ、モンテスキューを擁護しようとしている。

要するに、かれの哲学は未成熟な企図であった……というのも、その実証的精神は、生物学的知識の体系のなかに根を下ろす以前に、社会現象の研究をしなければならなかったり、政治的には革命的行動を準備させるような社会改革を促すことになったりして、失敗せざるをえなかったからである[32]。

一方、もしモンテスキューが自分に対するこの擁護論を聞くことができたならば、コントのそのような判断は、まるで的外れだと言ったに違いない。モンテスキューがもし、生物学の非常に発展した時代に生まれたと仮定したところで、かれにはコントのいう「自然科学的因果性」をみずからの方法として採用することなど、思いもよらなかったであろう。なぜならば、コントは、モンテスキューの法則性を自然科学の法則性と同じものと見なして、自然科学の客観性により近づくべきだとしたのだが、モンテスキュー自身は、決して『法の精神』のなかで表明した社会的認識が、自然科学の法則にそのまま合致するなどとは全く考えていなかったからである。モンテスキューは、人間が頭から足の先まで完全に理性的な存在になることなどありえないことを、よく知っていたのである。モンテスキューのこの認識と、それに基づく社会と人間とに関する認識については、第二部でくわしく述べることになる。

コントがもう一つ、モンテスキューを批判した点があった。それは、期せずしてデュルケムと一致するものである。すなわち、人間の進化という重要なテーゼを、モンテスキューは全く度外視した、ということである。コントにとっては、社会であろうと自然であろうと、より完璧な科学的法則の体現を目指すはずのものである。また、人間は人間で、科学的法則を解明しようとする精神の具現者へと向上することが、進化の法則である。進化は実証的精神の必然の運動であり、これが歴史の運動そのものでもある。これたいしてモンテスキューは、人間社会全般にとって普遍的意味で最も良い状態というものを想定していないし、歴史というものを、それに向かって進化するものとも、考えていないのである。コントとは異なり、普遍的で絶対的な一般法則を考えるよりも、多様な個別の条件のもとで、さまざまに異なる風土のそれぞれにとって「よりよい」法とは何か、と考えていたからである。しかしコントは、モンテスキューのそのような意図、そのような思想を、汲みとることはなかった。そこで、コントは次のようにモンテスキューを批判するのである。

社会はいかに進歩するか。その進歩の法則とは何か。それを知らなければ、風土による、あるいは人種による影響について、さらには、それに付随する影響からくる二義的な変化について、正しい思想をつくることはできない。……これらの法則を望みながらも認識することができないままに、政治的思想の領域のなかに実証的精神（l'esprit positif）を注入しようとしたモンテスキューは、結局、社会的思弁だけを偏愛し、まさに哲学のこのような段階〔形而上学〕そのものを体現するかのような結果に終始したのであった。……モンテスキューが、もしはじめに人類の進歩（la progression générale de l'humanité）の意義を確信したうえで政治風土論を論じたならば、必ず進歩と実証性との関係を発見したであろう。(33)

ここでもコントは、モンテスキューが早く生まれすぎた哲学者であった、と残念がりつつも、同時にモンテスキューを形而上学的段階に止まったとして、批判しているのである。

しかし、繰り返すが、モンテスキューは、もしコントと同時代に生まれていたとしても、進歩という観念を認めなかったにちがいない。なぜなら、モンテスキューはこの進歩という観念も、その時代に生きる人間に付与された特殊な条件であることに、すでに気づいていたからである。これについても詳しくは第二部で述べることになるであろう。何ものにも心を縛られることなく、自由に観察を続けていたモンテスキューは、逆に、さまざまな偏見に染まることがなかった。コントも、モンテスキューがかれの同時代人たちを支配していた偏見に囚われることがなかったことに対しては、評価をし続けた。

第四章　法と法則の二元論へのとまどい——モンテスキューとデュルケム

1　デュルケムの出発点への問いかけ

社会学者エミール・デュルケム（一八五八―一九一七）は一八九三年の学位論文『社会分業論』を、およびその副論文として「モンテスキューの社会科学成立に対する貢献について」[1]（「モンテスキューの貢献について」と略記）という論文を提出した。この業績はいうまでもなく、社会学が近代社会科学の一つとしての位置づけを確かなものにするためには重要な功績であり、ここで主張される基本的立場は、現代の社会学にいたるまで引き続き受け継がれている。また、本章で焦点を当てることになるこのモンテスキューをめぐる副論文は、いわばデュルケムがこのすぐのちに『社会学的方法の基準』として公表することになる社会学的方法論の、学問的背景を明らかにするためには不可欠な位置づけにあるものであることを付言しておきたい。別の表現をすれば、デュルケムがモンテスキューの評価と批判を通じて、自らの社会学をそれ以前の学問的系譜との距離をはかり位置づけた論文であることも忘れてはならない。このなかでデュルケムは、コントが社会学という命名をしたこととならんで、モンテスキューが社会学の科学としての原理を確立したことを記している。さらにかれは、モンテスキューの著作を、社会科学の成立にあたって「フランスの精神が果たした重要な貢献[2]」であるとする。デュルケムのこのような評価は、モンテスキューの社会学史における重要性をあますところなく表現したものであり、その後の学者たちのモンテスキュー評価をかなりの程度決定づけるものとなった。

しかしながら、デュルケムは近代社会科学の立場から、モンテスキューの評価にかんしていくつかの留保条件を付している。モンテスキューを高く評価するべき社会学者と認めたうえで、同時にモンテスキューが過去の時代の弊害を免れえなかったとして、批判を加えている。すなわち、デュルケムはかなり明確な意図によって、モンテスキューのある側面は積極的に継承しようとしたものの、他の側面はできるだけ捨象するようにしたうえで、社会学の基礎を確認したと思われる。本章ではその知的作業そのものの検証をおこなうとともに、デュルケム当人がデュルケムの時代の目を通して観察し判断したモンテスキュー像をあきらかにするのみならず、結果的には、デュルケム自身の自己像とデュルケムの生きた社会観の像をも浮き彫りにするものとなっていることをあきらかにしたい。デュルケムのモンテスキュー解釈のずれを論じるだけであればそれは過去の検証に過ぎないが、そのずれによって生じた結果がその原因までたどられることがないまま、認識の前提のなかに潜んでしまっている場合、これを明らかにすることで社会学的認識枠組みにおける基本的瑕疵の発見へと導かれる可能性があるからである。

2　モンテスキューからデュルケムへ――その継承と断絶

モンテスキューの評価については章の冒頭に述べたように、デュルケムの「モンテスキューの貢献について」によってある意味では決定づけられることになった。たとえばデュルケムの論文集をのちに編纂する社会学者のアルマン・キュヴィリエは、このデュルケムの論文が社会学において社会を対象にした「法則」と「類型」の構想を生んだ先駆者としてのモンテスキュー像を、はじめて提起した重要論文であるとして、高く評価している。(3) また後にふれることになるが、レイモン・アロンやギュルヴィッチなどの社会学者も、古典哲学の伝統との関連などにおいて、デュルケムとはやや解釈を異にしながらも、モンテスキューを社会学の先駆者として位置づけ、その位置づけの理由にかんしては、デュルケムと基本的に同じ見解に立っている。(4) 本書もモンテスキューが現代社会学に巨大な足跡を残したという事実にかんしては、上記の社会学者たちとまったく見解を同じくする。モンテスキューが「風土と政体の相関関係」という問題にかんして論じたことはまぎれもない事実である。また、一般にモンテスキューの主要な業績とされている『法の精神』が、政体の類型にかんする、いわば古典主義的といってよい見解を内包していることもまた明らかな事実である。その意味で、上記したフランスの代表的社会学者たちの評価はまったく正当なものである。

しかしながら、モンテスキューがいかなる問題を後世に提起しているか、という判断にかんしては、上記の社会学者たちをそのまま踏襲することは困難である。本書ではモンテスキューの貢献が、「法則」の概念の提起と社会構成体(ここでは政体)の「類型」の提起ということは当然のこととして、その次元をはるかに超えた、社会そのものの在り方にかんする本質的な問題、すなわち社会とはいかなるものかについて独自の見解を呈示したことにあったと判断している。この判断の根拠については、論述を進めながら明らかにしたいが、ここでは、モンテスキューにたいするデュルケムの評価を、より立ち入って検討することを通じて、それが社会学的方法論にどのようにかかわる性質の問題であるかを、まず浮き彫りにしておきたい。その目的のためには、特にモンテスキューからデュルケムへと受け継がれなかった部分、換言すればデュルケムがモンテスキューから捨象してしまった部分、にも焦点をあてることが重要であると思われる。ほかでもない、かれが何を捨象したか、高く評価するモンテスキューの何をデュルケムが継承し難いと考えたかが、捨象した側の立脚する理論の前提を逆照射してくれるからである。デュルケムが捨象した内容は何であったか、また、モンテスキューからそのような内容を捨象したのはなぜか。これらの問いが、そうすることによって成立した学問の性格をも明らかにすることになるにちがいない。

A　習俗と集合意識

デュルケムは、社会を科学の対象となりうるものとして認知した、最初の人間としてモンテスキューを位置づけた。デュルケムによれば、その根拠は主として次の二点であった。一つは、モンテスキューが歴史を複数の「社会」の実験室とみなし、それぞれの社会に特有な「法則」が存在することを発見し、社会の「類型化」を行なったことである。もう一つは、かれが社会科学に特有の対象を発見したことである。現代の表現に置きなおせば、社会の多様性の確認にもとづく「法則」概念と、多様性を前提とした「類型」概念といえばよいであろう。このことは、モンテスキューの作品に即してみればたしかに真実であり、同時にデュルケムのこの判断は、きわめて現代的とさえ表現することのできるような指摘でもある。近代社会学の祖の一人とされるデュルケムが、モンテスキューからなにかを排除する必要があると考えたこと自体が、奇異にさえ思えるほどである。

デュルケムによれば、モンテスキュー以前の人々は、人間すべてに適用されるべき普遍的な社会が一つだけ存在すると信じており、実在した社会はそこへ到達する以前の不完全なものであると考えていた。第一部で既述してきたように、このような考え方は、アウグスティヌスにあらわれ、トマス・アクィナスによって精緻に理論化されたキリスト教的歴史観につちかわれ、ヨーロッパ思想の底流をなしていたものにほかならない[5]。一方、これにたいしてモンテスキューは、人間とは多様なものであり、自然条件、習俗、法律など、すなわち社会によって人の生活様式も多様に変化すると考えた。こうして社会を、個人意識や歴史の固有性とは無関係な、「独立」した「客観的」な事象として扱い、社会の本性を「分類」し「類型化」する。すなわちデュルケムは、モンテスキューがこのように「自然科学の方法を社会に適用した」という点に力点をおいたのだと理解したのである。例えば『法の精神』の冒頭でモンテスキューは、「法律とは事物の本性に由来する必然的な諸関係である。そしてこの意味ではありとあらゆる存在はその法律を持っている（EL1-1, 邦訳上巻四〇―四一頁）」、また、「あらゆる多様さこそ普遍なのであり、あらゆる変化こそ常なるものである」（EL1-1, 邦訳上巻三九頁）と言う。デュルケムは、モンテスキューのこの考え方を評価し、社会的事象の歴史的、社会的な相対性と多様性をここでは認めた。こうしてデュルケムはたとえば『社会分業論』において、「道徳は、歴史のなかで発達し、歴史的な因果連関によって支配されて発達する。……道徳が特定の時代に特定の形式を取るのは、その時代の人間が生活する条件がそうさせるのだ。道徳が変化するのは、これらの生活条件が変化するからであり、またそのような場合にしか変化しないことは明らかである」[6]、と述べている。この考え方は、モンテスキューの方法とほぼ一致するものといってさしつかえない。

デュルケムの社会学的方法の前提は、社会が個人にたいして外在する固有の領域を持つ、とすることであるが、既にモンテスキューは社会が個人を超えて独立した存在であることを、別の意味で充分に認識していた。デュルケムが主張するように、個人に還元できない社会の存在を規定することは、社会が思考の対象となるための条件であることは事実である。その思考が科学、すくなくともデュルケムの意図する通りの意味で科学であるかどうかについてはすぐに立ち入って検討する必要があるにしても、個人に対する社会の外在性こそがモンテスキューにとっては、自然、風土、習俗、法律、換言すれば多様な地政的、社会的要因の存在に着目した理由であったことは事実である。また、モンテスキューのいう「法則」とは、事物の内在的本性からひきだされる論理的必然性である。そのなかでも、人間社会を観察するさいにモンテスキューにとって最も重要な概念であったのは、習俗(mœur)であった。デュルケムにとってモンテスキューの「習俗」と同じ位置をしめる観念は、「集合的表象」(représentation collective)である。デュルケムの集合的表象とは、個人意識にたいして外在しながらも、個人を拘束するものである。ここまでのデュルケムの議論は、集合的表象と習俗という言葉を入れ替えれば、そのままモンテスキューの議論に、大筋においてほとんど一致するものとなる。換言すれば、デュルケムは習俗と政体の関係についてのモンテスキューの論議のなかから、習俗の政体に対する重要性というかれの立論を充分に摂取し、それを通じて、政体というよりはむしろ社会一般における道徳の位置づけに注目し、そこから社会全体に生命を付与する紐帯となる要因としての、集合的表象という概念を提起するにいたったとも理解することが可能である。しかし、のちに述べるように、デュルケムの集合的表象はモンテスキューの習俗の概念と、このように密接にかかわりながらも、同じ地点へは帰結しないものであった。それは、両者が理性と情念のあり方について決定的といってよいほど相違した見方をとっていた結果である。しかしその問題は次節に譲って、ここではデュルケムが、モンテスキューが行なった習俗への着目を、かれ自身の文脈のなかで受けとめ、その上で自身の社会学方法論の中枢に位置づけたという、継承の側面に注目しておこう。モンテスキューの習俗の概念は、かれ自身のなかでもひときわ古典主義者としての色彩を際だたせているものである。その意味では、デュルケムもモンテスキューのこの概念を通じて古典主義的観念の重要性を間接的に強調していたのだという見方ができる。そのことが、後にデュルケムが近代社会のなかでのアノミー（無秩序・無統制）への傾向を論じることに、どこかでつながっていると思われる。

B　理性と情念

しかし、この二人のあいだには、決定的な亀裂が存在した。以下に論じる亀裂のうちの、一部はデュルケムが意識的に行なったものであり、他は結果としてそうなったものである。

そのなかでももっとも本質的で深刻な亀裂は、「情念」[7]に対する姿勢である。

デュルケムは、感情や情念が社会に存在することは認めているが、それらは流動的でよりどころのないものであり、かつ、きわめて個人的な人間の体験に固着し、他人とともに共有することができないものであるために、なおさらそれは思考と理性の働きによって、客観的なものであるかどうかを判断しなければならないものであった。『社会学的方法の規準』のなかで、デュルケムはこう言明する。「自然科学では、ある感覚が観察者にとってきわめて個人的なものだと判断される危険がある場合は、それを斥け、十分な客観的な基準を満たしている感覚のみを取り上げることを原則としている。……社会学者もまたこれと同じような慎重さを要求される」[8]。そしてデュルケムにとって客観的な基準とは、その感覚が一般的な感覚として、つまり、集合的表象として共有されていることを観察できるかどうかにかかっているのであった。さて、感情の働きによってつくられる個人的表象は、理性のはたらきによる結晶作用を抜きには、すなわち修正され歪曲されることなしには、個人の認識対象となりえない。

概念は何にもまして集合的表象である。私たちは、自分の個人的経験から学ぶ知識に加えて、概念からも学ぶ。概念には、集合体が叡智と科学を育成し蓄積した成果が結晶化しているのである。概念によって考えること……、それは感覚に光明を投げて、それを輝かし、対象に入り込んで変形することである。あるものを概念づけるということは、同時にその本質的な要素をよりよく理解し、全体のなかに位置づけることである[9]。

さらに集合的表象を前にすると、個人は自分の持つ個人的表象を集合的表象に同化しようと努めるのだ、とデュルケムはいう。なぜなら、それが「コミュニケーション」のために必要であるからである。このような個人的表象から集合的表象への、または感情の概念への同化の過程は、「プラトンの「ヌース」がイデアの世界を前にしているのと同じ状態[10]」である、とデュルケムは言う。デュルケムにとって集合的表象はプラトンにとってのイデアと同様に、人々の前に強力な引力として存在すべきものなのである。そこには、集合的表象への同化よりも魅力的なものが個人的精神の前にあらわれる可能性は、おおいに気にしてはいるものの最終的にはやはり想定されていないのだ。私たちにとって集合的表象への同化はつねに不完全であり、そのためにわれわれはしばしば相互了解できないことにも意図せざる欺きにも出会うのだが、しかしデュルケムにとって、それは卓越した「集合的思惟」(la pensée collective)[11]を理解しない人間の運命にすぎないのである。

かれにとっては、感覚は理性によって、必然的に概念の体系の総体である社会に統合されるはずである。分業が進み、概念構成の権利が個人に与えられるようになった近代においても、集合的表象は拡散せず、むしろこのようになって後にこそ、社会は新しい集合的表象として、論理的思考を生み出したのだというのが、デュルケムの主張の根拠であった。すなわち、「論理的思考は、感覚的な経験にかんするはかない表象を超越し、知性が共有しているゆるぎない理念の世界を考えるときにのみ、可能である」[12]。デュルケムにとっては、近代における論理的思考こそ、非人格性と安定性という「真理」の二つの性格をともにそなえることができるものなのであった。かれは、近代における個人化とともに生まれた論理的生活は、集合的表象の論理的必然性をすでに前提している、と言明する。

ここに明瞭に観察されるように、デュルケムにとっての出発点は、近代になってその地位を確固としたかのように見えた理性、すなわち概念によって分析し、概念によって総合する論理的理性であった。

しかしそれとは対照的に、モンテスキューは、情念を完全に理性と論理性のもとに統合する、という発想をそもそも持たなかった。それはモンテスキューが、まだ理性がステレオタイプとは化していない時代に生きていたせいだ、とする考え方もあり得るかもしれない。啓蒙思想の出現を頂点とするいわゆる理性の黎明期とされる時代は、モンテスキューよりも数世紀以前に始まっており、モンテスキュー自身もその時代の社会理論家として生きた。しかしモンテスキューは、当時最大のモットーであった理性に対しては、独自の相対主義的な姿勢をとり続けた。この事実は注目するべき点である。このモンテスキューの理性に対する態度が、デュルケムにとって理解不能ではなかったにせよ強い違和感をともなう事実となったであろうことは想像に難くない。まさにこの相違が、デュルケムをしてモンテスキューと袂を分かたせる一つの大きな分岐点となった。

C　制度と当為

モンテスキューはもちろんデュルケムも、自然法・慣習法・市民法・政治法などさまざまな法から人々に相矛盾する態度を要求されるという事態が実際にはしばしば起こることを承知していた。モンテスキューが人間の本性と社会の本性とを、前述のように当然区別し、それぞれの地平で法が成り立つのだと考えていたこと、さらに、人間はより自然の法に従うことが望ましい、と考えていたと思われる部分を指摘しながら、デュルケムは根源的にはこのモンテスキューの二元論的な原理に疑問を示している。言い換えるなら、人間の本性と社会の本性から生じる矛盾は、デュルケムのみるところでは結果として、人間を個人的な生活と社会生活との、相容れない矛盾に引き裂いてしまうからである。そこでデュルケムは、人間が引き裂かれるだけで終わらないために必要なのは、「個人の生活に関わるものを含め、法の規定および習俗のすべてを社会生活の所産であるとみなすことだ[13]」という判断のうえに立つ。これこそが、デュルケム社会学方法論の規準の要諦であったことは、あまりにも有名な事実である。

たしかにこの判断は、一面で論理の要求としては、理解することができる。しかし社会と人間との関係が事実においてつねにこの通りになると判断するのは、やや性急にすぎるのではないだろうか。多様な法が人間に相反する要求をすることは、現実に頻繁に起きる。そこでデュルケムは、「もし両者に共通の基盤がないならばそのどちらに従うべきかをどのように判断するのか[14]」という問題をなげかけ、共通基盤として社会の存在を主張する。デュルケムは、個人の感覚的表象は永久的な流動のなかにあると指摘する。環境に対応して敏感に変化する個人の特殊な思考や行動を通して世界を感じるとき、人々は常に自分に「抑圧」がかかっていることを知る。こうして私たちは集合体の存在を逆照射し、確認するのだと言う[15]。しかしその結果として、個人はやはり集合的表象に依拠するべき場所をみつける、なぜなら、それがより安定的なものだからである、というのだ。結果、デュルケムにおいては、集合的表象とはつねに道徳的であり、道徳的なものが制度の基盤となる。

ここにおいて、社会学にとってつねに緊張に満ちたものでありつづける社会という制度と、その制度と当為との関係という問題が、すなわち人間が社会のなかに生存することと、それにもかかわらず近代社会の大前提において人間が独立の行為の主人であるべきとされる事実との、鋭い葛藤が透かし絵のように目の前に浮かんでくる。

それにたいしてモンテスキューは、個人の意志や情念がその行為とどのような整合性をもつか、という問題は、極論すると念頭にも上らないようなものであった。かれに関心があったのは、社会のなかには制度の要求と、個人によって担われる徳性やもろもろの欲求という、相反するものが存在するという認識であった。またこれらが相容れないものであることにより、一方を他方に従属させたり統合させたりすることが、そもそも困難なものであるという、厳しい現実理解がかれの根本的人間観でもあったとおもわれる。したがって、相反するものの両立を達成するには、それらのバランスをとるという高次の知の働きによるしか成功の方法がない、という認識である。さらには、そのバランスでさえ、人間を主体とする「情念」の作用によって、たえず動揺するものである。モンテスキューは、相反する一方が他方を従属させたり統合したりすることは断念している。決定的亀裂に至らぬ程度に矛盾を矛盾として内包しつつも全体を相対的にうまく整えるのが、せいぜい人間にできることであるという考え方なのである。だからといって、モンテスキューの「情念」を非合理なものとして排斥したり悲観したりすることがどれほど的外れであるかは、やがてのちに指摘するが、いずれにしても、モンテスキューとデュルケムというこの両者の間には、やはり決定的といってよいほどの大きな相違が横たわっている。

しかしそれにもせよ、デュルケムが、まるでプラトン的共同体のように、人間のすべての行為は「どうすべきか」という社会的当為と不可分に結ばれていなければならないとまで考えるのは、なぜなのであろうか。デュルケムがコント同様、否応なくモンテスキューと自分を対比させなければならなかった理由はそこにあるのかもしれない。

一方、モンテスキューは、人間の行為は決して当為のうちに解消し得ないことを示すために、一つの設問、「立派な生涯を送った人間に与えられるべき〈快楽〉とは何か」（LP125, 邦訳下巻一三五頁）を用意する。つまり、求められる当為を全うし社会に貢献した人間は、どんな「快楽」（極めて個人的な欲求の満足）を獲得するべきか。そして、この問いは、いかなる宗教も有徳の士も答えられない性質のものである、とモンテスキューは述べる。この問いについての議論は、第二部第三章において詳しく展開するので、ここではデュルケムとの対比についてのみ記しておきたい。

モンテスキューにとって、人間の情念は社会的観念のなかに吸収され得るものではない。と同時に、当為に内在化できるようなものでもない。情念は人間の自然の本性から湧き出すものであり、当為は社会の本性から派生したものである。それらはそもそも別種の起源をもつものなのだから、一方が他方に包括されるはずがなく、まして葛藤なく調和することはありえない。だからこそ、両者のバランスを調整するべき調整機能が必要になるのだ。これが欠けた社会は、おのずから情念の奔流によって均衡を失い崩壊する。均衡を失い、社会が自分にとって苦痛なものになったとき、人間がそれを拒否してはならないという強制は、誰にもできない。「社会はお互いの利益を基礎として成り立つものだ。しかし社会が自分に有害なものと化したとき、それを捨ててはいけないとは、誰にも命令できない」（LP76, 邦訳下巻二四頁）。しかしながら、デュルケムならこう言うであろう、「社会はお互いの利益を基礎として成り立つものだ。社会が自分に有害なものと化すことなどあろうはずもないが、もしそのような場合には、自分の考えている利益がいかに自分だけの小さなものか、ともに生きる人びとの共通の利益からかけ離れているかを考え、有害であると考えるあなたの感覚の方を修正するべきなのだ。というのも、集合的表象はつねにいかなる個人の存在よりも大きく重要で、信頼に足るものだからである」と。

3　法則のイデオロギー化／法の透明化

上述のように、モンテスキューとデュルケムとのあいだには、社会観の大きな齟齬が発見される。これはデュルケムのモンテスキューにたいする評価がきわめて高いことを知る私たちにとって、即座には理解に苦しむほどである。しかしその基本的な原因、すなわちかれら二人のあいだにある思想的な地殻構造の違いを理解しておくことは、今にいたる社会学者すべてにとってたいへんに重要な作業であると思われる。そして、それを考えるとき、必ず取り上げなければならないことは、「科学」にたいする希望あるいは距離、という側面である。必然的にそれは、法則あるいは法のとらえ方にたいする大きな違いへと帰結する。

具体的にいえば、「科学による統一性」という思想的問題である。デュルケムは「モンテスキューの貢献について」という論文のなかで、「モンテスキューは、社会的事象のあいだにある相互的関係を明らかにすることによって、私たちの科学の統一性を予感はしていたけれども、それをはっきりと自覚はしていなかった」と記述している。これに続けて、モンテスキューは「それを意識はしなかったものの、事実上この科学の最初の実例を後世に残した[16]」とも述べている。ここでデュルケムのいっている「科学の統一性」(unité de science)とは、科学自体の持っている一貫性のことであると同時に、その論理的一貫性が、集合的表象にたいして論理性と統一性を与えるものとしても発想されていることである。それは、いわば「科学による統一性」をも、含意として内包する性質をもつ。しかしこの認識にもとづくモンテスキューに対する判断は、これまでの論旨の展開をふりかえれば大きな疑問をいだかせるものとなる。モンテスキューは、それぞれの領分をもつ複数の法律が全体としてバランスをとることによって、相対的に安定した社会の骨組みを構成することを、法の理想的な状態として想起している。しかしかれはその力動のプロセスのなかで、科学の本質的作用こそが社会の安定を達成させ、さらにはそれを不動のものとすることができるといった思想をまったく持たない。もちろんモンテスキューは、無知や不注意によってではなく、むしろ意識的に、そのような観念を排したといってよい。この科学による統一というデュルケムの理想は、具体性をともなうには余りにも困難な理念でしかないことがモンテスキューによってすでに暴露されている。先に述べたように、モンテスキューにとっては、「情念」の排除という不可能な仮定を設けないかぎり、デュルケムが主張するところの「科学の／による統一性」という観念は、たんなる理想状態として考えることがたとえできたとしても、その実現性を信じることは、とうていできなかったはずだ。モンテスキューは、デュルケムがいうように科学の統一性を予感してはいたが意識化しなかったのではなく、それを意識していたとしても、わざわざ論じるまでもないほど不可能な仮定とみなしていたと考える方が、むしろ真実に近い。

これにたいして、デュルケムはもちろん、科学の統一性を信じていた、あるいは信じる必要があった。デュルケムにとって科学の統一性を脅かす可能性のあるものは唯一、個人的表象であった。『社会分業論』においてデュルケムは、分業の進行によって社会的紐帯から切り離される人間が出現するのではないかという予感を、すでにはっきりと述べている。「環節的社会の消滅は道徳の規則正しい低下をともなうことになるであろう。人間は充分に抑制されることはなくなるであろう。人間はその利己主義を抑え、かれを道徳的存在とする社会の有力な圧力を自分の周囲と上方とに充分に感じることはもはやなくなるであろう」、とかれは述べている。[17]

しかしデュルケムは、分業が進んだ社会状態のもとにおける、新しい社会的連帯のあり方を、有機的連帯という概念のもとに語る。特定の社会からの圧力から解放され、より広い社会空間に稀薄化した個人は、やがて新しい「公共」という観念を生むという。個人的表象はたしかに多様化し、環節的社会の時代と同様には容易に集合的表象へと回帰させることができなくなる。しかしそうなった人間は、今度はみずからの「論理的思考」によって、社会の集合的表象をつくりだすはずだ。このような状態こそ、デュルケムにとって科学による統一性が達成された状態である。デュルケムにとっては、人間の快楽は集合的表象へと向かうことになっている。集合的表象と個人の快楽のあいだにある亀裂は、理性の働きが充分でない未熟な個人には存在するかもしれないが、それは克服されるはずの問題なのである。

社会は、あまりにもしばしばそう見なされがちであるように、非合理的または無論理的で一貫性のない空想の産物では決してない。まったく逆に集合意識は、意識のなかの意識なのであり、心的生活のもっとも高い形態なのである。集合意識は、個人的あるいは部分的な偶然の外部に、あるいは上に位置しているので、事象をその恒久的かつ本質的な相においてしか見ず、これらの事象を流通しうる概念へと固定させる。……これら〔集合意識〕は現実の全段階において出会う存在の様式を表現するが、絶頂においてでなければ明瞭には現われない。そこで推移していく心的生活の複雑さが意識のさらに大きな発展を要求するからである。(18)

このように有機的連帯は、個人的表象と社会（個人のうちで個人を凌駕するもの）をふくむ、一つの全体をなす。デュルケムにとっては、個人の心的生活が発展して高次の位置へと集合的表象が到達しえた地平こそ、科学そのものが創出する地平にほかならない。これが、デュルケムの掲げた理想であった。科学の統一性なるものを信じなければならなかった理由がここにある。

デュルケムにとって集合的表象とは、言語が表現する「概念体系」であり、社会が総体として経験の対象を表象する様式である。概念とは、永久的に流動的である感覚的表象（感覚・知覚または心象）に対立するものであり、時間の各時限において定着され結晶化された思考の様式であり、普遍化することのできるものである。すなわち社会の本性は、理性のはたらきによって把握し得る合理的概念として存在する。コミュニケーションとは概念の交換である。概念は異なる人格のあいだに交換し得るものである以上、本質的に非人格的な表象である。そして概念が共同性をもつ事象であるという事実を、デュルケムは『宗教生活の原初形態』のなかで、概念がもともと共同社会を起源として発生することを論じることによって証明しようとした。[19] これは社会が幾世紀にもわたって蓄積した集合的洗練の所産なのである。そして概念の組織化された体系を持っているものこそが文明である、という。共同社会から析出される集合的所産である概念は、それ自身の進化の階梯を経ながら、やがて科学という普遍的概念となって社会を有機的に統合するにいたるのである。

さて、科学の統一性について考えるとき、それを担う人間の知的作用すなわち、「理性」の概念について、ここで付言しておかなければならないだろう。

第二部で明らかにすることになるが、モンテスキューの「理性」という言葉には二通りの用法がある。[20] 二つの用法とは、ものの性質を知るために観察する分析の技術（art）の担い手としての理性と、分析的精神を超越し法則のバランスを見渡すことのできる「エスプリ〈精神〉」（esprit）の働きとしての理性である。モンテスキューにおいて、分析的理性とエスプリとは別個のものであった。

モンテスキューが「エスプリ」という言葉によって意味していたものは、分析力の担い手としての理性とは、性質を異にするものである。かれは、次のように定義している。「エスプリとは、さまざまな種類のもの、すなわち、神、良識、判断力、的確さ、才能、趣向（goût）、をその下に統括する集合概念である。エスプリとは、それが適用される事物それぞれにふさわしい、美しく構成された手段を持つことである[21]」。詳細は後に論じるが、エスプリとは、人間のもちうる総合判断力を指す言葉だったのである。そのようなものであるエスプリは、当然ながら人間の情念にかんする考慮を決して排除しない。

エスプリにとって大切なのは、合理的に把握できないものを排除することではなく、合理的に把握できるものもできないものも含めて、その全体の釣合いをとることに「相対的に」成功することである。そのようなエスプリという精神の担い手のことを、モンテスキューは理性、とくに「原始理性」（raison primitive）と呼んだ。そして『法の精神』の冒頭で、次のように宣言する。「ある原始理性が存在している。諸々の法とは、原始理性と多様な存在とのあいだにある諸関係であり、諸存在のあいだにある諸関係である」（EL1-1, 邦訳上巻三九頁）。法の〈精神〉とは、すべての法律を含むすべての法則を超越し、それらを相対比較することのできる位置に視点をおいて論じようという、かれの自覚的方法の宣言なのである。これは同時に、分析的理性をも相対化する、知の働きの位置を指し示してもいる。このことは第二部で再び論じることになるが、かれにとっては、このような〈精神〉すなわちエスプリこそが、目的合理性と論理性に閉じこめられる宿命にある「技術」とは区別される、「科学」という知が立脚しなければならない、本来の基盤であった。

　もっともモンテスキューにおける科学と技術の区別は、デュルケムもまた看過してはいない。この問題に関連して、「科学が技術と異なる点は、まったくの独立を保ちながら対象の固有の本性に忠実であること、つまり、予測しうる有用性にまどわされることなく、それを知るためにのみある対象に適用する、という条件に忠実であることだ[22]」と、デュルケムは述べている。現代になじみ深い表現でいいかえれば、デュルケムはこれら二つの区別を、客観性の保証の有無、という側面において解釈しているのである。

　しかし、デュルケムは、その科学と技術の担い手である二種類の理性そのものを区別して論じながらも、それらがもともとまったく性質の異なるものである、という認識には立たなかった。このあとに続けて、デュルケムは、科学の担い手である理性について、次のように述べる。「抽象的な問題でさえ、私たちの思惟は心（cœur）にその源があることは、間違いない。というのは、心は、私たちの生のすべての源泉であるからだ。しかし、とりとめなく感情の虜のままになるまいとするならば、感情は理性によって支配されなければならないし、理性は生の偶然の出来事を超越しなければならない[23]」。ここでデュルケムが述べている理性、「感情を支配する理性」「偶然性を超越する理性」は、モンテスキューの言葉でいえば技術の意味における理性であり、モンテスキューの主張したエスプリではなかった。デュルケムは、科学と技術の違いをかれなりに理解してはいたが、その担い手となる理性は区別していなかった。つまりデュルケムは二つの理性を、少なくとも今日の私たちと同じようにほぼ同一視し、合理的、分析的論理の延長線上にあらゆる理性が予定調和の世界をつくりあげると考えていた、ということができよう。[24]

さらに、モンテスキューは、技術としての理性であれ、エスプリとしての原始理性であれ、そのどちらの場合にも、理性は情念の「統合」(吸収による統合)に成功するものとは考えていない。もちろんモンテスキューは、論理的観念の作用を社会の成立にとって重要な意味をもつもの、と考えている。社会の法は、社会的事象の本質上存在するべくしてそこにあるのであり、たとえば春に雪解けが始まるのが当然の理であるように、共和政の国家の規模が大きくなると崩壊が始まるのである。これらは、理性によって把握することができるし、また、しなければならないものである。

しかしながらモンテスキューは、分析と論理の整合性の追求のみに終始する理性を、人間から血液を抜き取ってしまう一つの悪である、として批判する。これは、理性の黎明と理解されている啓蒙主義の時代のただなかに生きた人としてモンテスキューを考察するにあたって、決して見逃すことのできない事実であろう。たとえば、モンテスキューは分析技術としての理性にのみ囚われている人を狭量な立法者にたとえて次のように批判する。「立法者たちはこれまで立法にたいしてあまりに鋭敏に神経を使い、自然にある釣合いよりも人間の論理的観念に依拠しすぎた。このために、結局法律は冷酷なものとなり、人々は自分の釣合いの感覚(un esprit d'équité)によって、法律から遠ざからなければならないと信じるようになってしまった」(LP129, 邦訳下巻一四五頁)。モンテスキューは、社会制度がこのような理性に閉じこもってしまうとき、人心はこの法律から離れると指摘している。

エスプリに裏づけられない論理性にかんして、いくら論理的、分析的理性が情念を制御しようと努力しても、結局は破綻するほかないことを直接に強く主張するものが、かれの『ペルシャ人の手紙』と題された作品の大きな主題の一つであった。たとえば、モンテスキューは、『ペルシャ人の手紙』の末尾に近い部分で、ペルシャのハーレムの崩壊の物語を通じてこのことを物語る。ここでは要点だけを跋抄しよう。

旅に出た主人のユズベクを失ったハーレムは、宦官たちによって管理され運営されるようになる。しかし、それによって情念の回路を奪われた女たちは、やがてハーレムというシステム全体に反逆を開始する。この物語の最後で、寵姫ロクサーヌは、ユズベクに裏切りを告白して、自害する。「私はあなたを騙していました。あなたの宦官たちを誘惑し、あなたの嫉妬をもてあそび、恐ろしいハーレムを快楽の場所にしました。……私は奴隷の身分ではございましたが、その心は常に自由でございました。私はあなたの法を自然法に書き換え、私の精神はいつも独立していました」（LP160, 邦訳下巻二二〇―二二一頁）。

この言葉のなかに、「自然法」という興味深い語が埋め込まれている。第二部第二章で詳しく論じるが、モンテスキューの自然法という概念は、ルソー的な自然法とは全く異なるものであった。モンテスキューの自然法、および自然という概念は、デュルケムの正確な指摘を引用すれば、「個人的な生活にかんする法則だけにあてられた」[25]もの、少なくとも個人の心のうちに根づいた本性のことである。極論すれば、社会の本性ではなく人間の本性に基づいた法則、すなわち社会の本性から峻別された、人間の本性を指し示すものであった。モンテスキューは、情念の活動は人間の自然の本質であると考えている。この自然から離別することは、人間が観念から離別することと同様にけっして実現できないことであり、また、どちらかを選ぶことはしてはならない、とかれは考えていた。これにたいしてデュルケムは、言うまでもないが、個人の心の内に根づいた情動と集合的表象は、自然科学の法則が誰にたいしても同様に作用するのと同じく、本来区別できないと考えているのである。自然法とは究極的には集合的表象によって守られ、予定調和的に人をとりまく法則の束にほかならない。

科学の統一性、という観念にたいするこのような温度差は、必然的に法あるいは法則ついての考え方にも大きく影を落とす。ここで便宜的ではあるが、科学の統一性や自然法則、あるいは分析的理性がつかさどるものを「法則」と表記し、モンテスキューの用語でいう「原始理性」というエスプリの担い手、すなわち目的合理性と論理性に閉じ込められていく理性を相対化する理性がつかさどるものを「法」と、あえて表記を仕分けることとしよう。(26)モンテスキューの『法の精神』はあきらかに後者である。しかしながら『法の精神』の法、すなわちエスプリのつかさどるものとしての法を、デュルケムは透明化してしまい、認識の背後へと追いやった。なぜなら法は、必ずしも概念で表現できず、合理的観念でなく、コミュニケーション可能性が誰にたいしても開かれてはいないからである。デュルケムにとってそのような法とは、いかなるものであれ、過去の時代の弊害のなかに一括して投げ込んでしまっても構わないものであったのだ。そのかわりに、かれは「法則」を持ち出すのである。法則は概念のつくりだす集合的表象に内在するものであり、合理的な観念としてだれにとっても共有しうるものである。それは、これらの特性によって、近代社会科学の正当な道具として認定されるのであり、また反対に、この法則が、結果として近代社会とは何かを描き出す権利を唯一行使できるものとなる。換言すれば、デュルケムは、観察によって科学と社会の統一性を確信したのかもしれないが、同時にその統一性を達成したものが認めないものは近代社会の目録からはずしていくのである。極論すればデュルケムは近代社会科学のために、統一性を信じることが必要であったのだ。いわば、法則のイデオロギー化、といえよう。

イデオロギー化した法則の世界では、モンテスキュー的な情念のダイナミズムの活動する場所は、失われてしまうのではないだろうか。なぜなら、「理性と情念」の項でのべたように、モンテスキューにとっては、かりにデュルケムのいうように集合的意識が、論理的理性の洗練へと到達することがありえたとしても、人間が個人として懐胎する意識や欲望は、論理のなかに吸収統合されるものではなく、いやむしろそれが洗練されればされるほど、集合意識としての論理性からますます遠ざかってゆくはずのものであった。また、デュルケムは、エスプリを集合的表象によって駆逐する。ここで、デュルケムとモンテスキューは否応なく大きく袂を分かつことにならざるをえないのである。デュルケムのモンテスキューに対する、高い肯定的評価と抱き合わされた否定的評価は、この二人の上記のような科学への認識の相違によるところが大きいように思われる。

4　当為の呪縛と社会学の自由

人間の本性から生まれる行為と社会の本性とのあいだにある深い溝について、社会学者はみな、その溝を架橋する方法を、それぞれの社会学のなかでなにかしら構築しようとしているのかもしれない。

たとえばこの二つの葛藤にたいして、結論においてデュルケムとどこか共通する接点を持ちながらも、より綿密な検討を加えようとしたのは、マックス・ヴェーバーの理解社会学であろう。ヴェーバーによれば、社会学は人間の行為を、その行為の背景にある「意味」(Sinn) に即して解釈し、理解することを通じてはじめて可能になる学問であった。はたして、個人の行為に内在する意味が客観的に解釈可能であろうか、という問いに答えるものが、あの有名な「決疑論」(Kasuistik) であり、これによって因果連関 (Kausalzusammenhang) を確定されるところの、社会学にとってのいわば理論モデルが、ヴェーバーの「理念型」であった[27]。こうして、ヴェーバーにおいては社会学の理論上の客観性は保証されることができた。社会的制度が存在することと、人間の行為とのあいだの二元性は、緊張に満ちたものではあっても、しかしすくなくとも理論構成の上では、矛盾、葛藤しないということが、ヴェーバーによって主張されたのである。

では、理論上は矛盾がないと考えた上で、社会生活の事実の上ではどうであろうか。ヴェーバーの「意味」は、デュルケムとモンテスキューの対比にかんしてすでに考察した、前者の「集合的表象」、後者の「情念」と同じものであろうか。この問題は、それにたいして正確に答えようとするならば、別個の論文を用意しなければならないほどに微妙な問題をはらんでいる。しかしいまはそれに立ち入ることはできないので、結論だけを抽出して示すことにしよう。「集合的表象」は、すくなくともその担い手にかんして、ヴェーバーの行為の「意味」とは異なっている。すなわち、「集合的表象」の主体は集団であり、「意味」の主体は個人である。しかしながら、決疑論によって「意味」を理解する、とヴェーバーが主張するとき、その決疑論の主体のなかに、はたして集団的なものがまったく介在しないとまで、断定することができるであろうか。この問題は、どこかで現代のクリフォード・ギアツなどによって提起されている、文化の解釈という問題と深くかかわり合ってくるところがあるように思われる。しかしながらそれを深く詮索することを断念して、決疑論という言葉のプロテスタント神学的前提をそのまま尊重し、決疑論の主体もまた個人（「学問を職業とする」個人）であると理解しよう。これは、ヴェーバーの意図した通りであると考えても差し支えないと思われる。

それにたいして、むしろモンテスキューの指摘する「情念」は、担い手の点ではまさしく個人であって、その理論上の資格だけにかんしては、「意味」の主体とそっくり重なってしまうものである。だから、この両者の関係については主体が何であるのかという議論は、ほとんど参考にできない。しかし、では両者は共通点をもっているかという問いにかんしては、すくなくとも本書で解明するモンテスキュー像をふまえた上で、やはり両者は内容的に相違していると言えよう。周知のように、社会学者としてのヴェーバーの関心事は、社会全体を通じて意味と行為とが適合性をもっているかどうかということであった。この問題側面は、合理性の判断と言い換えられる。かれが、異なった宗教倫理の比較という、いわば巨視的な作業を通じて研究しようと意図したことも、合理性の判断への関心からである。これに対しモンテスキューの「情念」は、意味と行為との間の適合的な関係を結ぶだけでなく、乱したり壊したりしかねない危険なものとしても想定されている。ウェーバーよりモンテスキューのほうがより当為の呪縛から自由だったと言えるだろう。詳しくは第二部に譲りたい。

ところで、当為と社会制度という異なる地平にある概念の関係性について、ヴェーバーは、ほとんど他に例がないほどに慎重で細心でもあった。デュルケムとヴェーバーとが近代社会学者として、きわめて共通した課題、すなわち社会制度と当為との関係という課題、を取り扱っていながら、後世になって容易には接近して論じられることがすくないのも、ヴェーバーの慎重さに理由の一つがあるのかもしれない。

さらに私たちが、制度と当為という観点からデュルケムの時代を考えるとき、どうしても見過ごしてはならない主題は、「進歩」という観念がかれの社会観に与えた影響についてであろう。そしてモンテスキューとデュルケムの見解のもう一つの大きな亀裂が、「進歩」という歴史観念に対する態度のなかにあるということを推測することは、さほど困難なことではない。

歴史にある方向性を設定されるようになるのは、到達するべきある一つの理想が、社会にたいして設定されて以後のことである。アウグスティヌス以後キリスト教が一つの理想を社会全体に提示してからは、社会にとって問題なのは、現状の客観的な分析であるよりも、現状と理想との距離をひたすら縮めることであった。どうあるべきかが問題なのであって、どうであるかは問題にならない。中世のスコラ的な当為の体系が崩されたルネサンスにおいては、カンパネッラやトマス・モアをはじめとして、多くのユートピア論が発表されることになる。かれらは自分のユートピアを実現可能な目標として掲げたのではなかったが、しかしなお「あるべき社会」という観念のもとに思考を巡らせる、という文化的伝統の刻印を濃厚にとどめていたといえる。しかし、湧き出したユートピアのなかで最も広範かつ深遠に近代人のなかに根をおろしたのは、もちろん理性の構成する世界観であった。論理性と合理性は多様な人間を架橋しうるからこそ、新しい記述の方法として求められる。さらに、この新しい方法は、公平に万民に適応しうるものであり、宗教や伝統や習慣の束縛から人間を解放するものである。そして社会学は、社会の客観的な記述の方法をはじめて与えるものであった。

しかし解放とは、しばしば束縛の交替にすぎないという見方もまた可能である。また科学の方法と対象は、密接に相互を規定しあう関係にある。合理性と論理性という方法は、研究対象から理性になじまない部分をおのずから捨象する側面をも持っているのである。その結果、理性になじまないものも理性のなかにやがては吸収されるはずであり、さらに進んでそうするべきである、という態度が支配してしまう結果にもつながりかねない。たとえばデュルケムは、一方では科学とは中立であり、他のあらゆる考慮から独立した存在でなければならないと主張しながら、同時にそのような科学を実現するためには、人間が理性の支配のもとに生きなければならない、と要求する。デュルケムの立脚点にすでに敷かれていたこのような価値観は、そのままかれの社会の観念にも投影される。かれは人々が「コミュニケーション」を求めるからこそ、情念は社会的概念の論理性のなかに吸収されるはずだ、と言うのである。

デュルケムは、「古い社会から生まれた新しい社会は、よりすぐれたものだということは真実だ。これが人類の進歩と呼ばれるものである[28]」と、言明する。それは、到達した理性はけっして後戻りすることができないというデュルケムの考え方と、軌を一にするものであった。この考え方はその後の社会学の底流にしぶとくまとわりつくことになる。たとえば、歴史の方向性について戦後、サルトルと大論争を展開したレイモン・アロン[29]は、モンテスキューが社会学者と呼ばれず、社会学の先駆者としか呼ばれない理由を二つあげている。一つはモンテスキューが、社会学の命名者のコントよりも前の時代の人であったこと、もう一つは「進歩」の観念を無視したことであった。「進歩」が社会学者にとっての一種の職業イデオロギーにもなっていることを、アロンは皮肉まじりに指摘しつつ、モンテスキューがこの観念をまったく意に介さなかったと指摘している。「モンテスキューは近代社会を考察の対象としなかったばかりでなく、かれが採用した諸範疇は、かなりの程度まで古典的政治哲学のなかにあるものである[30]」。一方デュルケムは、基本的にはアロンの指摘する通りの職業イデオロギーを十二分に身につけた社会学者であった。それがデュルケムのモンテスキュー観に投影しないはずはない。デュルケムはモンテスキューを批判しつつ、「民族はその初めから、その起源となった種の上に徐々に発展している。人間性の進歩は、これら民族の発展が徐々に蓄積されたものとして成立しているのである。ところがまさに以上のことを、モンテスキューは見過ごしたのである[31]」、と述べる。デュルケムは、モンテスキューは歴史が進歩するものであることに注目していないのだ、と非難しているのである。

実際、デュルケムのこの非難は、その通り事実なのである。それだけではなく、モンテスキューは当然のように無知によってそうしたのでなく、自覚的にそうしたのであった。モンテスキューは、社会の進歩ということを、充分な理由があって、考えなかったのである。たしかに、『法の精神』のなかで、よりよい政体について述べている箇所があることは事実である。そこで、共和政と民主政は専制政よりもよい政体であり、また、未開民族の民主政よりも共和政の方がよく、その共和政よりも君主政の方がよい、という一つの判断を示していることを、デュルケムは指摘する。しかしこのデュルケムの指摘はやや不十分である。モンテスキューは、政体の類型をそれ自体で比較しはしたが、かれの構想のなかには「歴史の方向性」に照らして政体を比較するという意図はなかった。いいかえれば、このような比較を、発展論的に述べたわけではないのである。これらそれぞれの政体は、それぞれに適した社会に別々に独立して生起した体制であって、政体の絶対的比較をすることを、モンテスキューは無意味なことと見なしていたのだから。

さらに、モンテスキューにとって重要であったのは政体の類型そのものでさえない。かれにとって重要なのは、複数の体系や体系と原理とのあいだにある、平衡と調和のあり方であった。たとえば、専制政より共和政と民主政がよいのは、人間の情念のすべてが社会の圧力によって殺されないからであるにすぎない。すなわち、制度と情念の平衡が実現される余地を残しているからである。また、共和政よりも君主政がよいと判断したのも、当時のフランスの社会体制を考慮した結果であるにすぎない。共和政を実現するにはあまりにフランスは大きく多様である。共和政よりも君主政が、絶対比較の観点からより発展している、とモンテスキューが示唆したことはまったくない。さらにより明白な事例として、未開民族の民主政がもっとも価値の低い社会であるなどとは、かれはどこにも述べていない。モンテスキューにとっては、未開社会は社会のもっとも古層をなすものであった。あらゆる社会はその古層の上に成り立っているのであり、人間の情念の従う自然法はまさにこの古層に根ざし、しばしばそれが社会の表面に噴出し、社会の変動要因を形成する源泉であるとかれは考えた。

モンテスキューは、「あるべき社会」という観念そのものが、ある時代と文化に特有の思考の習慣にすぎないことをはっきりと認識していた。「あるべき社会」という観念は、一つの絶対的な価値を措定することにほかならない。しかし、モンテスキューにとって社会は、本性と原理によって常に変化するものであり、社会の容量や習俗によって、かくあるべき、という価値も変化する。モンテスキューにとって重要なのは、社会の状態と社会の仕組みがどのような関係にあるときに相対的にもっとも「安定的」であるか、ということであり、現実に社会生活のなかで奉じられている当為の内容とは無関係である。ましてや、それが歴史の進歩の尺度に照らした当為と関係すると考えることは論外であった。これがモンテスキューの社会科学の第一前提であり、だからかれは、『法の精神』においてもはっきりと宣言するのである。「ここでは存在することが述べられているのであって、存在すべきことが述べられているのではない」（EL4-2, 注2、邦訳上巻九三頁）。モンテスキューにあっては、すべてが相対的に比較されるのであり、したがって社会に完全性や絶対性を求めようとする考えは排除される。かれは、もともと不完全な社会のなかで相対的に安定する類型はどれであるかを選択する、という態度を貫こうとしたのである。

モンテスキューは、しばしば「進歩」という近代の「あるべき社会」像の欠如によって、デュルケムをその筆頭とする近代社会学者から、繰り返しマイナスの評価を受けることになる。(32) またかれは、進歩の観念と同時に生まれた、その反面鏡である「デカダンス」の観念が、はじめて強固に根をはってあらわれた思想家として位置づけられることとさえある。(33) しかし、モンテスキュー自身は、歴史の方向性という観念に根拠をおいた歴史観が、精神の存立を危うくすることをすでに見抜いていたのである。そしてそのことは、モンテスキューが自らの作品を「技術」ではなく「科学」であらしめるために、自分の精神を守ろうとしたことの結果に過ぎないといえるのではないだろうか。(34) モンテスキューにとっては、歴史にあらかじめ方向性を予定するという発想は、科学する精神を、かれ自身の言葉を用いればエスプリを、技術におとしめることにほかならなかった。そうであるとするならば、デュルケムはモンテスキューの社会科学にたいする貢献を賞賛し、それを発展させつつ継承しようとしながらも、モンテスキューに進歩の歴史観がないと批判することによって、実は決定的な点でモンテスキューのもっとも危惧した落とし穴に落ち込んでしまったのかもしれない。すくなくとも、モンテスキューの側からは、間違いなくそのような構図が成立していると見えたに相違ない。

ポール・アザールが「分析的精神から苦労して抜け出した感性[35]」と言って高い評価を与えたエスプリとしての理性が、近代がみずからの呪縛であるかのように奉じつづけた「進歩」という社会的当為から自由であったことは、『法の精神』において、モンテスキューが腐敗にかんする議論に多くの枚数をさかなければならなかったという事実によって、証明されている。一例を上げてみよう。かれは『法の精神』のなかで、社会の本性（nature）と原理（principe）という二つの要因を類型化する。本性とは政体すなわち、理性によって構造化される体系である。原理とは情念のあり方であり、その体系に情念が結集するべき「かたち」である。かれの提示した法の三類型は、理性と情念の関係の三類型であるともいうことができる。共和政の構造は徳という情念によって、君主政の構造は名誉という情念によって、専制政の構造は恐怖という情念によって、それぞれ結びついてこそ成立する。そしてかれはこの結びつきを描きながら、同時にこれが崩れさるさまをも描かずにはいられない。腐敗は、政体の構造ではなく政体の動的要因である情念によってもたらされる。「各政体の腐敗は、ほとんどつねにその原理の腐敗にはじまる」（EL8-1, 邦訳上巻二二三頁）、という『法の精神』第八篇の冒頭の言葉は、モンテスキューの態度を象徴的に宣言しているのである。

第二部第一章で論じるが、『法の精神』のなかで、モンテスキューが多くの枚数を腐敗についての議論——権力、自由、財産、奢侈などの配分の維持にあたっての——に費やす必要があったのは、情念が極めて根源的な存在だという認識のためである。アレクサンドロスの征服（EL10-14, 邦訳上巻二七八頁）やゴート族の勢力拡大（EL15-14, 邦訳中巻六九頁）、中国におけるキリスト教の普及の可能性（EL19-18, 邦訳中巻一七二—一七三頁）などの議論において、モンテスキューがしばしば婚姻の形態に言及することにも注目したい。婚姻の形態は、情念の社会的回路の一つにほかならない[36]。アレクサンドロスのように、征服した国の女性たちとの婚姻ほど征服をより強固にするものはない。逆にローマ人は、マケドニアを弱体化させようとして民族間の結婚を禁止した。

これらを要約して言い換えるなら、モンテスキューは、政治の構造における分権と制御のバランス（三権分立）のみを論じているのではなく、本性と原理のバランス、理性と情念のバランスをもその視野にいれている、と言えるのではないだろうか。このことはとりもなおさず、たとえ完璧な考慮の末に成立させた法律があったとしても、社会は法律という形式だけでは完結しないことをモンテスキュー自身が充分認識していたことの、証明でもある。さらにいえば、人間のもつ情念は、その社会的な回路を備えていてもなお腐敗を引き起こすほど、激しい動機となるものだ、との認識があったともいえる。このように考えると、シャルル・エザンマンの指摘[37]、すなわち、モンテスキューにおいては権力のバラバラな「分立」が問題なのではなく、それらの「結合」が問題なのだ、という指摘は、ある意味では的を射ている。しかしモンテスキューが論じようとしたのは、決して権力構造の比較という問題にとどまらなかった。いかなる合理性も情念と結合してこそ力を発揮する。本性と原理が結合できたとき、それは政体の構築へと機能するけれども、情念は永続的に変化しないことはありえない。いずれ情念すなわち政体の原理が、政体の本性にそぐわなくなる場合には、人間はたいてい理性ではなく情念にしたがうものであるから、この同じ原理が社会構造を解体させたり、新しい構造をつくりだしたりするのだ。いずれにしてもどんな場合であれ、情念の拠り所となるものを持つことは「一つの世界共通の習慣」なのである。モンテスキューはこうも言っている。「人間というものはたいへん不幸な生きものだ。いつもかげろうのような望みと馬鹿げた怖れとのあいだを右往左往している。理性に訴えず、いつも心を脅かす怪物とか誘惑しにくる悪魔とを、自分でこしらえている」（LP143, 邦訳下巻一九四頁）。進歩という観念もときとして怪物の顔をしている、と言いたげではないか。

議論を、当為と制度という問題に戻そう。デュルケムの社会学の根拠である集合的表象は、先にも述べたように、論理性と合理性に裏付けられた概念として存在する。それはデュルケムが自然科学を下敷きに社会科学を構想した結果であり、社会科学の客観性の保証を担保するために必要な手続きであった。しかしそのことが、奇妙な結果を生むことになった。客観性を担保するために合理性と論理性を盾として突き進むしかない、という相互硬直的関係から逃れられなくなっていく。デュルケムにとって行為は当為となるべきであり、当為は制度として密接なかかわりを持たなくてはならない。しかも自然科学の法則のように、一度知られてしまった法則は、それを知らなかった時代に戻れないのである。すなわち、ひたすら制度に関する合理性と説得の論理性を発展させていくことのみが進歩する社会のすがたとなり、当為がなくては社会は進歩できないというパラドックスに陥る。しかしデュルケムにとって、その問題はたいして気にならないことだった。というのもある意味で、進歩はイデオロギーであったからである。デュルケムは、モンテスキューが進歩を意に介さないことを、かれが古典的政治哲学の領域を抜け出していないことの証左としている。しかしここにはかなりの誤解が含まれていることは、ここまでの議論で明らかだと思われる。モンテスキューは、社会科学が社会科学たるためには、社会を当為のフィルターを通して見るのではなく、社会の存在そのものを観察することを、おそらくデュルケム以上にその態度のなかに徹底させたにすぎない。進歩のイデオロギーの時代にあって、当為の呪縛から距離を保つだけでも、相当の困難をともなったに違いない。だからこそモンテスキューは、学問の科学としての客観性のためには、自分が「理解されないこと」を覚悟しなければならなかった。これにたいして、デュルケムにとって「相互理解可能性」は客観性の裏づけである。したがって、進歩という社会が奉じる当為に、デュルケムの社会学全体が呪縛されなければならなかったのである。デュルケムは自らの言葉を幾度となく自らに想起する必要があったのだ。

科学は技術と混同されると変質してしまい、科学本来の特性を維持することができない。科学はそうすると何かわからない曖昧なものに堕してしまうのである。……実際私たちが何をするべきか——これが技術の本来の役割であるが——を研究するときはいつでも、際限なく待つだけの余裕はない。私たちは生活をしていかねばならないから、できるだけ早く回答をしなければならない。……それゆえに、私たちは感官に捉えられる諸々の事実を急いで蒐集し、比較し、解釈するのである。一言でいえば、私たちは歩行しながら即興的に科学をつくりあげ、それによって、私たちの意見は根拠を持つようにみえるのである。それはなんと変質したものであることか。それはなんの方法もなく作業を進めているのだ。疑わしい蓋然的結果しか与えてくれず、そうした結果はそれにふさわしい低次の権威しかもたないのである。私たちがそうした蓋然的な結果に従うのは、それが根拠となっていると思われる論議がなんら不確実性の余地を残さないからではなく、それが私たちの内的感情に合致しているからなのである。(38)

人間の情念と行為、行為と当為、当為と制度、というそれぞれ水準の異なる概念が、その本質において、多少の幅はあっても一つの集合的表象のなかに包摂されるという前提に社会学の根幹が依拠している限りにおいて、当為の呪縛から逃れるすべはなく、社会学の自由もない。

5　デュルケムの根本問題

デュルケムによるモンテスキューの業績にたいする誤解は、既述したように何重にも重なりながら、デュルケム社会学の輪郭を縁取るために利用された。そのこと自体は、立場の違う社会学者同士がややもすると陥りがちなことでもある。しかし、この誤解を、たんに誤解として終わらせることができないのは、社会学の根本的な問題に抵触しているからである。

さて、近代以降、社会の根幹をなすとみなされる個人の行為が、目的への関心に比重のかかったものであるか、あるいは価値への関心に比重のかかったものであるかによって、多くの社会学者が相対的にどちらかへ傾斜するかのように思われる。たとえば前者にあたるのは、もちろんデュルケムでありヴェーバーである。後者にあたり、しかもモンテスキューから強く影響を受けた社会学者として、ロジェ・カイヨワ[39]やヴィルフレート・パレート[40]がいる。そしてジンメルは、『社会分化論』を書いた頃は前者に傾き、のちに『生の哲学』を書いた頃は後者に傾き、両極のあいだを動揺しているようである。実は二つの要素はどちらもモンテスキューのなかにあるものである。しかし、ここで認識すべきはそのことではなく、モンテスキューが、葛藤を運命づけられているこの二つをどちらかに統合せず、二つのあいだのバランスをとることこそが、社会という制度をつくるにあたって最も重要なことだ、と考えていたことではないだろうか。モンテスキューのいうバランス（均衡）とは、異なる複数の権力のバランス、具体的にいえばいわゆる「三権のバランス」だけに止まるものでは、決してなかった。理性と情念のバランスでもあり、社会学のいう目的志向と価値志向のバランスのことでもあり、より一般的にいえば、それらの多様な背反するものの均衡であり、そして平衡器としてのエスプリという精神の提言でもある。デュルケムは、社会を構成するにあたって理性の論理構築への希望にたいしてあまりにも大きな期待を寄せすぎたために、情念が人間にたいしてもつ独自の作用に大きな関心をよせていたモンテスキューを見過ごしてしまった、あるいは、評価をあえて避けたのかもしれない。

しかし、デュルケムがモンテスキューにたいして捧げている賛辞そのものの中身に深く依拠するのならば、実は、見過ごしたというにはあまりにも深い問題が横たわっているように感じられる。

前述したようにデュルケムは、モンテスキューの重要な発見として、社会を対象とした「法則」と「類型」の構想を生んだことを真っ先に挙げている。そしてそれが社会科学の誕生に不可欠なものであったことは、否定できない事実である。しかしデュルケムは、この「法則」性と「類型」とが、はたして無前提で両立するものだと考えていたのだろうか。デュルケムが考える「法則」とは、程度の差こそあれ、再現可能性や普遍性を志向するものであるのにたいして、「類型」とは、多様性を前提として成り立つ概念である。そこには歴史の一回性や独自性、さらには、普遍性よりも個別性へと志向するものがある。しかもそれは、現象の外側だけではなく、現象の内的作用についても、同様である。すなわちモンテスキューは、法則性と個別性、ややもすると矛盾しかねないものを両立させる科学としての、社会科学を構想していたにほかならない。そして、エスプリという方法は、そのような相矛盾するものを内包させなければならない社会科学の課題にとって、不可欠な方法的基礎として提起されているのである。にもかかわらず、デュルケムは不思議なほどに、この点についてはいかなるひっかかりも感じている様子はないのである。それほどまでに、論理的概念と法則化のイデオロギー、および進歩のイデオロギーが、モンテスキューの本題を覆い隠してしまったようである。しばしば批判の矢面に立たされる帰納法と演繹法の混在も、どちらかを選び取ることから生じる限界をかれが理解していたからではなかったか。現象AとBとの間に分析的に見てどのような因果連関があったかということをもって理論とする科学観では、かれはむしろ不十分なものを感じていたのではないか。しかしこのことは、類型の元にあるはずの多様な社会の発見が先延ばしにされ、方法論的な解明もされないままに残されてきたといえよう。デュルケムの最初から現在までの長きにわたり、合理的法則や進歩という観念そのものが、その時代特有の集合的表象であるという可能性をほとんど考えないままに、相対化する基盤を求めることができず、社会学の学問的基礎の瑕疵として残り続けたのであり、いまだに解決されていない現代的問題なのである。

この問題はまた、次のような別の視角からも見ることができよう。モンテスキューはたしかに一般に理解されている通り、政体の問題に大きな注意を払った。かれは、人間が政体、すなわちなんらかの類型の政府のもとに置かれざるをえないという事実を認めていた。しかし同時にかれは、人間が、近代的用語を用いるならば国民が、その政府のもとで完全に一枚岩となることなどは、現実には望むべくもないということをきわめて冷静な目で見据えていた。先に習俗にかんしてデュルケムとモンテスキューとの比較のなかで指摘したように、モンテスキューにとっては、人間が習俗のなかで他者との間になんらかの結合や融合を保つことがあったとしても、それは政府という制度がただ一つであるであるような意味で人間を全体へと結合するものではありえない。モンテスキューにとって、習俗は人間の情念に密接なかかわりをもって生まれる共同体であって、政府や制度との間には必ず距離がなければならない。もし習俗に包まれた人間を観念のなかで政体と一体のものと見なすなら、かえって制度の安定性を損ない、政体の円滑な存続を妨げるとさえ認識していた、といえる。これにたいしてデュルケムは、社会はその始原から集合体の習俗を制度として生きていたのであり、集合的表象と制度との間に距離などあるべきではない、と考えていた。デュルケムは、人間一人ひとりを制度のなかに溶け込ませていく場所を社会と考えていたのではないだろうか。デュルケムよりもモンテスキューのほうが、より現代的に思える瞬間があるのは、このためであろう。

以上のような認識が正しいとするならば、人間と政体（政府）との仲介として「社会」という存在を措定することは果たして可能なのだろうか、という重い問題が当然生起することになる。論点を明確にするために、やや誇張した表現を用いるならば、近代社会学は多かれ少なかれ、このような仲介者としての「社会」の発見や主張を暗に自らの使命として課すことによって、学問としての正当性を主張してきた。上記の論述のなかで、デュルケムの目から見たモンテスキューの評価を、同時にデュルケム自身の社会学理論の特徴を逆照射する鏡としても用いてきた。それは決して、デュルケムだけに近代社会学を代表させようとする意図にもとづくものではないが、しかしデュルケムが、かれ以降の近代社会学の核心を体現した中心的人物であることをだれも否定できないだろうからである。いやむしろ、デュルケムがまさに社会の存在の科学的正当性の主張において、ある意味でもっとも均整のとれた社会学者であったことを考慮すれば、上記の相互対比は、たんに社会学におけるモンテスキュー論であるにとどまらず、社会学自身にとっての自己評価ともなっているということが言えるのではないだろうか。

第二部　多様性と相互性――モンテスキューの相対主義

普遍概念の相克を眺めながら、モンテスキューは何を考えていたのだろう。

ボルドーの古い武家貴族の家系に生まれ、十六世紀からあるラ・ブレードの居城で育ったシャルル＝ルイ・ド・ズコンダは、十一歳の時に父の選択によって、古典教育で定評のあったコレージュ・ド・ジュイイに入学する。かれは十九歳でパリに出かけることがあったものの、シャルルの知的素養は基本的にボルドーで身につけられたものである。港町で経済的には豊かだったこの地域は、十八世紀にはグランテアトルが建設されるなど、文化的にも勢いを持っていた。十九世紀以降、三度フランスの首都になったこの都市だが、十七世紀にはすでにパリの中央集権体制にたいして距離をもつ、しかし力のある都市として認知されていたと考えられる。このような環境のなかでモンテスキューは、パリもイギリスもローマも、同じように比較する自由を与えられていたといってよいだろう。かれの精神は、無邪気に世界を飛び回ることができた。しかし無邪気であることは、無知であることとは違う。かれの知的関心は、多様性への好奇心と、比較し分析する活動に集中することになった。そのなかで、第一部で論じたような普遍概念のもつ運命——その誤謬と限界——に気がつくのは、むしろ自然なことであっただろう。

モンテスキューは、普遍概念の陥穽に気づくや、それを回避するだけではなく、普遍概念が不能となる世界への接近の方法を考えはじめた。ただしかれは、表立って普遍概念を攻撃することはなかった。それもまた多様性の一つだからである。しかし普遍概念の生みだす陥穽については、持ち前のウィットに富む表現で皮肉を言うことに手を抜くことはなかった。普遍概念の暴力性を一人ひとりの実感のなかに感じとらせることこそ、かれにとっては普遍概念への最も有効な対抗手段だったのである。さらに多様性を愛し守るためには、普遍主義的な言説を攻撃するのではなく、多様性のある社会構想を描いて見せることのほうがよほど実のあることだ、と考えていたにちがいない。

しかし、第二部を通じて論じるように、この努力は困難を極める。それでもかれは逃げることなく困難を乗り越える努力をし続ける。この努力の軌跡をたどることは、かれの思索の方法を論じることに繋がるであろう。

さらにモンテスキューは、精神のなかで、また旅のなかで、広い世界を知ることになるのだが、そこで目の当たりにする限りない多様性はもちろん、それら一つひとつの変化の流動性にたいしても、つねにその知的視点を失うことがない。その視点は、決して固定的な定点を持つことはないにもかかわらず、現象に振り回されることがない。つまり、知的活動の場所は必要だがそれに縛られず、好奇心は跳ねまわるが拡散はしない。そのようなモンテスキューの相対主義とは、未知なるものへの休むことのない知的活動をともないながら、他者との相互性をとり結び、長い迂回路をたどりようやく社会的な恩恵となることができる。世界の多様性と、多様性を結びつける相互性。かれの相対主義を特徴づけるこのダイナミクスは、そのまま、「社会」とは何かをあらためて私たちに問い直すことに繋がっていくはずである。

これらが第二部で論じられることである。

第一章　社会は分裂していなければならない

1　分裂し、かつ多様な社会をあつかうこと

モンテスキューの言葉をたどると、かれが分裂・分立、多様性・多元性につねに言及しているのが印象的である。かの有名な三権分立の理念については、近代民主主義国家の権力様式の基本構造として広く理解されているが、しかしそれは実際には、かれの著作の一部で触れられていることにすぎない。著作全体を見わたすと三権分立にとどまることなく、世界そのものが多様で分裂していること、そしてそれらが互いに牽制しあいながら関係性をつくりあげること、その一つひとつのダイナミックな関係の重層性がいかに貴重であるか、がいたるところで論じられている。多様性・多元性が、かれにとって社会の基本的な姿であった。これは『法の精神』の要所で繰り返し宣言されていることでもある。

「いくつかのもの、すなわち、風土、宗教、諸々の法律、政体の格律、過去の事例、習俗、生活様式が、人間を支配している。その結果、そこから一般精神が形成されるのである」（EL19-4, 邦訳中巻一五八頁）。「土地の質、位置、大きさに、農耕民族、狩猟民族、遊牧民族といった生活様式」、「住民の宗教に、その性向に、その富に、その数に、その商業に、その習俗に、その生活態度」のすべてが互いに関係性をもつのが、「法」であることを宣言している（EL1-3, 邦訳上巻四九頁）。これらのすべての関係性を取り結ぶものが「法の精神」であるのだが、考えうるあらゆるもの、あまりにも多くの質の異なるさまざまな要素が取り上げられていることに、私たちはた

いてい戸惑う。「これらの関係のすべてが全体として法の精神と呼ばれるものを形成する」（EL1-3, 邦訳上巻四九頁）という基本的な観念の提示につづけて、「（世界の一つひとつの物体や運動の）それぞれの多様性は一様なのであり、それぞれの変化こそ常なるものである」（EL1-1, 邦訳上巻四〇―四一頁）と述べる。そしてまた、法は「その作られた目的たる人民に固有のものであるべきで、一国民の法律が他国民にも適合しうるなどということは全くの偶然である」（EL1-3, 邦訳上巻四八頁）とも書き添えている。法は、具体的には、変動し続ける個別的な関係性の全体、ということである。

これはほとんどの読者にとって、モンテスキューの「法」なるものをきわめて想像しにくいものにしている。素直にこれを受け止めると、法というものの対象も、法という観念を論じる立ち位置も、いったいどこに見いだせばよいのか、という迷路に迷い込んだような気分になる。すべてが絶対ではなく、相対的であり、かつ常に変化するものについて、私たちはいかに議論できるのだろうか。しかしこれこそ、かれが「法」ではなく「法の精神」を論じなければならなかった根源的な理由であった。法とは法律の条文のことではなく、「事物の本性」（la nature des choses）に由来する必然的な関係である」（EL1-1, 邦訳上巻三九頁）とあるように、「関係性」のことを示している。多様性や分裂と変化が常態である世界においては、何が永続的で普遍的であるかを考えるのではなく、つねに新しい変化に生起するあらゆるものが、どのような関係性をもつか、ということを考えるしかない。関係性そのものは必ず存在する――なぜなら、社会は存在しているからである。したがって、多様性と変化を前提とした社会をどのようにつくる／維持するのか、それを可能にする社会的条件とは何か、という、社会学にとってはきわめて身近な問いを、モンテスキューはすでに十八世紀の前半に考えていたのだといって間違いない。むしろモンテスキューの提起する権力分立論ないし法というのは、種類や質の違うものが無限にちりばめられたこの世界の、そもそものこの世界の多様なる姿を守るための方法として、私たちに提案されているのだといってもよい。

モンテスキューの作品のなかのこの無限に偏在する雑多な多様性は、しばしばモンテスキューの混乱のあらわれとして受け止められてきた。たとえばパスカルは、普遍的な「自然法というものは疑いなく存在する。しかしこのみごとに腐敗した理性はすべてを腐敗させてしまった」という。そして法の多様性は、普遍的な正義が無力あるいは不在であることをあらわし、これは「人間の気まぐれがあまりにもうまく多様化した結果」であると論じる。[1] モンテーニュもまた、「無限の多様性と分裂のほかに、私たちの判断が私たちに与える混乱によっても、各人が自分のうちに感じる不確実性などによっても、私たちの判断は極めて不安定な状態に置かれる」と、多様性にたいする警戒を忘れない。さらに、「いかに異なる意見と理由、いかに相反する思想が、私たちの情念の多様性によって示されることであろう。……かくも不安定で変化にさらされているものに、いかなる確信をもつことができようか[2]」とも言う。いずれも、この混乱と変化にまどわされることなく、理性は不変の真実の発見へといそしまなければならないと考えられている。そしてこれは、この二人だけのことではなく、西洋哲学の歴史のなかでも主流をなす考え方にほかならない。

しかしこの多様性に対する態度に、モンテスキューはこう一石を投じるのである。目の前に広がる世界は、あまりにも具体的かつ多様性に満ちている。これを引き受けることなしに、人間にたいする現実的な寄与など、まならないではないか。「法は、制定の目的である人民にふさわしいものでなければならない。もしも一国民の法が他の国民にも適合しうるなら、それはまったく偶然の仕業である」（EL1-3, 邦訳上巻四八頁）と、『法の精神』の冒頭で、宣言するのである。

モンテスキューにとって多様性はかれの自然観の中心的なものだった。川出良枝は次のように述べる。

モンテスキューにとって多様性は決して非合理的なものではない。法律や習慣が多様であり相対的なものであるということとそのこと自体のなかに、モンテスキューは確固とした合理性と必然性を見出そうとする。

モンテスキューが多様な細部を全体と関連づけて捉えたとき、細部の多様性は犠牲にされるどころか、むしろあらゆる些細な部分も有意味なものとしてモンテスキューの視座に捉えられるのである(3)。

モンテスキューは、法の精神が多様性を含めば含むほど、自由な社会であることの証左である、と考えていたのだ。しかし、自然と自由についての議論はもう少し先に延ばそう。この章では、分裂あるいは多様性、多元性の意味をモンテスキューがどれほど自身の関心の中心においていたか、を明らかにしていくことにする。

2　分裂は社会的繁栄の条件である

モンテスキューの重要な著作の一つである『ローマ人盛衰原因論』をはじめとして、歴史分析におけるかれの著作は、取り扱う事象の選択根拠や事実理解に疑問や誤謬があるとされ、歴史家たちからはあまり評価されてこなかった(4)。しかしモンテスキューはローマの実像を記述すること以上に、さまざまな人民が関わり合いながら一つの国家として成立する社会の、社会に内在する運動を記述する意図を持っていたことを考えると、実証史家たちのこのような評価だけで、かれのこの作品群のすべてを葬り去るのは、かなり問題であるように思われる。というのも、モンテスキューはこの著作において、そもそも歴史変容の分析を行なおうとしていたわけではないと考えられるからである。すなわちかれはこの本を通して、最終的には『法の精神』において開陳されることになる法にかんするモンテスキュー自身の理論が、歴史のなかで実際に機能していくさまをあぶり出して描くことによって読者を説得したかったのだ、と考えられるのである。

もちろん、十七－十八世紀の知識人にとってローマを論じることは珍しいことではない。封建君主の並び立つヨーロッパのなかで、共和国が、君主国家が、どのように維持され繁栄しうるのかという問題は、サロンの話題として人気があったし、多くの著作が書かれている。モンテスキュー自身も、しばしばヨーロッパ最後の古典学者だといわれるように、ローマを含むヨーロッパへの長い旅行を終えたのちに、ヨーロッパにとってつねに重要なテーマでありつづけた「ローマ」の検討に、正面から取り組むことになった。しかし、モンテスキューは『ローマ人盛衰原因論』のなかで、自分の本と他のローマ分析の著作との違いについて、言い換えれば自身の著作の意義について、以下のように語っている。

数々の書物には、ローマを滅ぼした分裂についてだけしか語られていない。だが、それらの分裂が必然であったこと、それらの分裂が常に存在していたし、また常に存在するべきであったことは、あきらかにされていない。……ローマには分裂がなくてはならなかった、といえるであろう。(CR9, 邦訳一〇二頁)

社会のなかに存在する分裂すなわち多様性を、必然的に社会の滅亡の要因になると考えがちであった当時の大部分のローマ史分析の著作群にたいして、かれは異議を申し立てているのである。かれの『ローマ人盛衰原因論』のなかでは、実際、分裂がローマの繁栄をもたらし、同一化や強権化が衰退を結果していく。モンテスキューにとってローマ史は、かれの思想の根幹をなす概念、つまり社会のなかの分裂と多様性という主題を、じつに象徴的に歴史のなかに記してくれている重要な材料であった。これは基本的に、生涯モンテスキューが持ち続けたテーマなのである。

モンテスキューは、ローマの共和政を常に念頭においていた。そして、「ローマ人の一貫した原則は、分割することであった」(CR6, 邦訳七四頁)。

ローマ人は、「誓いを遵守することにかけては世界一信仰心の強い」人々であり、大胆勇敢で、戦争における功績はだれでも賞讃され得るものとした。この共和国では、財産や戦利品は共有物とされ、戦争における名誉によってのみ権力に接近できるという制度をもつが、この制度によってローマ人は「利害感情によっては動かされず」「自尊心によって野心的な」兵士へと洗練されていく。このように共和国の制度はローマ人が生来もつ習俗を、国家にふさわしい形としてますます洗練させていくことになるが、この関係のありようをモンテスキューは克明に論証する。ローマ共和政の隆盛期は、モンテスキューにとって、政体のあるべき理想をかなりの程度まで表現していたし、自身の理念を説明するための恰好の事象であったともいえるだろう。

かれはローマの共和政について、「ローマの政治は、その誕生以来、人民の精神（l'esprit du peuple）、元老院の力、あるいは何人かの政務官の権威によって、その国家構造が権力のあらゆる濫用を常に是正できるような働きを保っていた点において、素晴らしいものであった」（CR8, 邦訳九五頁）と言う。共和国のなかにさまざまな質の異なる職業や権力・権威が存在していながら、それらがみな共和政への愛によって結ばれ、どの部分も分割された一部であることによって、統治のメカニズムそのものが全体として保たれていることに、かれは言及しているのである。

また、イタリア諸民族が分裂を内包しているために、つねに戦いの緊張から逃れられず、勝利しても堕落することなく、誇り高くありつづける気質が保たれたことこそ、ローマの強大化の理由である、とモンテスキューは主張する。「ローマ人にあっては脱走はまずありえない。誇り高く、自尊心に満ち、命令することに自信を持つ人々のなかから選ばれた兵士たちは、ローマ人をやめることなど考える余地がなかった」（CR2, 邦訳二九頁）。言い換えるならば、政体の原理（principe）が活発にはたらきつづける条件こそ、このイタリアの多様性と分裂であったといえるのだ。

モンテスキューによれば、イタリアの分裂が結果的に社会の凝集力を最大にしたことの他に、ローマ人を隆盛させた理由が、もう一つあった。それは、ローマ人が征服民族たちに対して行なった征服と統治の方法である。

征服にあたってローマ人は、被征服民の習俗を時間をかけてゆっくりと侵食していくことをめざしていた。モンテスキューはこの例を多く提示している。ローマは被征服国に強権的な服従を強いるのではなく、ある程度の自由を認める一方、被征服国のなかに必ずある分裂をつくらせた。

「ローマ人はいくつかの都市に自由を認めたとき、そこにまず二つの党派を生じさせた。一方は、その国の法律と自由を守った。他方は、ローマ人の意志以外に法律はないという立場をとった。そして後者がつねに最強の党派であったから、そのような自由が名だけのものであることは十分にあきらかである」(CR6, 邦訳七二頁)。しかしこのような状況をつくるのに必要とされたのは、被征服者たちの「習俗」を「ゆっくりと弱めていくこと」の大切さだったのである。

ここでローマ人のとった行動によく注意するよう、読者にお願いしたい、アンティオコスを敗北させた後、かれらはアフリカ、アジア、ギリシャの支配者となったが、それらの地でほとんどの都市を占有しなかった。かれらは与えるために征服したにすぎないように思われる。……あらゆる国民を従属国民として扱えるようになるまでには、それらの国民が自由国民として、また同盟国民として服従することに慣れ、ローマ共和国のなかに徐々に溶け込んでくるのを待たなければならなかった。……これが支配へのゆっくりとしたやり方であった。一つの民族を征服すると、かれらを弱めることで満足する。ただかれらを知らずしらずのうちに侵食していくような条件を押し付ける。……こうして、ローマは、本来的には王国でも共和国でもなく、世界の全民族から構成された身体の頭部であった。……あらゆる民族に、自分の法律や慣習を押し付けようとするのは、征服者の愚行である。それには良いことはなにもない。というのは、どのような統治形態の下でも服従させることはできるからである。ローマはどんな一般的法律(lois générales)をも課さなかったので、諸民族はたがいに危険な結合を企てることもなかった。彼らは共通の服従によってのみ一つの団体をなして

いた。彼らは互いに同胞でないにもかかわらず、すべてローマ人であった。(CR6, 邦訳七九―八一頁)

また、「ある民族が、自然によりあるいはその制度により、なにか特殊な利点をもっていると知ると、かれらローマ人はそれを採用した」(CR2, 邦訳三〇頁)。このような時間をかけたゆっくりとした征服が、征服した側とされた側との間に、相互的な関係性の構築を可能にした。

このゆっくりとした征服は、社会のなかの多様性とその分裂を守り、状況に応じてつくりだし、より良いものの摂取も穏やかに達成し、やがて徐々に移行することを可能にした。たとえば異なる複数の習俗を支配しようとするとき、支配者は被支配者の習俗の変更を最小限にとどめつつ支配する方法をとるのが賢明である。強権によって変更を押しつけるとき、人心の激しい反発はまぬがれず、いずれ反逆を準備させることになるからである。一方、人々の自然な交流や結婚などを推し進め、時間をかけてゆっくりと習俗の変更を進めるやり方ほど確実に支配に成功する方法はない。世界のなかにひしめき合いながら存在する異質なものの間に、できるだけ多数の調整器なるものを用意しておくことだ。そうしてローマは、多様性を結びつけることによって全体を繁栄させる道を歩むことができた。このことを、モンテスキューは説得的に指摘している。

しかしやがて、繁栄は陰り、崩壊の時代が近づいてくる。

「河流が、ゆっくりとそして音もなく、それに対する堤防を浸食し、最後には一瞬のうちに堤防を崩壊させて、それによって守られている平野を覆ってしまうのと同じように、主権的権力は、アウグストゥスの下では気づかれることなく活動していたが、ティベリウスの下で、暴力的に破壊作用を起こした」(CR14, 邦訳一五〇頁)。

こうして、ローマ共和政もやがて衰退することになる。

ローマの法律は公共の権力を非常に多くの政務官の間に巧みに分割していた。かれら政務官はたがいに支持し、抑制し、緩和し合った。そして政務官には制限的権力しか与えられていなかったので、どの公民がどの官職に就いてもうまくいった。人民は、数多くの人物が次から次へと通りすぎるのを見てはいるが、そのうちのだれとも親しむことはなかった。しかしこのころになって、共和国の体制に変化が生じた。最有力者たちは人民の支持を得て、自分で特別な権能を担うようになった。このために、人民の権威も政務官の権威も無に帰し、あらゆる重大な事柄が、一人あるいはほんのわずかの人間の手にゆだねられるにいたった。（CR11, 邦訳二四―二五頁）

共和政の原理は国家への共通の道徳的精神に基づくものであったが、ローマがアルプスを越え海を渡る規模にまで拡大した時、この原理を維持できる限界を超えてしまったのである。ローマは、かつて市民全員が同じ精神、自由への愛を共有していたが、いまやローマから遠く離れ、ローマを距離をもって眺めることのできる諸民族にあっては、ローマから派遣された軍人にとってさえ、ローマ市民であることは現実感を伴わない擬制にすぎなくなった。それまでは、ローマの内部に常に存在していた諸民族の分裂は、ローマの精神を腐敗させずに維持し、さらに強力な精神へと洗練させることにおおいに役立っていたのだが、共和政の原理が失われてしまうと、今度はまさに分裂がそのまま政体の崩壊を意味することになったのである。モンテスキューは言う。

よい法律（les lois bonnes）と適切な法律（les lois convenables）との間には大きな違いがある。ある民族をほかの民族の支配者とする法律と、支配者となったのちにその権力を維持させる法律との違いである。（CR9, 邦訳一〇三―一〇四頁）

もはやローマは、適切な法律を求めるべき時であった。幸いその時のローマにはまだ、自らの政体を変更する力が残されていた。ローマのすべての市民道徳が腐敗してもなお、戦争に長けていることが昇進の唯一の道であるという制度によって、まだ兵士たちの徳だけは維持されていたからである。こうして、ローマは帝政に移行する。

専制体制を確立したアウグゥトゥスは、帝政ローマにあって最も兵士たちから愛された皇帝であったという。(4)この虚弱体質の皇帝が愛されたのは、すでに勇気や大胆さというかつてローマをまとめていた価値が疲弊していたことを物語る。しかし、アウグストゥスは狡滑な支配者でもあった。かれは、人間の習俗のもつ政治的意味を、充分に認識していた。アウグストゥスは奴隷から自由民への解放に厳しい制限を設けるとともに、植民地に他の土地の出身の奴隷たちを送り込み、習俗を剝ぎとるとともにローマに忠誠を誓わせた。「全世界にわたる人間の循環が生じた。ローマはかれらを奴隷として受け取り、ローマ人として解放したのである」（CR13, 邦訳一四六頁）。アウグストゥスののち、暴君や愚帝と呼ばれる皇帝も出たが、ローマは皇帝一人の人格によって揺らぐほどの小国ではなかった。(5)無能な皇帝であれ、その愚かさゆえに人々から愛される場合もあったのだ。しかし皇帝の素質よりもはるかにローマの致命傷になったのは、所領主や諸民族からの脅威や、またローマ自らの兵士たちの不満さえも、金銭によって統治しようとしはじめたことであった。「平和を金で買い取ることは決してできない。なぜなら平和を売りつけた者は、それを売り続けるしかないからだ」（CR18, 邦訳二〇二頁）。かつて利害を超越することが市民たる原則であったローマは、いまやまったく逆の法則を採ることになり、これによって急速に失墜していくことになる。

金銭は、ローマを最後まで維持し存立させていた軍事技術を売買の対象とし、戦士における徳をことごとく交換可能な水準へと引き下ろし、ついに破壊した。「腐敗が軍隊自体のなかに浸透したとき、ローマはあらゆる民族の餌食となった」（CR18, 邦訳二〇七頁）。金によって政体は維持できない、というとき、財政的な破綻という要因だけをモンテスキューは考えていたのではない。金は、政体の原理を腐敗させる要因にはなり得ても、原理そのものにはなり得ない。すなわち、誰からもらったものであろうと金銭は同じものであるから、ある特定の君主の立つ機構を支える根拠たり得ないどころか、逆にその根拠を揺るがすものなのだ。金は、さまざまな多様性を、一つの物差しのもとで交換可能なものの世界に集約してしまい、それは道徳や信頼をも巻き込み、同質化、一体化してしまう。

さらに金銭とともにローマの失墜に拍車をかけたのは、モンテスキューによれば、キリスト教であった。ローマ的道徳ないし帝国を覆う共通の価値が失われるのと同時に、それに代わる価値体系となったのは、キリスト教であった。しかし、とモンテスキューは言う。「宗教の繁栄は帝国の繁栄とは異なる。ある有名な著述家は、病気であるのは実に満足すべきことだ、なぜなら病気こそキリスト教徒の真の状態だからである、と述べた。同様にこう言うことができる。教会の屈辱、分裂、破壊、殉教者の迫害こそ、宗教の栄光の時代である。そして世俗的に勝利している時は、通常その衰退の時代である」(CR22, 邦訳二四三―二四四頁)。世俗権力と癒着したキリスト教は、君主の政治意欲を喪失させ、諸君主間で、または君主に駆逐された聖職者の正統性をめぐって、紛争をあちこちで噴出させた。また異端に対する禁制は新たな異端を生む結果となる。このような事態を挙げながら、「名誉を重んじすぎる学校を作っておいて、決闘を禁止することができないのと同様に、神学の煩瑣な論争や紛争に目と耳を奪われていては、その決着をつけることはできない」(CR22, 邦訳二五四頁)、とモンテスキューは言う。そしてすべての政治権力が宗教的不寛容の攻めぎ合いに終始してしまう状態を、政体の崩壊した状態であるとする認識をしめす。モンテスキューは、アナスタシオスからコムネノスにいたるギリシャ人の東ローマ皇帝をさして次のように言う。「ギリシャ人の不幸のもっとも根深い原因は、彼らが教会権力と世俗権力の性質と限界を認識しなかったところにある」(CR22, 邦訳二五六頁)。宗教とは、人間の心のよりどころを求めるものであり、政治は制度を目指すものであり、この二つは、その根源から本質を異にするものである。この二つが直接結び付き融合することはモンテスキューにとってはありえないことであった。「人々の安寧をもたらすこの重大な区別は、宗教に限ったことではなく、理性と自然とに基づくものである。そして実際に異質なものであり、また異質なものであるということにおいてしか有効でありえないものである理性と自然とは、決して混同されてはならない」(CR22, 邦訳二五六頁)。

帝国の拡大がもたらした為政者の抽象化とそれにともなう金銭とキリスト教は、異質なものの満ち溢れる世界を、直接一つに融合してしまった点で共通しているのである。こうした分裂と多様性の消失にいたる道のりのなかで、ローマは徐々に衰退せざるをえなかった、とモンテスキューは指摘する。

ここからモンテスキューが「進歩」の観念を持たない理由がわかる。第一部第四章ですでに述べたように、人間性の進歩をモンテスキューは見過ごしたというデュルケムの批判などのために、かれはしばしば近代の社会学者からマイナスの評価を受けることになる。進歩の観念が欠けているがゆえにデカダンスの思想家である、として思想史上に位置づけられることもある。しかしこのような把握は、モンテスキューの一面は捉えて全体を見ていない点で、十分とはいえない。社会の絶対的な理想状態を普遍的なものとして考える思考スタイルを、モンテスキューは採らない。モンテスキューにとって重要なのは、社会の多様性がどれほど保たれているか、かつ多様性のそれぞれの間に相互的関係性が活発に働いているかどうか、であった。進歩という観念にははっきりとした方向性があるが、モンテスキューの社会像は、人間が社会の進む方向に添った価値尺度を決めようとする思考方法には馴染まない。社会の多様性とその相互作用によって何がもたらされるのかは、はじめから人間の予想を超えている。しかし外に開かれた多様性を人間が社会を把握する方法のなかに取り込もうとするところが、モンテスキューの特徴であり強味でもある。変動の激しい社会をとらえようとする方法を、モンテスキューは戦略的に選んでいたのであり、かれが「進歩の観念を見落とした」などという批判は、まったく的を射たものとはいえない。

3　境界と相互性の消失――腐敗が意味するもの

モンテスキューの語る「法の精神」が、当然ながら法律をつくる方法や考え方を示していることは否定できないこととはいえ、逆説的なことではあるが、かれはどこか法律の条文そのものはあまり重要なものではないと考えている。たとえば、「国家がその原理を少しも失っていないときは、良くない法律というものはほとんど存在しない」(EL8-11, 邦訳上巻二三七頁) といった記述からは、かれが法律そのものよりも原理のほうを関心の中心においていたことが想像できよう。また別のところでは、「政体の原理がひとたび腐敗するときには、最良の法律も悪しき法律となり、国家に敵対する。その原理が健全であるときには、悪しき法律も良き法律の効果をもつ。原理の力がすべてを導くのである。……国家がその原理を失っていないときは、良くない法律というのはほとんど存在しない」(EL8-11, 邦訳上巻二三五頁) とも言っている。

分裂こそが各部分の相互的関係性を可能にするのであり、つねに他なるものへの想像力を必要とし、自分への過剰な想像力――驕り――が抑制される環境が整っているという意味で重要なのであり、相互作用の活性化は社会的繁栄につながるのである。このように考えていたモンテスキューにとって、当然ながらあるべき多様性や分裂が消失することへの危機意識はあったはずである。主著『法の精神』において、多様なもの間の相互性へのモンテスキューの関心は、腐敗への警戒として具体的にあらわれる。

政体の本性。これは『法の精神』のなかのあまりに有名な装置である。周知のことではあるが、共和政 (民主政・貴族政) /君主政/専制政の政体の本性 (nature) とは、言い換えれば制度の基本構造のことを意味しているが、これは社会のなかに備わっている多様性をどう社会のなかに配置するか、という問いへの三つの型といってよい。

たとえば民主政は、多様なる人民が全体として最高権力者となる形であり、だからこそそれを一つの社会として成立させるためには、選挙制度、投票権、役人の選出、などの制度が必要とされる。貴族政は権力が一定数の人々（貴族）の手にある体制であるが、ここでは「すべての役職において、その権力の強大さは人気の短さによって調整すべきである」、「最良の貴族政とは、人民のうちで権力に全く参与しない部分が非常に小さく、また非常に貧しいために、支配者からの圧迫にも関心を示さないような政体である」（EL2-3, 邦訳上巻六三頁）と言う。これらの記述もまた、社会的多様性ができるだけ固定化せず、広がりのあるものであることが、本性を維持していく場合に必要とされている。また、君主政は、一人の君主と、「中間的、従属的、依存的な諸権力（貴族の権力）」があることがその本性である。ヒエラルヒーという不平等が厚く権力をとりまき、かつスペクトルのように多様に存在することが制度の根幹をなす。多様性のなかに身分の多様性も含まれる形で、社会構築が求められるのである。専制政においては、一人がすべてでほかのすべての人間は無である、という政体である。これは多様性や分裂への配慮がはじめから放逐されているという意味で、モンテスキューにとっては非難の対象となる。「専制政の原理はたえず腐敗する。「本性上腐敗している」というのは、そもそもこのような多様性も相互性も許さないことそのもの──二三五頁）。「本性上腐敗している」というのは、そもそもこのような多様性も相互性も許さないことそのものが、自然（nature）に反しているという確信があるからである。これについては第二部三章の自然概念の章でまた議論することにする。

さて、このそれぞれの政体の本性のなかに存在する多様性が、社会の破壊にではなく、社会の安定と繁栄へと結果していくために、もう一つの重要な概念「原理」が持ち出される。原理は、多様性のある部分のあいだの連結の論理であり、異質なものの間の関係構築のメカニズムのことである。これがなければ、そもそもいかなるレベルの集団も社会も成り立たない。モンテスキューの考える社会性（sociabilité）の内容がここにあるといってよい。かれの言葉によれば、これは社会の「力」であり「バネ」である（EL8-5, 邦訳上巻二二九頁）。社会のバネのありようはもちろん、本性に対応するかたちで原理の特性として論じられていく。周知のように、共和政には徳が、君主制には名誉が、専制政には恐怖が、これに対応している。

さてそれぞれの政体はいったいなぜ、どのように腐敗してしまうのか。『法の精神』のなかでは、この腐敗についての議論にモンテスキューはかなり多くの記述をおこなっている。

民主政の腐敗として、まず、金銭的腐敗があげられている。「金銭に愛着を感じるが、公務には愛着を感じない。統治についても関心がなく、人々は静かに自分の給料を待つだけである」(EL2-2, 邦訳上巻五八頁)。平等な関係性を基礎に徳によって結びつくのが民主政の原理だが、金銭という尺度の力は、金銭以外の好奇心を奪い、人間の感じとる平等の感覚や人々の間にひろがる相互性の感覚を、すべて金銭的比較へと集約する。さらに金銭上の比較は「極端な平等」への意識を先鋭化し、各人の関係性や相互性を機能不全にし、ついには原理を失わせてしまうという危険がある。

> 民主政は人が平等の精神を失うときのみならず、極端な平等の精神を持ち、各人が自分に命令するものとして選んだ人たちと平等でありたいと欲するときにも腐敗する。その場合には人民がみずから委託した権力にすら我慢ができず、すべてを自分自身がおこなおうとする。みなが元老院の代わりに審議し、役職者に代わって執行し、裁判官にも取って代わろうとするのである。……そうなると、互いが互いにたいする尊敬と共感を維持できなくなり、……ついには徳は存在しなくなるだろう。(EL8-2, 邦訳上巻二一三頁)

貴族政の腐敗は、貴族の権力が恣意的になる場合、および貴族が世襲的になる場合におこる。いずれも委託された権力への根拠を忘れた状態であり、共和国に必要とされる徳が存在し得ないという。安定した権力者となった貴族は節度を持つ必要がなく、無関心や怠惰から免れることができないだろう。こうなるとやがて寡頭政から専制政へと移行する。ここでも人々の相互性を不能にさせることにたいする警戒が貫かれている。

君主政の腐敗は、君主が多様性のある権力のヒエラルキーを無視して自分の下に集約しようとするところにはじまる。そこでは名誉が隷従に代わる。「君主政国家は人が諸団体の特典あるいは諸都市の特権をしだいに奪うときに腐敗する」。「君公が万事をただ自分だけに関係させ、国家を自分の首都へ、首都を自分の宮廷へ、宮廷を自分の一身へと呼び寄せるときに消滅する」(EL8-6、邦訳上巻二三二頁)。また、名誉と利権のあいだに矛盾が生じて名誉の制度に不信感が募るときに腐敗する。

専制政の腐敗については、恐怖の原理がすでに他者との関係性や相互性そのものを否定しているのであり、さらにこれが腐敗するということは、想像しにくい。恐怖が揺らげば直ちに専制政は成立し得ないからである。この原理の腐敗もまた、やがて専制政へ移行するのである。

の専制政の暴力がほとんど人間の世界を死にいたらしめてしまうことを、モンテスキューは次のように述べる。「ヨーロッパの国民の大部分は今でもなお習俗によって統治されている。しかし長期にわたる権力の濫用や大征服によって、専制政治がある程度まで確立されるならば、これに耐える習俗も風土も存在しないであろう」(EL8-8、邦訳上巻二三三頁)。ここまでいくと、いかに政体が維持されているとはいっても、これは死体の統合としての専制政とでもいうべきなのだ。さて、モンテスキューにおける腐敗というテーマを整理すると、政体の本性のなかに内在している多様性を単純化したり同一化したり、いずれも多様性を喪失させることと不可分なものとして、論じられていることがわかる。その多様性が、フラットで平等にちかいものであろうと、ヒエラルキー的であろうと、おそらくかれにとってはあまり大きな問題ではないのである。いずれにしても社会は異質で多様なものの集積によって成り立っているので、単純な平等というものは、そもそもありえないのであるから。多様性と相互性が両方とも成り立っていなければ、社会はあるべきかたちで存在し得ない。その両方をともに生かすものが「原理」であり、社会にとって根源的な役割を果たす。そして原理が腐敗すれば、社会の力もバネも失われ、多様性は社会の破壊に直結するか、あるいは社会の破壊を阻止するために強権が発動されるしかない。それが自然の結果として現われざるを得ないのである。かれのこの立場からのものの見方は、あらゆるものにたいして適用される。

多様性と相互性がある状態こそそこに社会が現われるというモンテスキューの考え方は、「権力の抑制、それを実現する制限政体が望ましい」と常に主張する根本的理由である。もう少し焦点を引いてみるなら、社会性を圧死させてしまうあらゆるものにたいする批判は、政体にかんしてのみ語られるわけではない。

『法の精神』では、「体制の腐敗」の節のなかに「人民の腐敗」という小節が置かれている。ここでかれが指摘するのは、成功に付随する傲慢さ、羨望と嫉妬、その結果もたらされる敵愾心である。またそのほかの節からもう一つ挙げるとすれば、豊かさと安逸のなかで怠惰がはぐくまれることである。そこでは為政者をふくむあらゆる人民の心に巣くう危険について指摘されている。これらは、人の心のすべてを一色に染め上げてしまいがちな専制的で激しい感情、あるいは、他との関係性を結ぼうとするエネルギーの消失を意味する。心の内部にまでモンテスキューは注意を払う。

たとえば小説『グニードの寺院』でも同様の主題を扱っている。ここに登場する主人公の「私」は、美しいテミールとの恋愛に胸を焦がしている。テミールに愛されていることが確信できない私は、やがてテミールの裏切りの幻想に悩まされ、嫉妬と悲しみの感情に呑み込まれ狂乱してしまい、そのあと、激しい独占欲に衝き動かされるのだ。しかし最後に独占欲は拒否される。モンテスキューにとって美しい恋愛とは、恋人と一心同体になることではなく、恋人と異心異体として相互の交感が存在することなのだ。

放蕩よりも恋愛が優れている点は、快楽に多様性があるからである。あらゆる思想、あらゆる嗜好、あらゆる感性が、相互的となる。恋愛において人は二つの肉体と二つの魂を持つ。放蕩においては二人は一つの魂をもち、やがてその魂は自分自身の肉体に倦怠をさえ覚える。(6)

国家の政治から人の心のなかの感情まで、いずれの水準においても、多様性がそこに存在することやそのなかでこそ感じられる歓喜が、かれの関心の中心である。力への傾斜や激しい感情に身を任せることは、しばしば人が陥りやすいものであり、人間の本性を失わせる陥穽でもあることについて、かれはさまざまな著作のなかで注意を喚起しているとのみ、ここでは指摘しておこう。

4 不協和音に満ちていない平和などない

原理に何よりも価値をおくモンテスキューは、反乱の権利を認める。

原理の腐敗を阻止する可能性のあるものにたいして、モンテスキューは価値を認める。かれはクレタ人を例に出し、かれらの反乱の権利は共和政の精神を破壊することがなかった、と述べる。「クレタ人は子に対する母の愛を言いあらわす言葉で、祖国を呼んでいた。ところで祖国への愛はすべてを矯正するものである」(EL8-11, 邦訳上巻二二六頁)。かれらは反乱によって、権力者の違法行為をただし、その結果として共和国の原理を維持しようとするのである。またかれは貴族政の腐敗を論じながら、以下のようにも付け加える。「法律が、貴族をして命令することの無上の喜びよりも、その危険と労苦とを多く感じさせるようなものであるならば、また、国家が、何か脅威を感ずべきものを持ちながら、安全は内からきて不安は外からくるというような状況にあるならば、貴族政はその原理の力を維持することができる」(EL8-5, 邦訳上巻二二九頁)。

多様性やそこに生じる不調和を、解消しようとはせず、むしろ守りながら、それらを結びつけてこそ社会がつくられるという考えは、想像することも現実に適用することも、簡単なことではない。それは安楽ではなく、労苦や苦悩を抱え込むことを前提とする。しかしモンテスキューにとっては、その緊張感をもって精神を整えることこそ、原理を支えることなのである。社会にとっても人間にとっても、異質なものとともに在るための苦労や困難を引きうけることが、社会を形成するために必要とされているといってもよい。

ある共和国が腐敗するときには、その腐敗を除去し、その原理をも呼び戻すことによってしか、そこから生じるいかなる害悪も是正できない。……人民は有徳であったが故に雅量があった。自由であったがゆえに権力を軽蔑していた。しかし人民はその原理を失ってしまうと、権力をもてばもつほど度量をなくし、ついには人民自らの暴君となり奴隷となって、自由という力を失い、放恣という弱さに陥ってしまった。（EL8-12, 邦訳上巻二三八―二三九頁）

原理の腐敗にたいしてはいかなる方策も、法ですら無力であるという厳然とした認識は、モンテスキューのなかに深く刺さっているものである。

モンテスキューの分裂に関する考え方について、一つの組織が複数の権力を兼任することを禁じる、という程度の、いわばたんなる権力の反独占ないし配分の問題なのだ、すなわち融合することが前提となっている権力の配分なのである、といった理解をするエザンマンからはじまる研究史の系譜もある(7)。しかし、モンテスキューの著作全体にわたる記述をみるならば、融合や統合することが前提となった分配である、とは思われない。というのも、融合は簡単に腐敗に転化してしまうのであり、かれはそれを最も警戒していたからである。たんなる分配では、かれが分立や分裂にこだわった意味をほとんど実現できない。むしろぎりぎりまで葛藤することによって、その精神の腐敗を食い止めることこそが大事なことなのであり、あらかじめ融合や統合を前提とすることを知っている精神であるなら、いかに分配されていようと、その精神の腐敗を食い止めるような道徳的な力などとても持つことができないだろうからである。葛藤することを通じてこそ、危機に直面してこそ、互いへの尊重と自らの慎みと、さらに相互にその均衡点を探し当てようとする終わりのない模索と、多元的なコミュニケーションが可能となる。モンテスキューにとって価値があるのは、その結果もたらされるもの以外ではない。もちろん、多くの研究者が考えるように、もろもろの部分ないし権力が完全に分離していたら、相互的な権力の抑制という目的は達成できないだろうという予見は理解できる。しかし、現在の私たちの予見が理解の前提をつくりだしてしまう危険なトートロジーにたいしても、私たちは敏感でなければならないだろう。それは普遍主義的思想が私たちに期せずして刻印してしまった陥穽であり、それはモンテスキュー自身が最も警戒していたことであるはずだからだ。

政治体において結合とよばれるものも、非常にあいまいである。真の結合は調和に基づくものであって、あらゆる部分が私たちにはどのように対立して見えようとも、社会の全体的福祉のために協力している。それはちょうど音楽おいて不協和音が全体の調和に加わっているようなものである。混乱しか認められないと思われる国家のなかに、結合が存在しているということもありうる。そこから幸福が由来するが、この種の幸福のみが真の平和である。それはまた、宇宙の諸部分があるものの作用とほかのものの反作用によって、永久に結び付けられているようなものである。(CR9, 邦訳一〇二—一〇三頁)

大いに注意しなければならないのは、モンテスキューが「調和」「結合」「秩序」「平穏」などの言葉を使うときの、それが意味する内実である。それは、みなが同じ権力に支配されていることや同じ方向をむいていること、同じ常識の色に染まっていることを意味しない。だからこそ、「原則として、共和国という名を与えられている国家において、社会全体が静穏になっているのが認められるような場合はいつでも、自由がもはやなくなっているとみて間違いない」(CR9, 邦訳一〇二頁)と、かれは確信するのである。社会全体が静穏であることは、一見すると問題は見あたらず、まさに常識的な平和そのもののイメージではないだろうか。しかし、かれにとって静穏な社会とは、人々の間に調和への欲求も結びつくことの必要性も低減してしまった社会である。一人ひとりの他にたいする関係性を稀薄化していくこのような共和国は、原理の力が削がれた弱体化した状態をあらわしているのであり、専制政への腐敗の一歩手前だということになるのである。分裂や対立や多様性といういわば社会の遠心力があるからこそ、それらを結びつける求心力すなわち「原理」が求められる。その相互的なダイナミズムのなかにこそ調和や平和がはじめて存在し得るのである。かれにとっては決して政体が重要だったのではなく、原理を可能にする多様性が重要だったのだ。

　反乱の権利とおなじく、モンテスキューは戦争の権利も征服の権利も認めている。どんな生命でも自らの生命を守る権利は誰もが持っている。だから「人間には自然的防衛の場合、人を殺す権利があり、国家には自己自身の保全のため、戦争を行なう権利がある」（EL10-2, 邦訳上巻二六二頁）。自然的防衛、すなわち自分の生命を保全する場合のみ攻撃を認めている。ということは、訴訟や調停の手段が何かある場合には、攻撃する権利はないということになる。

> 社会のあいだにおいては、自然的防衛の権利が攻撃の必要に結びつく場合がある。これ以上の平和を続けるならばある人々が他の人々を滅ぼすことが可能になると考えられ、攻撃が存続のための唯一の方法だと思われる場合である。この結果、小社会は大社会よりも、しばしば戦争を行なう権利を持つ。なぜなら小社会は破滅させられはしないかと恐れる立場に置かれることが多いからである。（EL10-2, 邦訳上巻二六三頁）

　モンテスキューにとって、権利とは普遍的に与えられるものではない。「戦争の権利は、必要や厳格な正義から引き出される」（EL10-2, 邦訳上巻二六三頁）。ここでいう正義とは、まさに戦争の危機にある諸社会それぞれの社会の規模や力の大小に関連して、厳格にその相対性が守られている状態をさす。言い換えれば、互いの存在の継続と共存を目的として、双方の集団の関係性のなかから引き出される平衡性のことである。この平衡性からいえば、大社会はほとんどの場合、戦争の権利をもたないことになる。

このことはさらに征服権の議論にも続いていく。戦争の権利がある以上、征服の権利も認めなければならないが、征服の権利は破壊の権利をともなわないと、釘をさすのを忘れない。征服者は自然的防衛や自己保全の立場にはないので、必然的に戦争の権利はないし、殺人の権利もない。

征服者には社会を破壊する権利があると、誤って信じてしまった。そこから、征服者には社会を構成する人間たちを殺す権利があると結論してしまった。これは誤った原理から導かれた結論である。なぜなら社会が滅ぼされても、社会を成す人間たちまで滅ぼされるべきであるということにはならないからである。社会とは人間たちの結合であって、人間たち自身ではない。……征服における殺す権利から政治家たちは隷従させる権利を引き出した。しかしこの原理同様に、この結論は根拠がまちがっている。(EL10-3, 邦訳上巻二六五頁)

征服の結果そこに統治をつくりだすこと以外にその目的はありえず、統治とはすなわち、被征服民の生活に根差した習俗を生かしつつ、臣民としての道を育てる責任を負うことである。ここでもモンテスキューらしい衡平性が発揮されている。すなわち、征服者になると生殺与奪権は剝奪される、ということである。またかれは、隷従を目的とした征服というのは、間違っていることを宣言し、征服権を次のように定義する。「それが正当なものであるためには、人間の自然を満たすために、莫大な負債をつねに支払う義務を負わなければならない、という不幸な権利である」(EL10-4, 邦訳上巻二六八頁)。

モンテスキューは、多様な人間たちが自らの生活世界のなかで互いに関係性をつくりながら生きるためには、それぞれの社会あるいは政治の境界、あるいは国境を適切に変更することも当然あるべき政治の可能性だと考えているようだ。かれが求めるのは、異質性や多様性が容易に他への憎悪や敵意、攻撃への動機になる可能性があることを十分に知りつつも、そうならないよう、互いに視線を交わすこと、互いの異質性を理解すること、互いに生きられる均衡点を見つけられること、誰もが共存するための心の持ち方を相互に維持することである。その社会は不協和音に満ちてはいるが、誰も生かされあう平和がある。

「わが随想」には、次のような印象的な一節がある。

市民精神(l'esprit du citoiyen)とは、自分の祖国があらゆる国家を併合するのを見ることではない。自分の街が諸国民のすべての富を飲み込むのを見たい、隊長たちの凱旋式を見たい、諸国王への憎悪で自分の眼を覆いたいという欲望、このようなものは市民精神をつくるものではない。市民精神とは、国家のなかに秩序を、公共的な平穏を、正義の正確な執行とその安全を、統治する人々の隆盛を、法に寄せられた敬意を見たいという欲望である。また、国の安定性のなかに歓喜を味わいたいという欲望である。市民精神とは、法を、それらが私たちにとって不利である事例を含む場合でさえ愛し、それらが時として私たちに及ぼす弊害よりも、むしろ常に私たちに与える一般的福祉(le bien général)を考えることである。(8)

この叙述のなかで印象的なものが二つある。一つは、「歓喜を味わいたいという欲望」という言葉である。平和とは、人間の喜びや幸福感と無関係ではありえない。のちに社会学者が「檻の中の平和」と言ったものへの危機感は、すでにモンテスキューのなかにある。その静穏な平和が死体の共和国でこそ安定的にもたらされる、といったパラドックスに陥らないためには、それが死体などではなく、生きた人間の歓喜とともにあることが必要とされる。だからこそ、既知の世界の閉じられた安定と計算された管理ではなく、それがどんなに不確かなものであろうと、未知の世界と出会いながら、多様性を受け入れながら、共存することの困難に直面しながらも、ともに生きる知恵を模索し続ける活発な精神が必要となる。このことにモンテスキューは生涯にわたってこだわり続けた。印象的なもののもう一つは、「私たちにとって不利である事例を含む場合でさえ愛し」という部分である。これは、私や私たちといった利害当事者としての立ち位置を、当事者であると同時にそこを離れ、相対的で全体を俯瞰するまなざしの位置へと移動させることをともなう。この考え方は、まさに多様性が地理的に拡大し情報爆発を経験した十七、十八世紀の環境がもたらしたものだっただろうし、また、これは科学者の方法であり、かつ立法者の立ち位置をもあらわしている。

モンテスキューにとって確実なのは、平和の達成はつねにつかみ損ねやすく、いつも検証しつつ確認しなければならないが、人間だれもがこの精神を身につけることが大切な市民的価値であるということである。かれが分立や分裂を論じるのは、たんに権力の暴走を止めるというだけのことでは決してない。モンテスキューにとって、分裂していることや多様性が息づいていることが、平和な世界を構築するために基礎的な条件であったといってもよい。同じように、モンテスキューが法や立法者について論じるのは、法律家や行政官のためなどではない。この精神がすべての人にたいして平和を獲得する道へといざなうと考えるからである。

第二章　不合理ではない、しかし理解不可能――自然法

1　習俗――楽園の喪失をめぐって

「習俗」（les moeurs）という概念がヨーロッパにおいて、特にフランスにおいて注目されるようになるのは、ちょうど十八世紀、モンテスキューやヴォルテールの時代である。

もっとも、この地球上に多様な習俗が存在することは、大航海時代がほぼ終わる十七世紀から広く一般に知られはじめたといってもよい。第一部の冒頭で記述したように、習俗の発見は世界の多様性の発見でもあった。多くの航海記が出版されるのに続き、デフォーの『ロビンソン・クルーソー』が一七一九年に、モンテスキューの『ペルシャ人の手紙』が一七二一年、スウィフトの『ガリバー旅行記』が一七二六年に出版されるなど、多様な習俗の情報を通じて人間と習俗との根本的なつながりは何かについての思考実験が次々に行なわれた時代でもあった。そのなかで現状に対する批判的検討もまた行なわれたのである。その当時の思想家たちをめぐる空気を想像するなら、今まで疑ったことすらない確かな習俗だったものが、まるで足元の土が砂となってどこかに流れ出してしまうかのような、心許ないものに感じられたはずである。第一部で議論したように、この多様性への対処に関して、無意識にであれ普遍的な概念や尺度を用いてしまうと、普遍的概念を持つと信じている当事者の一方的な、ある意味では恣意的といってもよいような価値判断が意図せざるままに権威を持ってしまう。普遍概念に呪縛されて、人間がほかの文化を理解しようとする試みをその根底から不可能にするようなパラドックスがも

たらされてしまった。

十八世紀以前は、人々の生活の実態は、神の法か実定法のどちらかに吸収されるべきものであったが、第一部第一章で示したように、ボシュエはこの二つの法を一つの法に合体させてしまった。ボシュエにとって習俗とは、教会が人々に課す規範や、善とされる行為をすることであった。ボシュエの信じた普遍性とはカソリシズムそのものであり、教会から切り離された習俗にはなんの価値も見いだせなかったのである。しかし、ボシュエのそのような意図——地上に神の国を実現する試み——が砕かれた時代、換言すれば、倫理的な要請をする法にも政治制度にも、そのどちらにも人間の心を委ねることができない時代になってはじめて、そのどちらにも依拠しない人間の生き方の実相に、ようやく注意が向けられるようになったのである。マキャヴェッリの時代以来ようやく、生の真実が、観念の崩壊・弱体化のなかで直視されようとしていた、ともいうことができよう。こうして、人間の生の根拠としての「習俗」が注目されだし、習俗を発見することによって、人間の新しい法が発見できると期待されたのである。

また、多様な習俗が存在することが知られた十八世紀の状況を前にして、ヴォルテールは、多様な人間の生活のなかにも、深く観察すると多様性を超えて貫通する真理がある、と主張した。習俗の多様性から発見されたものとは、もはや人々の心のよりどころどころか抑圧するものとなった道徳の体系（すなわちキリスト教）でもなく、君主制度でもない、人間の自然の生活のなかから浮き彫りにされる法である、とヴォルテールは考えた。習俗がさまざまの形態をとりながらも、そのなかから抽出されたもの、それがヴォルテールにとって理性であった。理性は人間の生活の表面的な多様性を超えて存在する真理であるはずだった。ヴォルテールは、これこそ新しい世界を構築するための中心的価値であると考えたのである。ヴォルテールにおいて、習俗に見られる人間と自然の所与の原理、すなわち理性という真理は、一人ひとりの心の中でも社会においても、実現されるべき目標として考えられている。

しかし、モンテスキューの鍵概念である「習俗」という概念は、ヴォルテールとも一線を画していた。「習俗と生活様式は、法律が制定したものでもなく、制定することもできないし、制定しようとも欲しなかった慣行である」（EL19-16, 邦訳中巻一六九頁）、とモンテスキューは言う。習俗とは人間の意志の届かない、自然のうちに共有された慣習のことである。それは所与であり、そこでは心は自然につくられたある様式によって導かれ、全体の落ち着いたバランスのなかに収容されている。人間の作為である法律が介在しない習俗について、モンテスキューは、「私たちの生来の天分に従ってつくりあげたもの以上に良いものをつくりだすことはない」（EL19-5, 邦訳中巻一五九頁）と述べ、これが達成され得る最高の状態、つまり調和した理想的な状態であることを述べている。ヴォルテールも理解していたように、この習俗の状態は、それまであった神の法や実定法のどちらによっても把握しえない第三のものである。そればかりでなく、モンテスキューは法学者でもあるのに、人間のつくった法律は、所詮、自然のうちに習俗が編み出す慣習に及ばない、という考えを表明しているのである。この奇妙にも見える逆説のために、かれはややもするとデカダンスに陥っているという誤解が流布されてきたが、それは事実ではない。そしてこの逆説にはきわめて重要な、モンテスキューの思想が集約されているのである。

モンテスキューは、社会の始原を問う当時の論壇に対し次のように言う。

> 念を入れてまず社会の始原（l'origine des Sociétés）を探求してから公法（le droit public）を論じるという方法を、私は決して採らない。そんなことは馬鹿げている。もし万一人間がこれまで集団でいたことがなく、互いに離れ離れになっているのなら、その原因を探し理解することは必要だ。しかし人間たちは互いにしっかり結びついて生まれる。息子は父親のおかげで生まれ、父親とともに暮らしているのだ。これこそ社会なのであり、社会の根拠（la cause de la Société）なのだ。（LP94, 邦訳下巻五九―六〇頁）

しかしながら、ここでモンテスキューが批判しているのは、社会の始原を探求すること自体ではなく、社会の始原を個人に求めた当時の思想的潮流にたいしてである。というのも、かれも決して社会の始原を想像していないわけではないからである。かれにとって、人間と習俗は本来不可分な一体であり、ここにおいて人間の心は、習俗と融和しながら充分に発露されている。いわば原始共同体とでもいうべき状態こそが、社会の始原であった。その共同体は互いの愛情の下に結び付けられた幸せで平穏な状態として、かれの理想とする社会の一つのかたちであった。

それが具体的に示されているものの一つが、習俗のなかで暮らす人間とその後の運命を描いた挿話「トログロディトの物語」である。モンテスキューは『ペルシャ人の手紙』の手紙一一番から一四番にかけて、この物語を綴っている(1)。

この「トログロディトの物語」において、モンテスキューは人間が自然で有徳な習俗において得ることができる幸福を描いてみせている。万人の万人に対する闘争をして国を滅ぼしたトログロディト人はその後、二つの家族から新時代を始める。そこには、生きることすべてが徳行であり互いの共通の利益であるという世界が描かれる。これは原始共同体の習俗の理想であり、習俗それ自体が国の力となる姿である。理想どおり事態が進むと必然的に国家は繁栄するが、これにより人口が増大すると、結局、習俗の力だけで社会を維持し続けることは、困難になる。このため制度が必要とされ、人々すべてが合意できる有徳な老人を国王とした。やがて、制度は理性の合意という正当性を得て、独り歩きをはじめ、人々の心を野放しにしてしまう。君主に指名された老人は、制度に依存した社会になると、どれほど徳の高い君主を任命しようとも、人々は自然から自分の心に対して発せられる徳の規律よりも、制度という形式がもつ権力に従うことになることを予見していた。そうなると、トログロディト人は以前の徳の高さを保ち続けることができないことを、老人はよく知っていた。老人は、亡国を招いた古代トログロディト人の歴史をふたたび繰り返しかねないことを、深く憂うのである。

この物語にはトログロディト人の生活が習俗から社会へと変化する姿が、必然的で自然な運命として描かれている。ここに描かれた楽園の喪失は、まさにモンテスキュー自身にとって、かれの目の前のヨーロッパが封建時代を迎えた歴史的事実のメタファーであった。その結果、政体が必要とされるのだが、注目するべきなのは、モンテスキューは政体にたいして大きな希望や期待を持っていないことである。いかなる政体であろうとそれは所詮、絶対的なものではない。制度は社会を支えるものでありながら、同時に原理の腐敗を誘発する理由ともなることを、かれは深く認識していたといえよう。

モンテスキューのこのような社会観は、かれ自身も認識していたように、ホッブズと対照的なものである。自然から生まれる人間の心（その主要な部分である情念）が反社会的にあらわれるということ、また反社会的な情念を制御するものとして制度が必要であること、という点においては、モンテスキューはホッブズと同じ観点にたつ。しかしホッブズと決定的に異なるのは次の点である。ホッブズは、自然状態において情念に衝き動かされた人間は、「万人の万人にたいする闘争」[2]状態を引き起こすとする。そして、人間の安全で平和な生活への願望が、感情を理性へと合流させる、という。ホッブズにとって、自然法とは、「生命を破壊したり、生命の維持の手段を奪ったり、生命を最もよく保とうと考えることを怠ったり、などの行為を禁じる理性の一般法則」[3]である。つまりかれにとって感情は、自然法によって社会的な制度のなかに汲み入れられる。そして、制度をつくることによってはじめて人々は、心の平和を達成できると考えているのである。これにたいして、モンテスキューは逆の構図を描いてみせる。

モンテスキューは、制度以前の、自然の習俗のなかの人間はすでに充分有徳であり平和である、と考えている。そこにはもともと、利己主義そのものが存在しない。そこでは個人と社会は同じ幸福に向かっており、穏やかな平和をつくっているのである。やがて繁栄の末に政体が構築されていき、人々が徳のくびきから解き放たれたとき、ついに利己主義が生まれ、万人の万人に対する闘争の状態が想定される。「人間が社会生活をはじめるやいなや、かれらは自分の弱さの感情を失う。かれらの間に存在していた平等はおわり、戦争状態がはじまる」(EL1-3、邦訳上巻四六頁)。ホッブズは戦争が人間本性(自然)からひきおこされると考えるのに対し、モンテスキューは戦争は社会によってひきおこされるものだと考える、(4)とアロンもモンテスキュー論のなかで指摘している。モンテスキューは言う、「自然は個々人に、自己保存のためには長い時間的広がりを与えたが、自分を永続させるための時間は寸時しか与えなかった。それゆえ、放埒が自然の法則にかなっているというのは本当ではない。反対にそれは自然の法則を侵すものである。これらの法則にかなっているのは、節制と慎みとである」(EL16-12、邦訳中巻九六頁)。かれにとって、習俗のなかに調和していた自然はその穏和な全体を破壊され、そこに人為が加われば加わるほど、社会的強制にたいして反逆するものとなる。だからこそせめて、人間はその葛藤が社会全体の分裂に至ることのないような適切な社会を、めざさなければならないのである。

モンテスキューが、明らかに社会の原初の状態として想定したものではないところの、万人の万人に対する闘争状態を、トロクロディトの物語の最初に置いていることは示唆的である。トロクロディトの崩壊の物語は、明らかに果てしなく繰り返される物語として書かれている。平和とはそれほど現実に手に入れるにはあまりにも遠く繊細なのである。むしろ、この物語が教えてくれるのは、どんな良い法であろうと、法が人々の道徳の裏づけになってしまうと、結果人々の心は個人の利益へと向けられ、法はその免罪符のように利用されてしまうという運命をたどることである。さらに、利己的な欲望の高まりは、戦争の危険を生じさせ、それぞれの集団の破壊に向けられる反社会的なものであり、これによる社会の危険を回避するために、またあらたな実定法(les lois positives)が必要とされる……というシジフォスの神話のような運命を暗示している。

以上を整理して、「習俗」という言葉にたいするモンテスキュー独特の使用法を確認しておきたい。

第一に、習俗は、自然が人間に与えた生活世界のことであり、その共同体は、それぞれ異なる人間たちが互いに互いの幸福や利益を与え合う、調和的で理想的な世界として想定されている。自然から人間が所与のものとして与えられているこの世界のイメージが、最善の社会である。しかしこの世界そのものは、人間の意志ではつくりだすことができない。習俗のなかの幸せなど、現実に生きる人間にとってはもはや完全に奪われてしまったものだという、ややもすると厳しささえ感じるほどの、明確な判断があるのである。かれは理想の実現を現実に望もうとはしない。人間にできるのは、理想の状態に近づける努力をすることだけなのである。この態度の持つ意味は大きい。ルソーのようにこれを実現できると信じ、その理想の内容を具体的に思い浮かべて現状を改革していこうとする思想と、モンテスキューのように実現は決してできないが、せめて少しでも近づきたいとする思想では、そこから生まれる世界観はかなり変わってくる。啓蒙思想家たちの多くとも対照的である。

第二に、現実化できない理想であろうと、その意味を失うわけではない。というのも、自然状態は喪失してはいても、人間が習俗から切り離されるわけではないからである。いつの時代も習俗は、社会を構想する場合の設計図の基本線をなすのであり、深いところで作用する社会的規範であり、また、法の善し悪しの根拠である。「法律は制定されるものであるが、習俗は鼓吹されるものである。後者はより一般精神に結びつき、前者は特殊な制度に密着している」(EL19-12、邦訳中巻一六五頁)とモンテスキューは述べ、また別のところでは、「習俗や生活様式を、法律によって変えようとするときには法律によってはならない。……生活様式によって変えるべきものを法によって変えるのは、きわめて悪い政策である」(EL19-14、邦訳中巻一六七頁)と言う。習俗は、人間の根ざす価値観に深く滲みこんでいるものであり、かつ、人それぞれに個別的で特殊なものである。習俗と人間の多様性に関するこのような見方は、当然、モンテスキューの社会観にも反映される。すなわち、社会とは多くの異質なものに橋を架けて一つのまとまりをなんとかつくり挙げた状態であるという、モンテスキューの確信がここに生まれる。

第三に、社会のなかで人間の戦争状態が生じるとき、かつて自然のなかに穏やかに存在していたはずの習俗は壊れる。個人的欲望や個人的利益の際限のない活動にみまわれ、社会の目的と自己の目的をまったく別個のものとして追求しようとする人間の精神状態を、モンテスキューは「苛烈な習俗」といい、個人的欲望の活動を互いの共存が支えられるように法が整えられたとき、「穏和な習俗」あるいは「習俗の穏和化」という。自然のなかの習俗と社会のなかにあらわれる習俗、つまり、喪失された習俗と、だからこそ獲得していこうとする習俗が、同じ「習俗」という言葉によって表現されているところが、たいへん紛らわしく、モンテスキューの理解に混乱を引き起こす要因となっている。

第四に、モンテスキューは、人間は常にそれぞれの具体的で個別的な習俗に包まれて生きているのであり、一つの習俗を分割して分析したり、あるいは、多様な習俗の内容を一般化・抽象化して論じることは、人間の生活を歪めて捉えることであると考えていた。これが冒頭で述べた十八世紀の「習俗」の発見がモンテスキューにもたらしたものだったことを再度確認しておこう。かれにとって、風土の多様性に応じて習俗は多様に異なるのであり、そのそれぞれに固有の宗教的慣習があり生活習慣がある。多様性や多元性にもとづいて、かれはどこまでも真摯に観察しようとする。

「習俗」のこの独特のとらえ方は、モンテスキューの「自然」観念のユニークさに基づくものである。

2 自然へのまなざし――科学的精神への希望

この社会は無数の多様性のもとにあり、そこには予定調和などという前提は存在しない。自然の習俗のなかで平和に暮らしていた人間は、多様性や流動性がさらに高まる社会において生きるようになると、葛藤なく生きることはできない。『法の精神』においてモンテスキューは、法には大別して二つ――自然法と実定法――があるというが（EL1-2, EL1-3）、これは習俗に包まれた自然なる人間の法と制度としての法のことである。つまり基本的にこの二つが別個のものとしてとらえられている。この意味で、モンテスキューのいう「自然法」は第一部で考察した思想家たちの、あるいはそれ以外の多くの啓蒙思想家たちが使用する「自然法」とはあきらかに異なったものであった。

ただし、モンテスキューの著作における自然法の位置づけについては、長い間、著作のなかに見られる表現の解釈や意味をめぐって多くの論議を呼んできた。モンテスキューが自然法を実定法の間違いなく重要な基盤と考えていることは確かでありながら、自然法そのものの内容についての記述がきわめて少ないからである。

『法の精神』冒頭の法律に関する分類と諸関係を述べた部分においても、かれが示すことはわずかである。すべての法律に先立って自然の法律があるといい、その法律があらゆる実定法の基礎にかかわるものであることを宣言する。しかしその具体的な内容については、簡略な記述しかなされていない。まず、社会成立前の自然状態の人間は、世界に対する畏怖の念とともにあり、そのため生存することの平和をもとめるのが第一の自然の法律であること。そして生活を営むことへの欲望をもつこと。互いに恐れを持つもの同士として認識しあう人々は交流し互いの喜びを感じること、そして最後に、社会生活をしたいという願望が生まれること。以上四つの自然的法律がある、と記すのみである。しかしながら、その記述の少なさに対して、著作全体にわたって登場する「自然」という言葉の重要性は誰の目にもあきらかである。モンテスキューの思想の根幹にかかわる部分でもあるだけに、ここで立ち止まって、考えることは無駄ではないであろう。

トマス・アクィナス的自然法の伝統、同時代の種々の理神論、自然宗教概念、自然科学……のように、自然という言葉にはあまりにも多様な世界観が同時にまとわりついている。モンテスキューの自然法および自然観がどのようなものであるかを、前述のそれぞれ多様な自然法との距離を論じることによって明らかにしたい。というのも、かれの自然法はどのカテゴリーにも所属させることができないものだからである。

モンテスキューは、一七一六年にボルドー科学アカデミーの会員に選出されたが、反射や屈折についての光学など数々の研究を参照しながら自然の神秘に接近している。『自然史にかんする観察試論』(一七二一)では、昆虫の身体の色彩の変化や楡の葉に包まった虫の形状とその機能を記録したり、また親木と寄生木との関係を考え、蛙の解剖実験を行なうことをつうじて血流と心臓の関係についての考察をしたり、と、じつに地道な研究活動の記録を残している。『腎臓線の効用について』(一七一九)、『物体の質量の原因について』(一七二〇)、『物体の透明性の原因について』(一七二〇)などの一連の著作は、当時ボルドー科学アカデミーの名において募集された科学論文の審査にあたったモンテスキューが、アカデミーに審査報告したものである。さらにかれはみずから『古代・近世の地球の自然誌』という著作を計画しており、このための科学論文を広く募集するアカデミー企画を取り仕切った当事者でもあった。そのようなことから考えると、かれが法則を見いだそうとする自然科学にたいして重要な価値をおいていたであろうことは疑い得ない。実際、かれは風土決定論者としばしば誤解されるもととなったように、風土すなわち自然環境にたいする関心は非常に高かった。そして自然科学にたいする敬意をいかなる場合にも強く持ち続けた。

モンテスキューは科学を奨励する。それはもちろん、自然科学による貢献が社会のためになり人間の喜びにつながるからであった。かれが「科学を奨励する理由について」と題する講演で挙げた理由を列挙しよう。第一、人間が自分の存在が拡大するのを経験し知的満足を得ることができるから。第二、知識の拡大におうじて人間誰でも持っている好奇心が活動するから。第三、科学は必ずなにかの成果を上げうるから。第四、学問愛は私たちにとって、ほとんど唯一の永久に続く情念であり、魂の快楽であり、私たちの幸福につながるからである、と述べる。またそれに続けて、これらが全体として社会全体の幸福につながることを付け加えるのも忘れない。

科学を学ぶことを勧めるもう一つの理由は、そのことから、私たちがその一部をなす社会に効用をもたらすからである。私たちは今すでに実に多くの便利さに浴しているが、科学の奨励によって、まだ知られていない多くの便利さを付け加えることができるであろう。商業、航海術、天文学、地理学、医学、自然学は、私たちの先人の業績から無数の利益を得てきた。私たちの後に、私たちが幸福であった以上に幸福な人々が続くように努力することは、美しい計画ではないか。(5)

自然科学の法則を研究することは確実に自然法に接近することであり、それは、宗教的神秘に依存することのない、私たちの幸福へとつながると言う。この見方は十八世紀のフィロゾフたちのなかで特に珍しいことではなく、むしろ啓蒙思想家たちに共通する態度だといってもよいだろう。ヴォルテール然り、ルソー然り、コント然り、である。それぞれの「自然」の中身は異なるが、自然を探求する科学的精神が社会においても生かされることによって、人々は、重圧的で蒙昧な宗教の世界から解放され、みずからの幸福の発見へと導かれうるという確信は同時代に共通するものであった。

そしてモンテスキューにおいても、この科学への態度は当然ながら、自然科学の領域に限られているものではなく、かれの社会観の全体に映し出されることになる。幸福の問題とは切り離せない神や宗教に対する記述でさえ、それは一貫していた。しかし、かれは自然科学にそぐわないものを排除しようとはしない。どの社会も、どの宗教も、絶対的なものでないのと同じく、自然科学のみが絶対のものでもない。少なくともかれは、異質なものを排除しない。たとえば奇跡や護符という宗教的な慣習について考えるときでさえ、その科学的な姿勢は貫かれるが、宗教そのものを攻撃はしない。

あなたは護符の効能と呪文の力をどう思うかと問われるのですね。……私は長い間の習慣でこの神聖な紙切れを身につけているが、それは一つの世界共通の習慣に従うためです。指輪その他の装身具にくらべて、たいした効能はないとしても、同じくらいの力はあると思っています。しかし、あなたにしても不可思議な文句を心から信じているし、その加護がなかったらいつもびくびくしていることになるでしょう。人間はすこぶる不幸なものなのだ。いつも陽炎のような望みとばかげた恐れとの間で右往左往している。理性に訴えず、いつも心をおびやかす怪物とか誘惑しにくる妖魔を、じぶんでこしらえているのです。……

不思議な話ですが、ある出来事と神秘的な力との関係を究めようと苦心惨憺しているくせに、物事の真の原因を究められなくなっても一向に平気でいる人々が、この世界にはたくさんいます。たとえばある魔術の力で戦争に勝ったというかもしれないが、しかし戦場の状況、兵士の数、士気、将軍の経験などに勝利の原因があることを知ろうとしないのは、自分で自分の目をふさいでいるようなものです。魔法なるものがあるというあなたの説を、いま仮に信じるとしましょう。しかし逆に、魔法などはないと仮定することもできるでしょう。事実それは不可能ではない。……

どんな民族のもつ宗教的な書にも、この世の終わりあるいは超自然的な恐ろしいことがいっぱい書かれていないものはない。私は世の中にこれほど馬鹿げたことはないと思っています。十万の自然的原因によって生ずる一つの結果が超自然的だと信じるためには、その前に無数の原因が一つとして作用しなかったものかどうかを検討すべきですが、それは不可能なのです。（PL143, 邦訳下巻一九三―一九六頁）

モンテスキューは人間が奇跡や神秘を求める気持ちをけっして責めることはなく、観察可能な社会的事実として認める。ただ、それらは人間の強迫感がつくりだしたものであると分析する。また、かれは人々の安心感、安定感に役立っているという理由で、個別の奇跡、神秘、宗教のもつ、行為の潜在的機能ははっきりと認めている。そのうえで、ものの因果関係に魔術や不可視の力を持ち出す前に、自然や状況のなかをまず精しく検討するべきであると言う。この態度は機能分析を手がける社会学者のそれに他ならない。かれはこのように、科学的精神を啓示宗教に譲るようなことはないし、啓示宗教だからといってそれを根こそぎ攻撃し憎むこともない。人間にたいする科学的態度と観察の冷静さは、モンテスキューにとって、何に向かうにも必要な方法であり、それにたいする信頼は絶大だったといえるだろう。

3　自然法則の明証性と道徳の根拠

しかしながら、モンテスキューの自然法は、近代理性法ではない。

しばしば啓蒙時代に見いだされた、前時代とは異なる新しい「理性」を、ポール・アザールは以下のように表現する。「理性の生得的性格のいっさいが否認される。理性は魂とともに形成され、魂とともに完成する」。「とりわけ強調されるのは、理性の識別能力である。……あいまいなこと、疑わしいことがあるとき、理性が仕事に着手する。理性は判断し、比較し、共通の尺度を用い、発見し、決定する。……理性こそが真理を明らかにし、誤謬を告発するのであるから。いっさいの科学、いっさいの哲学が理性に依存する」。「分析こそが理性の好む方法である。昔の人たちのように、アプリオリの原理から出発するかわりに、理性は現実に執着する」。「理性はそれ自身で足りる。理性を所有し、偏見にとらわれずこれを使用するものは決して誤らない。理性は欺かず、欺かれることもない。理性は確実に真理の道をたどる。理性は権威を必要としない。いかなる伝統をも必要としない」。「もし個人が自分の行なう知的操作の価値について確信を持ちたいというのであれば、かれにはその価値を認知すべき標識がある。理性の普遍的性格こそがそれである。理性は確かに万人において同一であり、理性には例外はありえない」(6)。

このようないわゆる啓蒙時代の理性法の範疇から、モンテスキューはおおいにはみ出してしまう。あれほど自然科学に対する敬意を表し、みずからも自然科学的研究を手がけながら、また、自然法則と自然法をあえて区別せず、同じ la loi naturelle（自然法）の用語を使う立場をとりながら、それでもなお、かれの自然法は理性法ではない。たしかにモンテスキューは啓示を否定するという立場をはじめ、理性が神の真理を人間に伝達する媒介者であることを認め、自然科学の法則がこの世界の隠された秩序をあきらかにするものであることを充分に認めるという点では、啓蒙思想家たちの多くと共通の立場にたつ。また、人間の本性上の平等、生存権、安全のうちに生活する権利、幸福と福祉を求める権利など、後に近代社会の根幹をなす概念を認め、その根拠に自然法を置くことも、また共通な立場である。しかしながら、人間の理性が、いかなる権威、歴史、文化の違いにも影響を受けず普遍的なものであり、理性はその存在だけで充分に判断の正しい自律性が確保されたものであるという、考え方としての理神論、デカルトのようにやがては無神論に変貌を遂げる運命をたどるような理神論的内容にかんしては、かれはまったく与していない。理性は理性だからという理由で正当なものとはならない。

一九五五年にマソン編集の全集に、はじめて『自然法、正義と不正との区別に関する試論』と題する未公刊論文（以後、多くの通例にならい『自然法試論』と略す）が収録された。この原稿そのものは未完成な原稿断片にすぎないが、これらを手がかりにしてかれの自然法への思いを想像し、他の著作との連関をも想定し考察を加えることは意味があるであろう。

モンテスキューはこの『自然法試論』の冒頭で以下のように言う。私たちの存在の創造者として賢明にして善なる万能の神が存在することを否定できない。だからこそ私たちは神の意思に思いをいたす必要があり、この世界の統治のされ方について学ばなければならない。人間以外の創造物はこの宇宙のなかの部分として、多様な配列と連鎖を構成し、神の美しい目的に寄与している。人間という創造物だけが例外であるわけはない。したがって人間にも宇宙に存在すべき諸法が当然存在するのであり、それは理性を媒介として人間一人ひとりに示されている、という内容である。そこでかれは、何度も「神の叡智」（la Sagesse de Dieu）と「神の意思」（la Volonté de Dieu）が実在すると繰り返している。十八世紀のフィロゾフたちにとって当時、あたり前の事柄に属すること、すなわち、神の法と自然法はまったく別のものであるという認識、ないし、神の法に自然法ないし自然法則が取って代わるべきだという意識は、モンテスキューにおいては受け入れられていないかのようである。その結果、多くの啓蒙思想家が多かれ少なかれ共有する立場ともいえる、人間の理性の自律的発展を是とする考え方を、モンテスキューはあえてはっきりと意識して採用しない。自然法と神の法の一致を明言し、またこの世界のものは神に向かう一連の目的論的連鎖をなすとさえ思わせる用語法などによって、モンテスキューはしばしば中世神学からの深い影響を指摘され、当時としては思想の潮流にそぐわない反動的知識人というレッテルを貼られることが多かった（残念ながら現在に至ってもなお）。しかし、中世神学やスコラ学からの影響はたとえ存在するとしても、だからといって啓蒙時代においてかれが反動的であると判断するのは、拙速に範疇に仕分けしたがる近代的思考の悪弊であろう。ここではしばらくそのような判断を中止して、モンテスキューの思想に近づくことに努めてみよう。

モンテスキューは、自然のなかに満ち溢れる創造物のいかなるものも、法則性や相互性のもとに結びついているのに、人間だけがそこから外されていると考えることはきわめて不自然である、と述べる。だからこそ人間が服従する法について、探求しなければならない。しかし自然法則の正しさは自然現象そのものによって証明されるのに、人間の世界に与えられている法の正しさは、何によって与えられるのか、という問いを投げかける。それに対してかれは、自然法則と違って、法の正しさ、つまり道徳格率には、自然科学や幾何学的真理に適用される明証性は適応されないと答え、以下のように述べている。

ここで問題になるのは、正義にかんすることが正義そのものの明証的な原理によることなく、どのように納得するかということである。道徳にかかわる原理を、偏見とか錯覚などの疑いから守り、かつ対抗させるためには、正義の原理をほかの基礎のうえに基づかせることが必要である。約束は守らなければならないという道徳格率は、全体が部分より大きいという幾何学的真理と同様には扱うことができない。幾何学的真理については、もし全体と部分との観念を覆すなどしたら、たちまち矛盾に陥り、真理は否定される。しかし、約束は守らなければならないということを否定しても、人間はなんら矛盾のなかに落ち込むわけではない。観念は存続し破壊されない。したがって人間はこの道徳格率の根拠を問う権利を持っている。また、自己の約束を守らなければならないのはそれが正義であるからだと答えるとすれば、それは法にかなっていることを意味しているにすぎず、それが神の意志に従っていることの証明にはならない(7)。

道徳格率の明証性は、いかなる明証性によっても証明されない。ましてこの世界は多様性に満ちている。明証性によって明証性を論証しようとするのは、「先決問題要求の虚偽」であるという主張である。

もしそれらの偏見を打破するために明証性にだけ訴えて満足するならば、問題となっている事柄を前提としていることは明らかである。それでは誰もそれらの偏見をあえて攻撃できないし、誰もが自分の見解に固執するであろう。……恩を受けた相手に感謝して返礼するのは、正義であるといわれているではないか。それと同様に、相手が悪事を働いた場合に私が悪事を働くことは、正義なのか、不正義なのか。漠然とした観念のみで考えても、……一方は善で他方は悪だという区別はできそうにない。幼少期から人を食してきた食人種に、それは不正であり、心の奥を覗けばわかるはずだ、と言ったところで、無駄なことである(8)。

明証性にかんするモンテスキューの捉え方は、まったく的を射たものである。これによって結果的に、のちにフランスが経験するディドロ的誤謬をあらかじめ排除している。これほど自覚的に、理性あるいは合理主義の自律性にたいして論理矛盾を明らかにしている以上、かれの自然法ないし道徳格率は、理性法とは袂を分かつものであるといえよう。判断力としての理性の力を充分に知り尽くしながら、理性だけが判断力として突出することには慎重である。理性は常に正しいという考えには異議を申し立て、理性によって傷つけられる人間のありようにも目をむける。また、何よりも理性が普遍的なものであることに懐疑のまなざしを向けるのである。しかしそうなると、道徳格率は別のなんらかの根拠に基礎づけられなければならない。そこでかれが持ち出してくるのが、「神のように、あれほど賢明、あれほど善良、あれほど無私で立派な立法者が、みずからの創造物である人間に、その生命の保存と幸福を求めないということは、ほとんど考えられない」ということだった。そして、人間がただこの世界に存在することを根拠とする道徳格率が、ここに宣言される。

第一の命題、人間が幸福であるためになさなければならないこと。第二の命題、神は人間の幸福と保存とを欲していること。この目的にむかうあらゆる格率は自然法とみなされるという帰結が生じる(9)。

さて、このようにみてくると、モンテスキューにとっての「神」は、もちろん宗教とは全く関係がないし、前述したように、理性とも関係がない。また、宇宙の秩序のヒエラルキーのなかに神に最も近いものとして人間をとらえる、西洋哲学に古来より流れる世界観とも異なる。というのも、かれにとって、自然法から唯一逸脱してしまう可能性のある存在こそ人間なのであり、だから人間にのみ法が必要とされるのであるから。ヒエラルキーの最上位に人間がいる理由を、モンテスキューは自動的には理解できない。

私たちより上位の知性が存在すると信じるのはきわめて自然である、と私は言った。なぜなら、私たちの知っている創造物の連鎖と、牡蠣から私たちまでにいたる知性のさまざまな多様性を想定して、その最後の上位の輪に私たちがいるとすれば、それはこの上もなく異常なことであろうと思われる。……なるほど私たちは、私たちの知っている存在物のなかでは筆頭かもしれない。しかし、そこから私たちが諸存在の筆頭であると結論するならば、私たちは自らの無知を誇っているのであり、私たちが地球とほかの天体との交渉はもとより、私たちの天体に存在するもののすべてさえ知っていないことを得意にしているのである(10)。

結局のところ、かれが「神」を引っ張りだしたのは、自然法ないし道徳格率を人間が論じることができる環境を論理的に得るために、神の存在の蓋然性が必要だったからではないだろうか。それ以外の理由を、どうにも探し出すことができない。言葉はいかに伝統的で古めかしいものであろうと、その概念に託した意味はきわめて近代的であり、かつ、近代によって誘発されることになるさまざまな陥穽をも見通した、きわめて透徹した科学的態度であったといって間違いない。

さてモンテスキューが自然法と自然法則を、あえて区別せず同じ言葉 loi naturelle ないし lois naturelles を使ったことについて、もちろんかれ自身は特にその理由を述べてはいない。しかし確かなことは、モンテスキューが自然法則の発見に驚き、世界の探求へと惹きつけられていたにしても、それは広大で複雑な世界のなかの、ごくごく一部の小さな発見にすぎず、その法則によって世界全体を説明できるなどとは決して信じていなかったことである。普遍的にみえる自然法則であっても、それが具体的に現象する場合には、普遍的な現象にはならないことは、かれにとっては自明であった。土壌の組成、雨の降り方、日差しの当たり方、風の強弱、人の手入れの仕方、保存場所や方法、その一つひとつの結合のあり方によって、葡萄酒はシャトーごとに、畑ごとに、年ごとに、まったく異なる味を醸し出す。万人に作り方のマニュアルを配ったところで、決して同じ葡萄酒はつくることができない。後年になって高等法院副院長という役職を売りに出してしまうモンテスキューが、地方領主として地元の人々と触れ合いながら葡萄酒をつくり続ける生活を決して手放すことなく愛し続けたことは、決してささいなことではない。その生活と体験が、かれの自然観に影響を与えなかったとは考えられないからである。自然法則は、かれのなかではおそらく、自然法のほんの小さな一部として包摂されていたのではないだろうか。理性は真理の導き手であることを表明しながらも、人間の手で解明されたわずかな法則によって人間の求めるべき真理のすべてが解明できるとは信じていない。それほどかれが包まれている自然は、あまりにも多様性に満ちており、かつ複雑な関係性の壮大な宇宙だったのだと思われる。さて、自然法則と道徳格率は、既述したようにもちろん異質なものではある。しかし、かれの考える自然の叡智は、その異質性をも結び付けてこの大きな世界を構築しているのではないだろうか。しかし人間の知性は、神のように世界の全体を見渡すにはあまりに単純で不完全な水準にとどまっている。だからこそモンテスキューにとって、科学は余計に魅力的であったにちがいないのである。

4　不完全な人々よ、求めよ。されど与えられぬ

『自然法試論』の半ばで、モンテスキューの思想の大前提である事柄が宣言される。すなわち、「人間は社会をなすようにつくられている[11]」。これは各所で繰り返される定義であり、トロクロディトの挿話のなかにも、同様の内容があったことはすでに述べた。もし仮に、たった一人この世界に生きる人間を想定するなら、かれは困窮のために死ぬしかないであろう、ある種の自由はあろうけれどもそれは重荷でしかないであろう。しかし社会においては「各人は便利で豊かな生活を享受するために必要な程度においてのみ自由を行使する。私のものと他人のものとにははっきりとした境界があり、このために人は自己それぞれの権利を平和に享受する。……かれはすべての人に庇護されており、個人の侵害はそれを企てようとする誰にとっても脅威となる[12]」。知識の伝達も技術の熟練も、交際から不断に得られる新しい啓発も、同情に基づく助け慰めも、すべて社会によって人間にもたらされるものである。「洗練された習俗」が支配する社会では相互の奉仕と結合があらゆるところにみられ、また、それなしでは相互の奉仕や協力や社会の福祉を形成し得ないような法は、すべて神の法であり、自然法であると

される。

『自然法試論』の最後に、人間の身体感覚の観察から自然法を発見する手引きが書き添えられている。人間の身体のあらゆる部分は精神の介入なしにその時々に応じて必要な体勢をとり運動をし、義務を遂行し悪を回避する。親は子供に愛情を持ち教育に配慮する。このような法則は動物にも人間にも共通しているが、人間はこの感情の対象を人間すべてにまで拡張することができる。私たちは同情することができるので、互いに互いの苦痛を軽減し、喜びをともに味わうことにさらなる喜びを感じることができる。これは神が人間に与えた「本能の宗教」であり、これによって私たちは互いに助け合うようにと創られたことを直ちに確認することができ、自らの義務に導かれるのである、と論じられる。この部分は基本的にルソーに似ている。ルソーにおいては、親と子供のあいだにある自然に湧き上がる愛情や、苦痛や命の危機に直面した人間への衝動的な救助などの、人間のなかにある計算のない相互扶助的関係が社会の基礎に置かれている。自然状態が人間の心と理性の融和した平和な状態であるという点において、二人は共通していると思われる。

だがモンテスキューはその関係性は「本能の宗教」であり、自然の習俗のなかでは純粋に生活のなかにあらわれるものではあるが、その理想的な小さな共同体は、社会のなかで実現することは難しいと考えていた。もちろん本能の宗教としての同情は、社会のなかに雲散霧消するわけではなく、人の心の深いところに存在している。だからこそ、私たちはさまざまな他者の気持ちや意思を想像し慮ることができるのである。しかしそれは理解しあうことや愛しあうこととは、別のことである。ルソーは、人間一人ひとりに個体としてその尊厳や権利を与え、かつ、かれらが心の結びつきをもって共同体をなす社会をもとめるが、モンテスキューにとってそれはあまりにも非現実的なものに映っただろう。モンテスキューは法という言葉につねにloiを用いdroitを使わないが、このはっきりとした事実には必然的な理由がある。啓蒙時代の多くの思想とは逆に、かれの自然法は個人の権利の根拠とは直接には関係を持たない。かれの自然法の本源的主体は人間ではなく、自然なのである。人間個別の権利の主張が人間全体の幸福と矛盾した形で存在する場合、その権利は、自然法に基づくものではない、したがって正しいものではない。

啓蒙思想との距離をつくる特徴であり、ストア派的な影響としてしばしば指摘され、したがってこれもまた反動的だと解釈されがちなことは、モンテスキューがつねに、その思想であれ判断であれ、個人を基盤として組み立てないことである。個人はたしかに存在はするが、その行為や思想の善悪、正義にかなうか否か、正当性への問い、そのすべてが個人それぞれ個々の判断に帰するものとしては考えられていない。『法の精神』のなかで、モンテスキューがストア派について論じている部分がある。ストア派のみが「市民をつくりえた。これのみが偉人をつくった。これのみが偉大な皇帝をつくった」というように、ストア派をたいへんに評価している。この評価の理由は、かれらが富、権勢、苦痛、快楽といったものをむなしいものと考え、「人間の幸福のために働き、社会の義務を遂行することに没頭した」からである。「かれらにたいする報酬はつねにかれらの内部にあり、自己の哲学のみで幸福であり、他人の幸福のみがかれらの幸福を増大すると思われたのである」(EL24-10, 邦訳下巻三八頁)。ストア派にとって、部分はその各々より高次の次元に包摂されることこそ美しいのであり、全体の利益にかなっている。個人の上位に社会をおくこの考え方から、ストア派は個人の感情を切り捨てることに専心した。実際さまざまな宗派を批判の俎上に載せている『法の精神』のなかで、このストア派への記述だけが好意的な表現として受け止められていることも事実である。モンテスキューが若い頃からギリシャやローマの古典教育を受け、自らも研究に勤しみ、マルクス・アウレリウスやキケロに傾倒していたことはよく知られた事実であり、このことを想起しつつ、しばしば近代というよりは中世的、あるいはストア的な伝統を受け継いでいることの証左としてモンテスキューの上記の解説がなされる。たしかに、「わが随想」のなかでも、かれは次のように述べる。

もし私が、私にとっては有益であるが家族にとっては有害であるような事柄を知ったなら、私はその利益を放棄するのをいとわないであろう。もし私の家族にとって有益であるが祖国にとって不利益である事柄を知ったなら、やはりそれを忘れようとするだろう。もし祖国にとって有益であるがヨーロッパや人類にとって有害である事柄を知ったならば、私はそのことを犯罪とみなすであろう[13]。

しかし、モンテスキューがストア的なもの全体を評価し受容していたかといえば、決してそうではないことにも気がつかなければならない。

モンテスキューは「誠実礼賛」のなかで、ストア的な個人的修養の思想を批判し、個人が追求するべき具体的な行動の獲得というものは、人間が孤立して自己を見詰める努力をつうじては、決して得られるものではないことを記している。「人々はあまりに自分を近くから見るので、あるがままの自分を見ることができない。かれらは自分の徳と悪徳とを、一切を飾り立てる利己心を通してのみ見るから、常に自己自身について忠実ならざる証人であった[14]」。モンテスキューは、より大きな次元のものに包摂されることが善であるといいながら、そのより大きな次元を見きわめようとなされる個人的努力にかんしては、否定まではしないものの、明らかにその結果はおよそ正しくないものだと考えていたのである。洞察を深めるための観察であれば、観察する対象と観察者は、距離をもたなければ正しい観察はかなわない。

さてこの距離感には、誰もが、しばしばとまどいのなかに置かれるのではないであろうか。モンテスキューは、ルソーと同じく人々のあいだにある同情のような感情的つながりを自然が人間に与えた大切な力だと考えているが、ストア派のようにそれとの訣別をも望んでいるのだろうか。モンテスキューは、ルソーのように個人の権利を基礎として社会をつくることに反対しながら、ストア派のようにそれが他人の幸福に向けられるのであればよいと言うのだろうか。しかもそれはたいてい間違っているだろう、などと言うのである。

しかしこの複雑な立場こそ、まさにモンテスキューの思想的特徴に深く通じる点である。すなわち、人間一人ひとりはたとえどんなに誠実に他人への奉仕の気持ちに包まれていても、決して必然的に社会全体と調和する、ということにはならない、という確信がモンテスキューにはある。かれは言う、「町に着いたとき、私はいつも一番高い鐘楼か塔にのぼる。部分を見る前にすべてを全体として見ておくためである。また町を去るときにも、同じことをする。自分の考えを確かめるためである」[15]。このスタイルは、『ペルシャ人の手紙』の異邦人にも通じるものであり、かれの思考スタイルでもある。それにたいして、ストア派の探求、いわば孤立的に行なわれる精進は、人間という集合的なものの精神の習得には直接はつながらない。どんなに誠実に努力をしても、人間はつねに不完全なのである。この世界の全体を見渡す塔の上に立っているのは、神だけであり、人はその眺めを知ろうと努力をする義務はあるが、その達成ははじめから奪われているのである。モンテスキューにとってストア派は、やはり同時代に活用することの難しい古い時代のものであったはずである。それでは直前に示したようなストア派評価の文言、「もし私が、私にとっては有益であるが家族にとって有害であるような事柄を知ったとするなら、私はその利益を放棄するのをいとわないであろう。もし私の家族にとって有益であるが祖国にとって不利益である事柄を知ったなら、やはりそれを忘れようとするだろう。もし祖国にとって有益であるがヨーロッパや人類にとって有害である事柄を知ったならば、私はそのことを犯罪とみなすであろう[16]」という言葉は、どのように理解すればよいのであろう。

個人の上位に社会をおく、ということが示す内容は、少なくともモンテスキューにとっては、上位のものがその下位にあるものすべてを決定する、という意味ではない。前記の「わが随想」の言葉にしても、有益か否か有害か否かは、かならず白黒が明確に二分されるといった単純なものではない。私にとっては有益であるが家族にとって無害であることも、その逆もあるだろう。その同じことが、祖国にとってはどうだろう。すなわち、個人／家族／祖国／人類というそれぞれの水準は、より小さなもの・より大きなものとして位置づけられるが、すべてが一色に染まる必要など、かれには見いだせない。利益や有害の度合いもさまざまであるだろう。ただ確実なのは、より大きいもののほうが、より広範囲にわたる多くの要因がより複雑に関係しあいながら現象しているはずなので、より小さなものは上位のものの調和の達成に協力するべきである、というようにモンテスキューの言葉を理解するのが適当であろう。少なくとも、大きな権威にたいして小さなものはすべて従うことが正しいというのは、まさに専制政的な体制である。モンテスキューはそのような硬直化したヒエラルヒーを認めたことなど、ただの一度もないからである。

人はそれぞれの具体的で個別な生活世界のなかで生きざるを得ず、そこには目の前の人々との感情的なつながりや慈愛の心が生まれることは、あたりまえの自然からの恩恵であり、これを否定できない。しかし広い社会のなかで生きなければならない私たちは、その個別的な小さな共同体のなかに閉じていくことは許されていない。私たちは、必ずしも個別的には同情や共感が難しい他者とも、同じ社会で生きていかなければならないのである。その際、個別的なエゴイズム同士の戦争という事態を良しとしないのであれば、私たちは、互いに他人の幸福を考え、互いに共存するためにエゴを制限していくことを一つの道徳とするしか方法がない。しかしそれはたいてい失敗が運命づけられている。全体を正確に見わたし、当為を正確に図ることができるのは、個別の人間ではなく、神しかいないからである。しかし、他者との共存への努力を放棄してはならない。

ここから、モンテスキューがほとんど唯一の道徳的価値としてこだわることになる、「正義」の観念が生まれる。もっとも、これまで繰り返し述べてきたように、かれの「神」は、合理的論理的に導き出された蓋然性としての神なのだが。

人間がみずからの生命を保存すること、かつ、幸福を求めることは、人間がこの世界に存在することの理由と直結する自然法の命令であった。また、人間は社会をなすようにつくられている、ということもまた、自然法の根幹をなす格率となっている。このことから、モンテスキューの提起する道徳格率の、ほとんど唯一のもの、「正義」が根拠づけられる。

5　自然法と適合的関係——神もまたみずからを制限する

モンテスキューが唯一「あるべき」だと判断しているのは、正義という根本観念であった。しかし常識的な言葉の使用法とは異なり、かれの「正義」のなかに道徳的な内容は示されない。モンテスキューにとっては、世界は多様性と変化に満ちているので、正義について何かの内容を示すことにかれは意味を見いだささない。それより、自然法から導き出された格率、すなわち、多様性と分裂を抱え込みながらも人間が「社会をなす」ことを可能にすること、その条件をなすものこそが正義であった。「正義とは二つのものの間に現にある適合的関係（un rapport de convenance）のことだ。この関係はこれを考えるのが誰であろうと、神であろうと天使であろうとあるいは人間であろうと、つねに同じである」（LP83, 邦訳下巻三八頁）。つまり、モンテスキューにとっての正義とは、多様な異なるもののあいだに共存しうる関係性をつくり、「社会をなす」、ということだけなのである。異なるもののあいだに共存しうる関係性とは、関係をつくりだす双方の個別性を互いに認め、それぞれが生かされあう関係でなければならない。モンテスキューはこれを、「適合的な関係」あるいは「適切さ」「均衡」「平衡性」（l'équité, convenance）などの概念で想起している。それが唯一、自然法に根拠のある「正義」なのである。そう考えると、モンテスキューの「正義」は、当然ながら経済的な価値でも道徳的な価値でもなく、いわば社会的な価値ということができよう。かれにとって異質なものを共存させる力そのものである正義は、あらゆる具体的で相対的な観念の上位にある観念であり、唯一、永遠たるべきものであった。

「神が存在しないにしても私たちはつねに正義を愛さなければならない。つまり、私たちがたいへん美しいと思っている観念、もしそれが実在するならば、必ず正義という状態に似るように、努力しなければならないのである。宗教の拘束に縛られるのは自由だが、公平であることを止めてはならない。このようなわけでレディ君、私は、正義が永遠のものであり人間の習慣にかかわらないものであると考えるのだ」(LP83, 邦訳下巻三九頁)。「美徳はことごとく他のものとの特殊的関係（rapports particuliers）である。たとえば、友情や祖国愛や同情などは特殊的関係である。しかしながら、正義は普遍的関係（un rapport général）である。それゆえ、この普遍的関係を破る美徳はいかなるものといえども美徳ではない[17]」などの言葉にみられるのは、適合的関係へのかれの並々ならぬこだわりである。

それほどの絶対性を適合的関係に与えているのは、それぞれの国家、それぞれの地域、個別の人間の特殊な生活の多様性を生かしつつ社会を構想するための、論理的帰結でもあったといえるだろう。ただ、適合的関係をつくるために、人間一人ひとりが個別的にできることは、限られている。

人間はどこまでも自然ないし社会の、ほんの一部を成す存在にすぎない。これはどんな人間でも——国王でも哲学者でも立法者でも——同じである。そして人はしばしば、客観的な立場に立つといいながら主観的な立場の軛《くびき》から完全に解き放たれることはない。「ある事柄を判断する場合に、人間はひそかに自分自身をその判断に映し出すようだ。だから黒人が、悪魔を白く塗り神を炭のように黒く塗ることがあるし……偶像崇拝者がみな人間の顔を持つ神をつくり自分たちの好みを表現したりすることも、とりたてて驚くようなことではない。三角形が神をつくるとしたら神は三角形の姿につくられるであろう、とは、うまいことを言ったものだ」(LP59, 邦訳上巻一五七頁)。もし人々が社会にとっての適合的関係が正義だということを認めたところで、そのときに何が正義なのかを正確に知る方法を、個別の人間は与えられていない。人がその内部にある限りにおいて、正確な観察が不能だからである。その結果、社会を正義すなわち適合的関係として構築するために、個別的な人間ができることは、次の三つだけである。

第一に、多くの他者との関わりをつくること、あるいは、他者を知ろうとすること。知ることなしに根拠のない偏見や先入観に振り回される危険から逃れることはできない。偏見や先入観は、自分の気づかないうちに自分の知覚に入り込んでいるので、素朴で精緻な観察を通じてつねに自らを教育することのできる人間であろうとすることは、モンテスキューにとって、人がとるべき誠実な行為であった。第二に、どんなに知ろうとしても知ることのできない領域が広大にあることを自覚すること。個人は全体からそれほど遠く隔たっており、知覚できる身近な世界はあまりにも身近で、見えるものや分かることは限られている。理解できることはつねに制限されているという自覚なくしては、自己中心的なものの見方の快楽と暴力をとどめることは難しいだろう。第三に、たとえ適合的関係が見いだされたと人が考えたとしても、それは誰にとっても同じように真正なものではないし、つねに変化する。だから人はつねに新しい適合的関係を模索し続けなければならないこと。適切さや平衡性は、だれであっても必ず自己抑制と制限を要求するのであり、その根拠は自然法そのものにほかならない。

さて本章の2節において、モンテスキューが「神」を引っ張り出したのは、「自然法ないし道徳格率を人間が論じることができる環境を論理的に得るために、神の存在の蓋然性が必要だったからである」と述べた。ここでもまたモンテスキューは「神」を引っ張り出す。

神はみずから必然的存在である。神は全能ではあるが、自己の決定した約束をやぶり、人間を欺くことはできない。神自身にはつねに不能なものはない。が、事物の関係性がつくる世界のなかでは不能なこともある。つまり神は事物の本質を変えることはできないということになる。……神は思いのままに自分の創造した万物を働かしめるのだから、知ろうと思えばすべてを知ることができる。しかし、いくら神がすべてを知ることができるとしても、いつもその能力を働かせているわけではない。いつもは、被造物の思いや行動のなすにまかせ、善も悪もし放題にさせている。つまり神は、働きかけて決定する権能を放棄するわけなのだ。（LP69, 邦訳上巻一九二頁）

モンテスキューの世界をつかさどる神は、もちろん全能なのだが、しかしできることの一部をみずから放棄している、という。かれは、神もまたみずからを制限している、というのである。

モンテスキューによると、神は、みずから創造した世界の無限な多様性と、個別に与えた生きる力と、その開かれた可能性を、あらかじめ拒否するようなことはしない。神は、個別の世界の具体的なあり方や内容は、それぞれの当事者の好き放題にさせている、というのである。しかし、この世界を存在させているという事実それ自体によって、神の正義の掟は、確かに存在している。またこの多様な開かれた可能性の世界の存在を、人々もまたみずから支えるべく、共存への努力をすることだけが、誰にとっても適用されるべき正義なのである。モンテスキューの、より大きな社会にとって有害なものは放棄するという言葉を前節で紹介したが、これが単純な規模と力の関係を示しているのではないことがあらためてわかるであろう。より大きな全体のなかの共存を脅かすものを、断念したり忘れたりすることは、そのなかに生きる存在として正義なのである。しかし、断念するという判断は、全体がその下位の部分に命令することではなく、個別の一つひとつの創造物が自らのなかで思考し決断することが求められているのであり、新たな代替物や方法を考えたりする新たな創造もまた、創造物のそれぞれに求められている。この世界は、あらかじめ完全なものとして創られてなどいないのであり、閉じられたものでもないのであり、つねに破壊と創造が続けられるものだからである。それでも、神は全能なのだ。ただしモンテスキューにとって、神が全能であることは、完全であることを意味しない。

このような観念は、かれ自身の世界の観察からやはり論理的に導かれたものだったのではないだろうか。そこに宗教心も理神論的な信仰も、存在しない。この神の観念は、自然科学の運動法則のアナロジーであったかもしれない。

そのあまりの素朴さのために私たちは長い間充分に理解をしてこなかったけれど、よく考え直してみると、その法の広大かつ豊穣なることが分かったのです。第一の法則は、あらゆる物体がその運動をさまたげる障害物によって歪められない限り、直線を描く傾向を持つということです。第二は第一の当然の結果ですが、ある一つの中心をめぐって運行するあらゆる物体は中心から遠ざかろうとする傾向を持っていることです。その理由は遠ざかれば遠ざかるほど直線に近づくからです。お坊様、ここに自然の鍵があるのです。ここにこそ豊穣な原理があり、それこそ見渡す限りのあらゆる結果を導くものなのです。（LP97, 邦訳下巻六九頁）

自然法則はたしかにすべてに適用されているものだが、私たちがそれを生活のなかで発見する場面は、あまりにも多様な個別のものをつうじてである。私たちは、子供が追いかける転がった球の軌跡と、季節になると樹々から舞い落ちる枯れ葉とが、同じ法則のなかにあるとは思わないし、同じだと思う必要もない。それは人間の意図をはるかに超越したところで、法則として結びつけられていたとしても、それらは私たちの意識に上ることはなく、生活世界の一部としてちりばめられ、かつ、美しく構成されている。しかし、自然法則と道徳格率を区別したように、モンテスキューは、自然法則のように完全に法則に支配されないことが、社会あるいは人間を対象とするときの限界であることを忘れない。

知的存在からなる世界は、物質世界と同じくらいよく（法に）支配されているということはない。なぜなら、知的世界もまたその本性（nature）からして不変である法をもっているにしても、それは物質世界がそうであるほど恒常的にそれに従うわけではないからである。その理由は、個々の知的存在はその本性により限界づけられ、誤りに陥るものであるということである。他方、知的存在というものは自分自身で行動するという本性を持っている。だから知的存在は、自分たちに与えられた原初的な法に恒常的には従わないだけではなく、自らに課した法にも常に従うとは限らない。(EL1-1, 邦訳上巻四二頁)

私たちはみな自然のなかに生まれてきた存在なのであり、すでに自然の一部をなす。だからこそ多様であり、だからこそあらゆる存在は制限されたものであり、それぞれの意思と判断力をもつからこそ誤りをおかすし、不完全でしかない。この世界で、人間だけが知性がある存在だという不遜をモンテスキューは決して許さない。どんな学者でも国王でも、人間自身の手でコントロールできることは、ほんのわずかかもしれない。しかし全体の多様性の共存を考えることは、神にしか可能ではないとしても、私たちは考える努力を放棄してはならない。というのも、それは自然の一部である私たちの責任だからである。世界の平衡も安定も人の力で簡単には実現できないにしても、平衡状態の揺らぎそのものは、多様性がまさに生きて活動していることの証左にほかならないではないか。だからこそ私たちの知性は活動し続ける義務がある。知覚しうる世界の外側を思考することは形而上学だと言われるが、自らの制限を知りその外側を想像することは、モンテスキューにとっては多様性と相互性のある社会に生きるために必要なことであった。

形而上学には二種類の魅惑的な点がある。それは……寝床のなかや散歩の途中でも、どこでも研究できる。さらに形而上学は、偉大なことがらのみを行なう。そこでは常に大きな関心事のためにやりとりが行なわれる。自然学者、輪廻学者、演説家は小さな対象にしか従事しない。ところが、形而上学者は全自然を独占し、それを思うがままに統御し、神々を作ったり壊したりし、知性を与えたり奪ったりし、人間を動物の状態に置いたり取り出したりする。形而上学のもたらす概念はすべて興味をそそる。現在、および将来の平穏が問題の的だからである[18]。

モンテスキューが、形而上学を必要としたこと、実験と実証科学だけで学問として満足しなかったことは、論理的に必要な結果であった。形而上学は、人間の精神を自由に活動させるために必要な空間であったし、これがなければ吟味そのものが不能だといってもよい。同じように、希望をもつことも幸福へ手を伸ばそうとすることも、不能となる。

魂は不滅であるということが、たとえ誤りであるとしても、それを信じていないとしたら、私は非常に遺憾である。……啓示される真理とは別に、形而上学的な観念は私に、自分が永遠の幸福にいたるという嬉しい希望を与えてくれる。私はこの希望を断念したくないのだ[19]。

第三章　愛と矛盾――有機体はうごめく

1　自然は人にすべてを与えている――幸福と自己愛の所在

自然が人間に与えた習俗という環境が、モンテスキューにとって、社会という観念の根拠をなすことは、前章で既に述べたが、このことは、かれの人間をみるまなざしのなかにも、よく映し出されている。

「幸福になるために何をするべきか」とある嘆願者が問いかけた。――わが友よ、何もない、とかれは答えた。――え、何もないって？――何もないと私はあなたに言いたい。――そもそもあなたは私が幸福だと思うのか？――否、それどころか私はあなたのほんのわずかしか幸福でないと思っている――ではなぜ私が幸福になるように努めるのをあなたは望まないのか――それは人はすでに幸福であるはずだからであり、これから幸福になることはできないからである。(1)

この会話は、モンテスキューの小説『真実の物語』のなかに登場する。人は、幸福という生きる喜びや心の満たされた状態を、すでに自然の習俗という世界のなかで知っているはずである。そこでは、生命を分かち合う事実と世界のさまざまな存在との交歓があり、私たちはすでにそれで幸福であるはずなのであり、自然は人間にすべてを与えているのである。というのも、人は原始共同体に生まれようが大都市に生まれようが、いずれの国に生まれても、自然はすべての人に等しくその恩恵を与えているはずだからである。だからモンテスキューは言う、「人々が享受していても知らないでいる幸福というものがある。それをかれらによくわからせなくてはならないだろう」[2]、あるいは、思い出させてやらなくてはならないだろう、と。モンテスキューにとって、そこが自然の習俗であろうと社会であろうと、「生きとし生けるものが自己保存を欲する本能」(LP89)は、私たちの身体のなかに、意識よりもずっと深いところに息づいているのであり、その自己愛ははじめから相互性に包まれている。人がこの世界に生をうけた、という事実そのものに根差す感情が自己愛だからである。

しかし楽園は失われた。もはや人間は自然の習俗ではなく社会のなかで生きなければならない、あるいは、社会しか知らない人々の時代が到来しているのである。幸福とは何かを人は思い出さなければならないのだ。しかし、それは人を失われた過去に向かわせることではなく、目の前の具体的な現実に目を向けることを経由してでなければならない。というのも、原始共同体の習俗と都市の社会生活との大きな違いは、人とのかかわりが質量ともに増えかつ広がることであり、また、そのかかわりに応じて無限に比較が可能になることであり、人がもつ感情も、複雑で多様になることである。モンテスキューは社会生活にともなうこのような変化を、人がより大きな世界の連鎖に加わることだと考えており、精神の喜びに導かれることだと考えていた。人間は何かを感じるために、考えるために、働きかけるために、この身体と知覚をと与えられているのだから。生きていることの証であるようなこの知覚や神経を思いきり活動させることは、まさに神の意に叶うことにちがいないからである。「私たちの魂は、考えるために、つまり知覚するためにつくられている」[3]。

この精神の働きは、具体的に目の前の世界と向き合い、欲求し、手ごたえのある享受をもって、ますます生きることになる。またそこから人は、再び新しい知覚や思考の連鎖を紡ぎ出す外の世界との結びつきをもち、かつ、たえず問いが繰り返されながら深められていく自己の世界をもつ。これこそ、モンテスキューの幸福観である。

二種類の幸福な人々がいる。一方の人々は自分の魂の達しうる、容易に獲得できる対象によって強く刺激される。かれらは生気にあふれて欲求する。かれらは期待し、享受し、そしてすぐに新しい欲求をもつ。もう一方の人々は、穏やかだが不断に揺り動かされるような刺激を受けとめる。かれらは刺激から養われるが、乱されない。一回の読書、一回の会談でかれらは満足する。(4)

社会のなかで生きざるを得ない人間でも、かれが幸福に生きるのに、さほど高いハードルがあるわけではない。魂はより広い世界に結びつき、さらなる活動に導かれうるからである。しかし、ここで注意しなければならないのは、幸福の中身である。

人間がすべて幸福に憧れることが確実であるとすれば、かれらをそこに導く経路を発見することはさほど困難ではない。健康ほど貴重な財はなかなかないが、それを保つ真の方法は節度と節制にある。あとで悔いる恐れのあるようなことは何ごともせず、つねに正しい限度（justes mesures）を守ることを心得ることが、正しい目的に到達するために大切である。これが賢明と思慮の標識である。私たちを襲う苦悩に屈しないで、それに平然と耐え、無益な後悔によってその苦渋を増大させないということは大いなる利益である。(5)

ここで注目するべきことは二つある。一つは、当然ながら「節度と節制」である。モンテスキューの幸福にはこれが必要である。かれが繰り返し述べているように、多様性と相互性のあふれる社会のためには、他者とのあいだにある種のバランス感覚が必要であり、その結果他者との相互性のなかで自分にももたらされるものが幸福である。もう一つは、それに続く文章である。幸福に導かれる道を歩くためには、「苦悩に屈しない」ことが求められている。つまり幸福と苦悩は、どちらか一つだけというわけにはいかないのである。これがかれの幸福観の特徴でもある。

モンテスキューにとっての幸福とは、苦悩や困難をなくすことではない。幸福と苦しみは、矛盾しない。むしろ、苦しみは幸福の重要な一部でさえある。

喜びは多くの場合、苦しみとまじりあっており、苦しみは喜びとまじりあっているものである。魂が誰かの注意と同情とを惹きつけていると感じている場合には、その苦悩からあふれる喜悦がどこまで高まるか、想像できないであろう。それは心地よい感情である。……真の深い苦しみには、喜悦がある。それはけっして人をうんざりさせない。深い苦しみは大いに魂を占領するからである。人に語りかけたいときや沈黙したいときにも、深い苦しみのなかに喜びがあるのがわかる。より激しい苦痛を与えることによって、現在の苦痛から気をそらすことも大きな喜びだと言えなくはない。(6)

人にとって何が喜びであるか、苦痛であるか、悲しみであるか、その内容に絶対的なものなどない。それぞれの人々の価値観のもち方や生活様式によって、具体的には異なるであろうし、自分もその一部であるその多様なる世界を拒否することはできない。確かなことは、他者との共存という環境は、自分だけの幸福が通用しない場面があることであり、利害関係を相反する人々とともに生きることであり、苦悩や逡巡などがつきものであることだ。その心の状態というのは、たしかに苦痛に向き合っているかもしれないが、その間、人はよく考え、学び、心と身体の一致をみる。それは魂の充溢した生きた経験にほかならない。この魂の活動を通じて、多様なこの世界をまさに実現させている行為にほかならない。そもそも、前述したように『自然法試論』で宣言した格率「第一、人間が幸福であるためになさなければならいこと、第二、神は人間の幸福と保存とを欲していること」さらに「人間は社会を成すようにつくられている」という自然法の核心は、ほぼ必然的に、苦悩や困難、さらにそれを乗り越えようとする知恵を、必要とせざるを得ない。苦しみがあろうと人々が集団として共に在ることこそ幸福の根拠でもあるからである。幸福をこのようにとらえるなら、モンテスキューの次の言葉もその意味がよく理解できるだろう。

自然は、恩知らずの人間たちにも働きかける。私たちは幸福であるのに、自分たちがすでに幸福であるとはまるで気づいていないような話ばかりをしている。しかし私たちはあらゆるところに喜びを見出す。喜びは私たちの存在に結びついているのであり、苦痛は偶発的に起こることに過ぎない。事物はいたるところで人々の喜びのために準備されているように思われる。私たちが目覚めるとき、夜明けの光が私たちの心を喜びで満たし、私たちが眠気につつまれるとき、闇が喜びとなる。自然は無数の色で満ちている。私たちの耳は心地よい音で慰められるし、料理には快い味がある。それなのに、人間の幸福にはそれだけでは十分でないかのように、私たちの身体は絶えず修復されることをなおも必要としている。(7)

人は、たとえ困難や危険があろうと、多様性の時代にあって与えられた自分の小さな常識の殻に閉じこもってはならない。閉じこもることは、魂の不遜と怠惰をもたらすものであり、これは創造者である神に背くことであり、「人間らしくない」ことなのである。モンテスキューは言う、「魂とは永遠の作業のことであり、それは自分のために絶えず働く」。(8)

しかしながら、やはり幸福と苦悩が矛盾しないことは、社会に生きる人々にはなかなか理解されないことであった。人々のあいだに存在していた自然のなかの穏やかな平等は遠い昔に終わり、戦争状態――他の人々と自分を比較しながら、より多くをめざして争う状態――しか知らない人々のほうが普通になってしまった。人と自分を比較することがあまりにも容易になり、欠乏感や嫉妬が常に掻き立てられる日常が訪れる。そして欠乏感や嫉妬のような感情に応えて行動しようとすることもまた、人間にとっては自然なことである。しかしそうなると、幸福も、人々と争奪するべき対象として、格下げされてしまうことになる。すでに十分に恵まれているはずのみずからの幸福をすっかり忘れ、もっと幸福になるために何が足りないかを探し出し、その争奪戦を繰り広げることになるのが、社会という場所なのである。

前に、魂の活動そのものは幸福な活動であると述べたが、とはいえ、あらゆる活動が幸福へ導くものではなく、誤った活動もある。

不幸な人間には二種類ある。一つは、魂の一種の消耗に陥っている人々であり、そのため何ものもかれの魂を動かさない。この魂は、何を欲する力もなく、魂に触れる一切は鈍い感覚しか喚起しない。このような魂の持ち主は、常に惰気の状態にいる。かれには人生が負担である。一瞬一瞬が重荷である。かれは人生を愛さず、死を恐れる。不幸な人間のもう一つは、およそ自分の手の届かないものをすべて、焦燥にかられながら熱望し、つねに摑もうとするが摑み損ねる宝をむなしく求めて憔悴する人々である。(9)

モンテスキューがここで言っている不幸な人間——社会のなかの人間の不幸——について、確認しておこう。これらはすべて、人間の身分や地位にかかわらず、多くの人々に降りかかる可能性がある。

まず不幸な人間の一つめは、社会のなかの人間には多様な出会いや交わりがあるにもかかわらず、その他なる世界に目をやることをやめ、自分の価値観の殻のなかに安住するような閉じた世界の住人である。かれの作品のなかに繰り返しあらわれる情欲、怠惰、放埓という主題は、人が陥りやすい陥穽としてモンテスキューがしばしば取り上げるものであり、それ自体はいかなる意味でも破壊を直接意味するものではないにもかかわらず、苦痛や悲しみよりもはるかに深い不幸として考えられている。言い換えれば、あらゆる人間が抱える可能性のある、精神の腐敗の具体的なかたちなのである。「魂の動きがあることは、休息よりもずっと快適である。死んでしまいたいと思うほどのだるさに陥らないよう、私たちを守ってくれます」[10]。

第二の不幸な人間とは、無限の欲望にさいなまれ満足することを奪われた人々のことである。もっともモンテスキューは、たとえば権力や利益をもとめる欲望そのものは否定しない。これもまた自然から生まれる力だからである。求めること、それ自体が、人の生きる力なのである。しかし、これが不幸であるのは、欲望の対象が手に入らないからである。ここで、手に入らないということには以下の二つの場合がある。一つは、手を伸ばせば伸ばすほど目的が遠くなる場合、もう一つは、欲望の対象が具体的でない場合である。たとえば、ターゲットになりがちな利益と権力を考えてみよう。それが不幸なのは、利益と権力がこれで十分ということのない、どこまでも満足することの決してないものだからである。「権力への欲望は自然なものである。それは飽くことのないもので、絶え間なく研ぎ澄まされ、権力をすでに持っているからもういらない、ということにはならない」[11]。いくら求めても欠乏感は満たされることがなく、何ものからも享受することがない。その結果、ただ焦燥の世界に閉じ込められ、必然的に多様な交歓の可能性を閉ざされることになる。さらに利益と権力は、なんのために必要とされるのかという理由を具体的に持たなくても欲望できる。逆の言い方をすると、享受することを前提としない欲求である。相互的な平衡の原理を喪失した欲望、幸福へと帰着しないかたちでの生のエネルギーの浪費。そのような欲求のあり方は、自然のなかの原始共同体ではありえないものであった。

権力欲をもふくめて、人間の情念そのものは決して悪ではないが、それがどのようなものに結びついて経験されるかによって、社会にとって良いものにも悪いものにもなる。また人を幸福にも不幸にも結びつけてしまう。情念が「情念の真の目的」[12]に向けられているなら、それは力強いバネとなって人々の結びつきを強める「原理」となる。しかし社会には、「情念の真の目的」以外のものがあふれているから難しい。

さて、他の啓蒙主義者たちと同じくモンテスキューにあっても、自己愛は人間のうえに自然法の基本的な表現としてあらわれたものである。しかし自己愛は、人によってさまざまな意味で使用されているいわば扱いの難しい概念でもある。というのも、権力欲や嫉妬、あるいは他者への信頼や恋愛までも、最終的には自己愛の変化したものとして理解するラ・ロシュフーコーが時代の注目を集めて以降、自己愛はいつも何らかの思想の基礎部分を構成する重要概念になっていった。ラ・ロシュフーコーからちょうど一世紀後のルソーにおいても、自己愛は人間の心理のなかで重要なものである。それは自然状態の未開人がすでにもつ自己保存の本能のことであり、自由な人間の証であり、美徳の源泉としての機能を果たすものとしてとらえられている。そしてこれは社会状態に入ると失われてしまう。

モンテスキューの「自己愛」は、この世界に生を受けた、という事実そのものに根差す感情、と先に述べた。ただ注意しなければならないのは、そもそもモンテスキューは個人を基礎とした社会を想像していないのだから、ここでの自己愛というものも、個人が自分の個別性としての存在を愛する感情という意味はもともと存在しない、ということである。人はすでに集団のなかに包まれながら存在するのであるから、自己愛は集団性を経由しながら自分に戻ってくる愛情であることになる。「人が私たちにしてくれることを私たちが欲するということ、それこそは自己愛が私たちに引き起こす欲望である。同じことを他人にたいして行なおうではないか、ということが自己愛の発する勧告であり、それは最も効果的な勧告である(13)」。すでに自然法のなかの自己愛そのものが、他者との関係のなかで存在するものなのであり、この基本的な考え方は、社会のなかでも人間の奥底に生き続けるのである。

したがって、自殺は自然法に反する行為であるとともに、自殺しなければならないような人々が多くいる社会は、社会としてどこかが間違っている。社会は多様でありうるし、そこに普遍的に善い社会像などというものを描くことには、極めて慎重であったモンテスキューではあるが、自殺の多い社会への批判は明らかである。

教義によれば、人間の魂と肉体とは神によって結びつけられたのである。したがってこのことは、自殺が神の意志に反し、魂と肉体の両者を引き離すことを意味する。すなわち、自殺は神に反抗する行為である。……社会というものは本来相互の利益を基礎として成り立っているものである。したがって、自分にとりもはや益することがなくなってしまった社会から彼が立ち去ることを何人も拒むことはできない。生命は一種の恩恵として自分に与えられたものであるから、それがもはや恩恵ではなくなってしまったときには、返上しても良いわけである。原因がなくなれば結果もまたなくなるべきである[14]（LP76, 邦訳下巻二四頁）。

モンテスキューは自然法に反する行為だからといって問答無用に糾弾したりはしない。人が相互性のなかで生きている限り、その自然の恩寵も相互性をつうじて一人ひとりに返されなければならない。関係性のその基本運動を阻害する要因となるものをつくってしまう社会制度には正当性がないと、かれは考えているのである。

2　幸福と社会——パラドックスの物語

前章で確認したように、幸福は、モンテスキューにとって自然法の最も重要な格率であり、人にとっても社会にとっても、共通の目的ですらある。しかし社会生活のなかでは、その起源でもある幸福という観念そのものが、はげしいパラドックスのはざまに置かれることになってしまう。人の心は安心できる場所を奪われ、不安定で荒れた情念のエネルギーにさらされてしまうことになる。この結果、人にとって幸福を獲得することがいかに困難か、モンテスキューはこのジレンマについて語る。

モンテスキューの『ペルシャ人の手紙』のなかに、「アフリドンとアスタルテの物語」がある（LP67, 邦訳上巻一七七—一九〇頁）。

兄アフリドンと妹アスタルテは世界最古の宗教を信じるゲーブルたちの世界に生まれ、「理性よりも先に愛」によって支配された二人であった。この愛は太古のゲーブルの習慣では許されたが、いまでは回教の影響によって禁止されたので、父は妹を回教徒に嫁がせてしまった。こうして兄妹は制度に引き裂かれたが、長い困難の末に再会する。異教への非難と愛の告白とを聞いた妹は、制度と愛する心とのジレンマに苦しむが、兄からゾロアスターの聖典を渡されたとき、ついに兄への秘めた思いを告げる。二人は密かにハーレムを脱出し、ゲーブルの方式で結婚する。「私たちの結婚は神聖だ。自然が私たちを結び付けたのだ。尊い自然法が私たちを再び娶せるのだ」。その後、二人はやがてゲーブル社会をも追われるが、最後はパリで幸せになる。二人は、「その生活は徳行に満ち、できるだけ地味に暮らしているが、その雄々しい心は最も偉大な国王よりもすぐれている」。二人の心は結局、社会から排除されなければ成就されなかった。異邦人になってやっと、社会との葛藤を破壊的な高まりにいたらずに処理することができたのである。

モンテスキューはアフリドンとアスタルテを許容する社会を描かない。それには、二つの理由があっただろう。一つは、人が人を想う愛情というものは人間にとって根源的な存在理由であり、誰であろうとどんな社会でも、けっして奪うことができないことを示すためである。これはモンテスキューの自然法の第一の格率でもあり、疑問の余地がないだろう。もう一つの理由は、異邦人というあり方を許容する場所でこそ、かれらの幸福が存在しえた、ということである。異邦人という存在は、あらゆる社会から排除されたものであり、その意味では社会と幸福の完全な決裂を示している。しかしそれは同時に、異邦人という存在のあり方を許容する社会がいかに自由であるか、という意味をも内在させているといえよう。これは『ペルシャ人の手紙』の主人公ユズベクの立場にも共通する。かれは異邦人であるからこそ、『ペルシャ人の手紙』の主人公になることができた。これについてはのちに再び検討することになるが、ここで確認しておきたいことは、社会制度がどんなに精緻なものであろうと、それが想定する人間は、実際の人間の多様性、あるいは人間の生き方の多様性を、決して超えることはない、というモンテスキューの世界観である。

「アフリドンとアスタルテの物語」とは、その構図が対極的な挿話がある。この兄妹とは逆に、社会のために心をまったく棄ててしまう人間をとりあげて、モンテスキューは痛烈なアイロニーを語る。

「人間は社会的動物であるといわれる。この点においては、フランス人は他の国民よりも人間であり、優れた人間であるようだ。かれらは社交のためにのみ生きているようだから。しかしなかには社交的であるばかりではなく、なにからなにまで社会そのものであるといえるような人のいることに、気づいた。……この種の人間が百人いると、二千人の市民よりもおびただしい数に思われる」。かれらはへとへとになりながら、会う人すべてにどこから来てどこへ行くかを尋ね、葬式や結婚や子供の出生祝いに行く。「かれらはすっかり疲れて帰宅し、翌日再び苦しい仕事をするために休む。そのなかの一人が過労で死んだが、その墓碑銘は次のようなものであった。「ここにかつて憩いしことなきもの憩う。かれは五三〇の葬儀に列し、二六八〇人の子供の出生祝いに赴き、……歩いた道のりは町では九六〇〇スタード、田舎では三六スタードに達する。いつも三六五の小話を用意し……一一八の格言を巧みに用いて喝采を得る。……ついに六十歳にて没す。さて、もうやめよう。かれがその人生で何を成したのか何を見たのか、それをどのように語ればよいのか、私にはわからない」」(LP87, 邦訳下巻四七―四八頁)。

ここでは、自分の行為のすべてをまわりの社会的関係のなかに雲散霧消した社会的人間が描かれている。もし自然の習俗にあった原始的共同体であったなら、このような人間は穏やかな目に見える相互性に守られて幸福であったかもしれない。しかし、フランスはすでにそこから遠く隔たった国家になっている。すなわちそこでは人間関係も、役割や立場や社交辞令、あるいは面倒なシステムや礼儀のポーズとしての、外面的表面的なものによって蝕まれているのである。したがって人がまさに社会的にのみ生きてしまうと、心身ともに消耗するしかない。これによって、かれはどんな場所もどんな人も「かけがえのない」存在をつくることができないし、自らも誰かの「かけがえのない」存在になれないのである。社会的動物というだけでは、もはや人間は幸せにはなれない、という厳しい告発でもある。

また人間のすべての行為や情念が、決して社会の内側のみでは解消し得ないことを示すために、別のところでモンテスキューは次のような疑問を提出する。「立派な生涯を送った人間に与えられるべき〈快楽〉とは何か」(LP125)。

言い方を変えるなら、社会の要求に応じて社会的義務を全うし、社会に尽くした人間は、いかなる快楽〈極めて個人的な欲求の満足〉を獲得することができるだろうか、という問いでもある。そのうえでこの問いには、いかなる宗教も有徳の士も、なにも答えられない、とモンテスキューは言う。自然状態から抜け出してすでに社会に生きる人間にとって、かれの個人的な情念は、社会的観念や社会的価値のなかにすべて吸収されてしまうことなどできない性質のものであった。情念は、人間の身体の自然から湧き出すものであるが、社会的価値はもはや根源的に異なる起源をもつものである。だから、一方が他方に包括されるはずがなく、まして一つに解消することなどありえない。人間が社会を受け入れるのは、心がそこに多少なりとも幸福や快楽を感じることができるときにかぎられる。人間が社会的存在であるのはその場合だけである。そしてその葛藤が増大し、社会が自分にとって苦痛になったとき、人がそれを拒否してはならないと強制することは、現に誰にもできない。「社会はお互いの利益を基礎として成り立つものだ。しかし社会が自分に有害なものと化したとき、それを捨ててはいけないとは、誰にも命令できないのである」(LP76, 邦訳下巻二四頁)。

さて、このようにモンテスキューは、社会あるいは社会制度と人間の心に自然に生まれる愛情や幸福のあいだの、深刻な亀裂を論じているが、幸福の困難は、制度と心の亀裂だけにとどまらない。もう一つ、かれがさまざまなヴァリエーションをもちながら繰り返しているのは、人の心の内側で経験される、愛情と独占欲の混同という苦しい落とし穴である。

モンテスキューの著作のなかで、本人の意図とは大きく違い、非難を浴びこそすれ賞賛をあびることのなかった作品に小説『グニードの寺院』がある。物語の最後におかれた男女の恋愛の描写にかんして、大変評判が悪かった。しかし本人は一七二五年のこの作品の序文に、以下のような一文を書いている。「これらの詩の目的は、私たちが感覚の快楽（les plaisir des sens）のためではなく、心の感情（les sentiments du cœurs）のために幸福であること、また私たちの幸福は偶然の出来事によって乱されやすいことを示すにある[15]」。しかし一七四二年の版ではこの部分は削除され、以下の言葉が置かれている。「もし威厳ある人々があまり軽薄ではない著作を求めるなら、私はその希望をかなえて差し上げることもできる。三〇年の間、私は一二ページの本を書いているのだが、形而上学、政治学、道徳について私たちの知っていることのすべて、偉大な著作家たちがそれぞれの作品のなかで書くのを忘れていたことのすべてが、そこに含まれているはずである[16]」。

この序文を読むだけで、モンテスキューがこの作品に託したものが並々ならぬものであったことがわかるのだが、かれの意図は、同時代の人々にはほとんど理解できないものだった。濃密な恋愛の描写だけが取りざたされ、軽薄なものを好むサロンですら評価されることがなかった。駄作、失敗作。しかし考えなければならないのはこの作品が名作か駄作かではなく、多くの人に理解されなかったにせよ、モンテスキュー自身が、「偉大な著作家たちがそれぞれの作品のなかで書くのを忘れていたことを書く」とした、その中身が何であったかということである。

『グニードの寺院』は愛し合う二組の恋人たちの物語である。「私」という主人公とテミール、アリステとカミーユである。「私」は情欲と奢侈と怠惰に満ちた腐敗した祖国を捨て、旅をしている。その途中グニードで、「私」とテミールは出会い恋人になる。私たちは互いのためにつくられていたのだ、相手がそばにいるだけでそこが生きる場所となると確信する。二人はグニードでアリステとカミーユの二人にも出会うのである。ある時グニードで開かれる美の栄冠を争う宗教的競技が行なわれる。カミーユはアリステが美しいと思ってくれれば十分として出場しない。テミールは準備に忙しい。その結果、美神から勝利の冠をもらったのはテミールだった。テミールへの称賛を耳にすると、わが身のことのように思えて、「私」は自惚れを感じる。「私」は彼女の愛をいつも確実に手にしておくために、心身ともにもっと近づこうとするが、いつもテミールには拒否されてしまう。あるとき「私」とアリステはグニードの洞窟で嫉妬神に息を吹きかけられるや、嫉妬と狂乱を繰り返し無限の苦しみのなかに放り込まれてしまう。「私」はテミールをみると、離れていたことを責め、恨んで苦しんだことを告白し、彼女を疑ったことを詫びた。しかし「私」が追いかける恋愛神は、彼女の唇の上に、胸の上に、足の先に、そして足の奥にと、分け入っていく。テミールは怒り、「私」を突きとばした。「テミールが私の胸の上に手を置いて生気をそこに戻してくれなかったら、私の最後の息になっていたでしょう……彼女は私に接吻しました。私は残念にも罪人になる望みを失って、赦しを得ました」(17)。

嫉妬と狂乱に衝き動かされる情念は、恋愛の情熱のゆえとはいえ、自分の心もテミールとの関係も結局は支配欲から独占欲、やがては破壊へと導く。モンテスキューにとって支配欲や独占欲は、恋愛の間違った目的なのである。それは「私」が捨てた祖国にあった情欲や怠惰の帝国を、自らのなかにもまたつくりだしてしまいかねない危険だった。しかし幸いにも、テミールは、その危険から「私」を拒むことで「私」を救ったのである。

「放蕩よりも恋愛が優れている点は、快楽に多様性があるからである。あらゆる思想、あらゆる嗜好、あらゆる感性が、相互的となる。恋愛において人は二つの肉体と二つの魂を持つ。放蕩においては人は一つの魂を持ち、やがてその魂は自分たちの肉体に倦怠をさえ覚える」(18)。

恋愛という感情の真の目的は、互いの異質性のあいだに、不安と緊張と喜びに満ちた関係を取り結ぶことにほかならない。そのなかにこそ幸福がある。モンテスキューは誰もが共感するであろう身近な恋愛物語のなかに、人間の深い苦悩とその運命を描き、さらに政治学や道徳の核心にも通じる問題に触れたのだと、想像することができる。福鐘忠恕はこの作品の含意について的確にまとめている。

モンテスキューが理想とする恋愛は、「激しい肉体的渇望と、それに劣らず強烈な理想主義的憧憬の相対立する相互作用そのもののなかにある。恋愛の真の快楽は、単なる情欲の満足にも、愛人を理想化して恍惚と夢見る境地にも無い。それは最高度の感情とそれにたいする最高度の理知との相克のうちに見出されなければならない。それは具体的には、美人競争の勝利者を恋人に、研ぎ澄まされた知性と陥穽の両極から発する青白い火花にも類する知的、情的交感を楽しむことにほかならない[19]」。

恋愛の物語から離れて、ふたたび幸福と社会の問題にもどろう。モンテスキューの物語から受け止められるのは、ひとが異質な存在と共存する関係性が、それを避けたり憎んだりする場合はもちろん、それを限りなく愛する場合であったとしても、困難をともなうということである。ここであらためて確認しておきたいことは、前節での議論、すなわち、モンテスキューの幸福が、苦悩の排除というような問題ではなかったことである。モンテスキューにとっても、社会のなかで幸福をつかむには、社会制度との葛藤との闘いをいくぶんかは引き受けなければならないし、自己の心との闘いも、引き受けなければならない。この魂を生きることは、誰にとっても実はたやすいことではない。それでも、幸福こそは、自然法の目的であり、社会の根拠である。

人間が戦慄と恐怖の対象となりこの世界に限りない無秩序を巻き起こすことが、神がみずからの創造物に与えた本性であるはずがない。人間はその才知と理性によって、情念に強力な障壁としての法を適切に見いだすべきであることが述べられる。そして人間が正義を感じ取ることのできる能力や可能性をかれは疑わない。

事実人間は無数の情念に支配されており、それらの情念は多くの才智と結び付けられると、限りなく危険なものとなる。情念がそれじたいとして考察される場合には、それは、私たち人間の自己保存に貢献しないわけではない。情念が私たちに役立つものを追求することに私たちを駆り立てる。このことは間違いない。しかしながら、情念が情念の真の目的に向けられないならば、それらは一層の力と速度をもってひたすら突き進むしかなく、もし法がそれら情念に強力な障壁を対置しなかったならば、世界に限りのない無秩序を巻き起こすであろう。そして地上は、残酷さだけではなく、想像しうる限りのあらゆる狡智さを兼ね備えている虎や獅子の巣窟そのものになる。これほど人間にとって有害なことはないであろうし、人間が才智と理性を分かち与えられているとしても、それを凌駕するほどの忌まわしい賜りものとなるであろう。[20]

3　情念の反‐秩序

このような情念と社会の関係性に対するモンテスキューの考え方は、ルソーのそれとは対照的である。ルソーのいう自然状態が人間の心と理性の融和した平和な状態であるという点において、モンテスキューと共通することは既述した。そしてルソーは、これをもとに理性によって把握された自然状態を実現することを、社会の目標とした。ルソーは『社会契約論』のなかで、「自然状態から社会状態へ推移するときはじめて、肉体の衝動が義務へ、欲望が権利へと交代し、……自分の好みよりも理性に相談しなければならないことに気づ」き、こうして人間はさらに魂の高い状態になるのだと言う。[21]つまり、ルソーにとって自然に発する感情と、社会的な意志疎通のために必要となる理性とは、人間が魂を高めることによって一つの調和した知のはたらきとなるのである。こうしてかれは、理性の働きを基本にした契約としての社会を構想する。これにたいしてモンテスキューは、自然は理性によって把握できる範囲をはるかに超えて、人間の本質に深く根差すものだと考える。たしかにひとの感情と理性は融合してなにかを創造するかもしれないが、それと同じくらいの確率で、破壊する危険性もはらんでいる。かれにとっては、社会を構想するのに理性という働きだけでは全く足りず、それを何にたいしてどのように働かせるか、ということが問題であった。「理性による情念の高度化による調和」などという想像を、モンテスキューは抱いていなかった。かれが社会に求めたものは、ルソーのように自然的社会つまり習俗の調和的な状態ではなく、かつて習俗に実現されていたはずの、さまざまなものを全体として結びつける関係性の力学であった。つまり、情念が反社会的に働くからこそ、社会には関係性が必要なのである。

『自然法試論』の半ばにおいて、モンテスキューは人間と人間以外の創造物との間にある相違を示しながら、人間の法（道徳格率）を発見するために考慮すべき事柄についての考察をおこなう。他の被創造物から隔てる、人間に与えられた諸才能は、正当に使用されなければならないこと、そしてその諸才能に関する言及が続く。社会のなかで生きる人間は必要を超えて欲し、自然の与える範囲では満足しない。その欲望が猜疑心や羨望に変わることもしばしばである。しかも人間の性向はあらゆる瞬間に変化する。このため、人間だけが諸才能の濫用の危険をもつと宣言される。欲望や情念が真の目的に向けられず情念と才知が結び付けられるならば、それは人間にとっても世界にとっても極めて有害である。正義すなわち適合的関係は、永遠に普遍的に存在するものではあっても、それは人間の個人的個別的な情念の力によって見失われやすいものであることは、モンテスキューもはっきりと認識していた。

人間が反社会性をその根本に有しているという考え方は、必ずしもモンテスキューだけが孤立して持っていた思考ではない。むしろ多くの思想家や研究者は、社会について深く考察すればするほど、一度はその認識に直面せざるを得ないような、一般性をもつ問題である。しかし、その認識に直面した上で、そこからどのような問題領域に目を転じるかという選択が、その理論家の個性を表現することになるのである。また、モンテスキューが「不調和の調和」ないし「不協和音に満ちた平和」という社会の捉え方をしていたことは、すでに第二部第一章で述べた。ある種の情念が原因となっている不調和が全体としては一つのまとまりをつくる、という捉え方や思考も、必ずしもモンテスキューだけに特有のものではないだろう。

たとえばマンデヴィルの『蜂の寓話』も、「私的悪徳、すなわち公共の利益」という副題がついているように、結局一人ひとりの私欲の純粋な追求がいかに無秩序であろうと、結果として調和をもたらすという考え方でもある。また、パスカルにおいても、人間のなかに理性と情念の二元性を認め、それがつねに闘っていること、また、偉大さと惨めさが共存し、さまざまな悪徳の綱引きによってその平衡した場所に徳が成り立つことなど、人間を取り巻く相反的な力が論じられており、「邪欲から見事な秩序をひきだしてくるのが人間の偉大さ」であるとの見解が示されている。これもまた「不調和の調和」という概念でくくろうと思えば可能であろう。

しかし、モンテスキューの徹底した情念の反社会性とその抑制の必要に関する言及は、やはり、マンデヴィルやパスカルとはまったく異なる立場をあらわしていると考えるほうが妥当である。たしかに個人のレベルと社会レベルの現象の異なった見え方や、その結果美しい全体がつくりあげられている可能性について、それを美しいと感じることは、モンテスキューと共通するところでもあるだろう。モンテスキューは自然の穏やかな習俗のなかで達成されている全体性にたいして、人為の届かない自然の神秘として称賛している。しかしこれまでの叙述のなかで分かるように、モンテスキューにとってそのような一種のオプティミスティックな集団理念は、すでに社会の段階では失われてしまうのであった。かれにとって私的情念のエネルギーをそのまま放っておくことは、結果的に社会の予定不調和を引き起こすものだった。同じ理由で、イギリスの自由放任主義にもかれは決して賛同しているわけではない。また、パスカルをはじめとするジャンセニストたちの認識のように、情念や理性がさまざまな方向へ人間を引き裂いていて、その力の平衡のあるところに人間があるという考え方は、ある部分はたしかにモンテスキューと共通しているところがあるだろう。しかし情念がどんなに政体に腐敗を引き起こす原因であるとしても、情念自体を悪と考えることは、モンテスキューには一度もなかった。さらにパスカルがイメージしている、いわば幾何学的に美しい調和の世界という観念は、モンテスキューにはまったくなかったといってよい。その意味ではたしかに自然科学者としてのモンテスキューは、やはり数学者ではなく、地理学・地質学者だった。「何ごとにも驚かないことこそ幸福を支えかつ保ちうるほとんど唯一のものである」というパスカルにたいして、もはやモンテスキューは全く反対の考え方をする。「未知なるもの、新しいものとの驚きに満ちた出会いをつうじて、世界に探求心を伸ばしていくことこそ幸福」なのであり、そこには、人間や世界が変動していくことが前提としてイメージされている。むしろかれは、現在の世界のなかでは、予定調和をあらかじめ想定することこそが理性のもたらす情念の制御をさらに制御してしまい、暴力と圧政の温床となる危険であると考えているのだ。論じる対象が国政であっても、ひとの心の内面であっても、モンテスキューのこの思考の構図は変わらない。

さらに時代をくだって、これに関連した象徴的事例を上げれば、フロイトやジョン・ハーバート・ミードも、そのような認識に直面し、別の個性的な分野を開拓した学者であるといえよう。フロイトは、人間の意識と無意識との上にそれを投影してみせた。人間の無意識のなかには「快楽原則」(Lustprinzip)があり、これが人間に第一義的な支配作用を持つとする。これは人間の本能であり、母性との一体性という快楽をその原型とする。しかし、人間が実際に生きるときには、かれは「現実原則」(Realitätsprinzip)に支配されなければならない。人間はつねに心の中に矛盾を内包しつつ、快楽原則を抑圧しなければならない。本章の主題に引きつけていえば、現実原則とは人間が社会から強制される法なのである。人間はそれに反発する要素、すなわち快楽原則を内包している。それは、周知のように文化を破壊する原動力にもなるし、また新しい文化を創造する力にもなる。文化はそうであるとして、ではそうした人間の幸福とは何か。

フロイトは「人間に可能な限りでの幸福に到達する方法はたくさんあるが、確実に幸福をつかませてくれる方法などはひとつもない」[22]という。幸福を獲得し苦難から身を守るために人間が行なう方法を、フロイトは『文化への不満』と題する論文のなかで論じている。すすんで孤独になること、身体組織を麻痺させること、欲望を停止すること、欲望を別の目標へ昇華すること、現実世界を拒否して隠者となること、逆に現実世界の改造を目指して外界の対象に執着すること、などである。このなかで現実世界(社会)または他者の存在を必要とするものは、最後の二つであろう。しかしこの二つについて、フロイトはいう。前者について、「(現実世界にたいして)絶望的な怒りにかられ、この方法で幸福を獲得しようとするものは、ふつう、何一つ達成することができない。現実世界はそうした人間の手に余るほど強大なのだ」[23]。また後者の場合、「この方法も運命からの独立をめざしており、この目的のために願望満足を内的な心理現象に移しかえ」[24]、対象を通じて欲求を昇華する。フロイトの目に映る人間の幸福には、社会という外的世界との遮断がどこか避け難い。この二律背反に関する認識が深層心理への洞察に着目させ、フロイトを個性に満ちた精神分析学者へと導いたものだといえよう。

G・H・ミードの有名な"I"と"me"という対概念のなかにも、深く検討すれば、制度の文脈のなかで人間が受ける二律背反が鋭く投影されている。ミードにとって、あたかもモンテスキューの「習俗」のような位置にあるものは、コミュニケーションを通じて人間の相互了解を可能にする「言葉の宇宙」(universe of discourse)であろう。このなかから、かれをきわめてユニークな社会心理学者とした「一般化された他者」(generalized other)の概念が生まれた。これによって、ミードは、生物としての人間と社会的人間を、一つの視野の射程内におさめようとしたのであった。

さらにもう一人、社会学者をつけくわえなければならないだろう。ヴィルフレート・パレートである。経済学者であったパレートを社会学へと向かわしめた最大の要因は、人間のもつ感情のありようだった。

『政治経済学提要』のなかでパレートは、人間の非論理的部分はすべて嗜好のうちに含まれるはずであり、それは論理的行為の動機のなかに解消することができると考えている。しかし後年になって『社会学提要』を著すにあたっては、かれは論理性に収容しきれない感情を人間の本質の根底に発見することになり、これを「残基」(résidu)と名づけた。「残基から人々が論理的結論を引き出し、それにしたがって行動するという仮説と現実との間には、大きな懸隔が存在する。……残基はたんに行為の動機であるだけではなく、そこから実現される一連の行為全体に作用する。……ゆえにある残基から論理的結論が引き出されるという仮説に立脚した科学は、現実にはほとんど、あるいはまったく接触面を持たない社会現象の一般理論をつくるであろう」。パレートは一般経済システム論の難点をこのように指摘した後、次のように言う、「経済的事実の多くは社会学の助けなしには研究されえない(25)」。

パレートのいう「残基」は、社会的、論理的事象（「派生体」dérivation）とそれに作用する非合理的要因との関係のなかに、その姿をあらわにする。残基とはすなわち力であるので、それ自体として独立して存在するものではないからである。しかしだからといって派生体と残基は、調和して現象しているのではなく、その本質は派生体にたいして常に葛藤と衝突を内包した感情として存在する。だからこそパレートにおいて残基が、社会運動や変動の基本的な要因となるのである。「政府の仕事は現存の残基を利用することを知っていればそれだけより効果的であり、これを無視すれば効果は少なく、また残基を無理やり変化させようとすることも、やはり効果は少ない(26)」というように、パレートにとっては残基のほうが派生体よりも社会システムのより深い部分にあるものだった。この意味ではパレートの社会観はモンテスキューに共通しているところが多い。あえてモンテスキューと対比させるなら、残基は「原理」に相当し、派生体の概念は「政体」あるいは「政体の本性」に対応するだろう。

そして、パレートの残基は、その主たる二つの残基（「結合（combination）の残基」「集合体維持（persistance des agrégats）の残基」）のあいだを「周流」（circulation）しなければならない。パレートの提起する「結合の残基」は、人々と政体との間にさまざまな手続きを介入させることによって異質なものを結びつける力であり、芸術、文学、哲学を生む感情であると同時に、しばしば策略や賄賂としてあらわれることもある。一方、「集合体維持の残基」は、人々と政体との間を無媒介に結ぶものであり、権力の物理的な行使、すなわち、ナショナリズム、愛国主義、専制となってあらわれる力である。この二つの残基は連動し、つねに交替するが、この振動のことを周流という。そしてこの周流には内容的に二種類があって、一つはエリートの周流であり、もう一つは時代

の周流である。(27)

さてモンテスキューとパレートについては、モンテスキューにおける「習俗」の概念をパレートは持たなかった、という点を指摘しておきたい。既述のようにモンテスキューは、すでに現在の人間には失われたものとはいえ「自然の習俗」なるものを想定し、また社会のなかでは「洗練された習俗」を育てることを目指した。しかしモンテスキューの時代から約二百年の時代を経たパレートは、習俗を知らない。だからこそつねに「周流」を必要としたといえるだろう。この二人のあいだには、大規模な市場経済に立脚する近代国民国家という政体の成立があり、このことが二人の大きな違いもたらすことになったと考えることができる。しかし時代や社会の差はあっても、結果的にかれらが共通して探り出すことになったメカニズムには、注目する価値があるだろう。

4　子供が生まれる――人口動態のあらわすもの

人間にできることは、社会を相対的により良いものにすることだと考えていたモンテスキューだが、かれは何がより良いものか、を判断する指標をどこに置いていたのだろうか。既述したように、かれは社会のなかに多様性と相互性をつくりだすことを最も大事なことだと考えていたけれども、それは、世界の一部でしかない個人の想像の及ばない、社会の全体性のなかで達成されることで、個人のものさしではははかることができない。

しかしそれでもモンテスキューは、すでに述べたとおり、人がどんどん自殺するような社会は自然法に全く反するものであり、不適切な社会であると考えていた。加えて、政体がそこに生きる人々を穏やかによりよく保っているかどうか、つまりどんなかたちであれその政体が成功しているか否か、という判定について、かれは人口が増え続けているかどうかという事実のみが判断の目安になるという考えを持っていた。政体が穏やかである時は、自然もその政体のなかで活発に活動できる時である。最も深い部分で交わされる相互的関係――人間の子孫を増やそうという自然の営み——もまた活発におこなわれる。これが、かれの見解の背後にあったものである。もちろん、人口にかかわる思想とその研究にかんしてはそれ自体としての膨大な蓄積がある。とくに十八世紀の末、実際に人口が国家経済と直接の関係性をもつ時代以降、それが現実に論争として急速に肥大化をはじめるのだが、ここではこの学史には直接踏み込むことはしない。ここで重要なことは、かれの社会観全体のなかで人口の持つ意味をとらえておくことである。

『グニードの寺院』に登場する「私」とテミールは、深く愛し合いながらも情交に至らないまま物語は終わる。そこでは恋人たちは精神的な愛情にとどまる。そして「私」の「残念にも過ちを犯さなかった」という、ひどく苦しげな言葉がある。「私が望むのは、あなたが私のために過ちを犯してくださることです。この過ちは愛がさせるのです。そして大きな愛はそれを過ちではなくします」(28)。そうなのだ、モンテスキューは恋人たちが間違いを犯さないことを理想としてこの物語を書いているわけではない。かれらはいつも互いに人間としての憧れと希望を向けながら、その境界を越えたいと、いつも揺らぎのなかで求めている、というのが本当なのである。手を伸ばして引き寄せたいけれど、それは相手のことを慮れば慮るほど困難になる。しかしテミールはそこにいて、いつも私に微笑んでいるのだ。さて二人が交わっていけないのは、テミールが拒んでいるからである。しかしいずれテミールも「私」も、危うい関係を飛び越えてしまう瞬間があるだろう。その過ちまで待たなくてはならない。性の快楽もまた、人間にとって大切な至上の快楽の一つである。快楽の達成は「誤り」である可能性もあるが、そこからは逃げ出せない。やがて人はかならず間違いを犯すのである。

やさしく、親切で、魅力的な本性は、気前のよい手で快楽を広く分かち与えてきた。本性は私たちを至上の快楽をもって満たし、いわば私たちの生まれ変わりである子供たちを私たちに与えることによって、私たちがこれらの快楽そのものよりもより大きな満足に向かうように仕向けているのである。(EL12-6, 邦訳上巻

三五二頁）

快楽は理性によって完全には飼いならすことができない。だからこの力はいつか必ず過ちを犯すのである。でもそれが直ちに悪というわけではない。その荒れ狂う快楽をなんとか制御してもなお犯すことになる過ちによって、二人は、二人だからこそ創り出すことのできる快楽を、ようやく手に入れることができる。それは、荒れ狂う快楽のままに身を任せることとは全く違う幸福である。そしてその恩賞として、二人には新しい生命を与えられるのであり、それは「快楽よりも大きな満足」に導かれることなのである。この緊張とその破綻、分裂と融合、そのせめぎあいのダイナミズムから生み出される自然の摂理を、モンテスキューは人間らしさと感じていた。

一人ひとりの生活の深い場所にある秘密。そのなかの相互的関係の運動は、生活を取り囲む地域社会、さらにはまたより大きな社会へと連結している。そのあらゆる段階において、この他者とのコミュニケーションの運動が関係性の奥で機能している。その緩やかで変動的だけれど広い世界に開かれたシステムは、当然ながら国家、あるいはそれを超える社会にまで連結している。社会制度はどのようにして人々の具体的な幸福を守りながら全体として人々をうまく結びつけているのか、という観点で考えると、人口がその唯一の指標となるのである。モンテスキューの眼から見ると、婚姻は社会制度であると同時に、一人ひとりの人間の具体的な生活のなかで具体的な他者とのあいだにつくりだされるものでもある。それは一人ひとりの情念が「快楽よりも大きな満足」に導かれて達成するものである。人口とは、一人ひとりの人生のかけがえのない関係がつくりだす、その総和のことである。まさに自然の恩寵の社会全体としての結果であり、かつ、特定の個人や一部の人間の恣意を超えたところにある社会の成績表のようなものだ。もちろん人間を一つの生物の種としてみた場合に、生物が繁栄しているかどうかはその個体数の増減に象徴されるのだから、人間もまたそのようにとらえてもよい。しかも人口の減少には、ペストや梅毒や飢饉などの自然現象による人口減少もある。しかしモンテスキューが論じなければならないと考えたのは、人口減少を引き起こす、制度的ないし精神的な要因がある、ということであった。

『ペルシャ人の手紙』のなかでモンテスキューは、ローマからキリスト教またはイスラム教の世界へと変容したためにひきおこされた婚姻の習俗の変化に、人口減少の原因を求めている（LP113-119, 邦訳下巻一〇七―一一二頁）。かれは、世界を二分しているキリスト教とイスラム教は、それぞれ独特の婚姻制度をもち、その風習に非常に大きな変化を与えたと指摘する。

イスラム教国では一夫多妻制度をとっているが、同時に教義によって、妻たちを全員平等に満足させなければならないという掟が課されている。モンテスキューはこの二重の掟は、イスラムの男たちをひどく衰弱させるものだと言う。かれらは、絶えず戦わなければならない闘技者で、勝利してさえ衰弱に圧倒されてしまうのだ。「自然は、つねに少しずつ蓄積しつつ作用するもので、その活動は決して激しいものではない。自然は、その生産においても節度をもち規則正しく進む。もし急激に働かせると、自然の力はすぐに衰え、生産力と生殖力を失い、残った力をかろうじて自分の生存につかうようになるものだ」（LP104, 邦訳下巻八五頁）。女たちの方も、常に快楽を制限されているために、彼女たちを監視する宦官たちと女の奴隷たちが、数多く必要になる。しかし宦官といい、女奴隷といい、結婚できない人間をこのように多くつくることは社会にとって大きな損失である。このように多くの男女を犠牲にするような婚姻制度は、結局は人間たちを疲弊させ、国家は崩壊にいたるであろう、とモンテスキューは言う。

モンテスキューによれば、ローマもたしかに多くの奴隷を使っていたが、奴隷の使い方が優れていた。ローマ人は、奴隷同士をすすんで結婚させ、奴隷を増やしていった。そして奴隷たちはある条件にしたがって勤労し、蓄えを少しずつ増やしていって金持ちになると、奴隷の身分から解放されて市民になることができた。ローマ人は、奴隷の心を自分たちの政体に吸収し、共和国はつねに、新しい活気に満ちた住民を増やしていった。この勤勉な奴隷たちが、ますます繁栄をもたらしたのだ。

一方、キリスト教国において離婚が禁止されていることは、かれらの国の衰退の大きな原因であると、モンテスキューは分析する。「とても自由でありほとんどが情愛から発するこの行為（結婚）であるのに、人々はそこに不自由さや必然や運命そのものの因縁しか見いだすことができない。嫌悪や気紛れや一人になりたい気分などはまったく意に介されない。この制度は、心、いわば自然のなかでも最も変わりやすい不安定なものを固定しようとしたのだ」（LP116, 邦訳下巻一一四—一一五頁）。キリスト教国では、いちどうまくいかなくなると、未来の希望もなくなる。誤った結婚を正すこともできず、秘密の離婚が成立しても、当然子供が少なくなるのだ。さらに、キリスト教国のもう一つの衰退の原因は、永久の禁欲に身を捧げている多くの僧侶たちである。「キリスト教徒にとっては、禁欲は優れた道徳なのだが、私は何の結果も生じない徳とはいかなるものかを知らないから、キリスト教徒は私には理解できない」（LP117, 邦訳下巻一一七頁）とモンテスキューは『ペルシャ人の手紙』の登場人物に語らせている。モンテスキューは、カソリシズムはもう五百年とは続かないであろう、と判断している。これに比べると、誰でも子供を持つことができ、司祭も修道僧もないプロテスタントは、徐々に人口が増え、商業が栄えるであろう、と述べている（LP117, 邦訳下巻一一九頁）。

このようにモンテスキューは、自然法とはかけ離れているキリスト教やイスラム教の教義を検討し、また適切ではない法によっていかに人間の心と情熱が失われるかを、訴えている。そしてローマ以後ヨーロッパは次第に衰退していると考えていた。

5 「趣向」の誕生——自然は修復する

モンテスキューは、関係性の多層的な世界として一つのバランスを達成している自然は、その関係性が崩れたときには、速やかにそれを修復しようとする力を発揮する作用があることに、注目していた。この自然のもつ力について、モンテスキューはいくつかの例をあげて述べている。

『ペルシャ人の手紙』の手紙三二番に盲人の道案内の話がある。サラセン人に目をえぐられた、三百人の騎士たちのための養生院を、それとは知らずに訪ねたリカ（ユズベクの同行者のペルシャ人）は、そこからマレ通りまでの道案内を、カルタなどで遊んでいた一人に頼んだ。かれがすこしもまごつくことなく案内したので、リカはおまえは誰なのかと尋ねると、道案内は自分は盲人だと答え、リカを驚かせる。しかしかれは言う、「私はこの教会のなかに入りますが、そこでは、人々が私を邪魔に思うよりもはるかに私の方が人々を邪魔に思うだろう、と確信しています」（LP32, 邦訳上巻九四頁）。訓練された感覚は、一つの欠陥を難なく補うくらいの機能を持つ。モンテスキューは、生命体がある欠陥を持つと、自然はその欠陥を十分に補うようなほかの感覚を修復するのだ、と考えていた。というより、一つの関係性が壊れると、身体という自然の宇宙は、これに代わる新しい関係性をつくりだす。その結果、欠陥だと思われる部分が、かなりの部分補われるというのだ。これに類似した例はほかにもある。たとえば、結婚しようとする宦官の話が、手紙五三番に登場する。去勢した宦官が結婚する、ということをユズベクの妻のゼリは理解できない。ゼリの奴隷である相手の女が、達成されない快楽の犠牲になるのではないか、とゼリは心配する。だが、ユズベクの言葉を思い起こしてゼリは次のように書く。「宦官は、私たちには理解できない一種の快楽を女性とともに楽しむものであること、自然はその欠けたものを補っていること、自然がかれらの状態の不利益を償っていること、男でなくすることはできても、感覚をなくすることはできないこと、そしてその状態では、人は第三の感覚を持つようになり、快楽を変化させるしかないこと、それらを私はあなたから幾度となく聴いていました」（LP53, 邦訳上巻一四三―一四四頁）。もしユズベクのいう通りなら、この結婚はさほど残酷ではないだろう、とゼリは思うのである。

これらの挿話は、たとえ社会制度がなんらかの傷や欠損を人間に与えたとしても、人間は、人間の新しい状態のなかで新しい関係性をつくり、そこに新たな感性をつくりだすことによって傷を修復していくという物語である。ここでモンテスキューは、自然ないし生命体の力がその活動によって新しい平衡状態をつくりだし、新しい存在として力強く生き続ける姿を描いているのである。蛇足ではあるが、現代では「身体障碍者」なる言葉があるのによってモンテスキューにとってそれは、人間の外観を人間の内容と勘違いし、「普遍的にあるべき人間像」なるものによって身体や人間の多様性を否定し、自然への信頼をも捨てた時代がつくった、忌々しき言葉にちがいない。

さてモンテスキューによれば、この自然のもつ修復力は、生命体のなかだけに働くものではなく、習俗ないし社会のなかにも働いている力である。『法の精神』のなかで著者はこの自然の修復力について、以下のように語っている。

私たちをあるがままに放っておいてほしい。……自然はすべてを修復する。自然は私たちに活発さ（une vivacité）を与えたが、それは同時に、人を傷つけることもあり、思慮を欠けさせたりもする。しかしこの同じ自然の力によって、私たちには社交における趣向（goût）が吹き込まれ、その結果新しい礼節がもたらされ、傷は修復されるのである。私たちの無遠慮な性質は悪意の欠如と結び合って、私たちのあいだに社交的関係性を新しく生み出そうとする気質を阻害するような法を、不適当なものにしてくれる。（EL19-6, 邦訳中巻一六〇頁）

生命体の例と社会関係における事例とは、アナロジーとしてとらえることができ、次のように言い換えることもできるであろう。すなわち、私たちの生命の力は、基本的に理性や制度の枠組みとは関係なく、その根底にある。だからこそ、ときに既存の関係性を壊してしまうこともあるのだが、しかし同時に、異質なものや新しい出会いをつうじて、新しい関係性をつくりあげる力である。その関係性はそのまま新しい身体性ないし新しい社会性へと育てられるものであり、これにともなう新しい感性をも生むことになるのだ。それが、盲目や去勢をも問題としない身体感覚の拡張とその結果もたらされる新しい快楽であり、新しい人々との関係性を取り結ぶために絶えず更新される礼節である。こうして新しい社会的感受性が分泌する。モンテスキューはこの社会的感受性のことを、「趣向」（goût）という言葉であらわすことになる。

“goût”は、日本語にたいへん訳しにくい言葉である。「趣味」「嗜好」「好み」という言葉に翻訳されることが多い。たとえば、経済学において「嗜好」、またはさらに進んで「選好性」あるいは「選好性向」などと訳された場合、この概念は人間の心の中にあって行為の起動因をなす、ないし動機要因のことである。パレートは、『政治経済学提要』を執筆したとき、人間の非論理的な部分を含む概念として嗜好を提起し、それはすべて結果として論理的行為として発現されるものだとしていることは既に述べた。しかしモンテスキューにおける趣向の概念は、この経済学用語ともまた全く異なる。趣向は、理性において完全に説明することはできない感情であり、反社会的な快楽をその本質的な力としているものの、しばしば新しい関係性を創出したり関係性をいきいきと支える力をもつくりだすものである。「趣味」という言葉はきわめて個人的な感受性を示すことが多いので、ここでは、すでに馴染みのあるこれらの訳語とは異なるものを使用したい。さらに“goût”という言葉が内在させている社会的（あるいは反社会的）意味を表現しなければならない必要性から、ここでは、あえて「趣向」と表記することにする。

モンテスキューは、『百科全書』の一項目として、「趣向 GOÛT」を書くことを申し出る。この原稿は未完のままに終わったが、「趣向についての試論」としてやがてまとめられた。その冒頭で、かれは次のように言う。

今日生きているなかで、私たちの魂は三種類の快楽を味わうことができる。一つは存在自身の底から抽出されるもの、一つは身体の結合の結果として与えられるもの、最後の一つは、確かな制度、確かなしきたり、これまで確かに実践してきた習慣のなかにある性癖や先入観にしたがって引き出されるもの。「趣向」の対象——美しさ、善さ、快よさ、自然さ、繊細さ、優しさ、優雅さ、なにか得体の知れないもの、高貴さ、偉大さ、崇高さ、厳かさなど——をつくりあげるのは、私たちの魂のさまざまな快楽である。たとえば、私たちのための実用性を備えたものを見て喜ぶとき、私たちはそれを、「よい（bonne）」と言う。それのもつ実用性を判断することなく、それを見て喜ぶとき、私たちはそれを、「美しい（beau）」と呼ぶ。美や善や快などの源泉は、私たち自身のなかにある。道理をさがすというのは、私たちの魂の、快楽の源泉をさがすことなのだ。

私たちの魂を観察し、活動や情熱のなかに魂を学び、快楽のなかに魂を求めなさい。魂がいちばん現われるのはそこなのだ。詩、絵画、彫刻、建築、音楽、舞踊、遊びのさまざまな種類、すなわち自然や芸術の作品は、人間に快楽を与えることができる。なぜ、どのように、いつ、快楽が与えられるのかを考えてみよ。私たちの感情の理由を表現してみよ。そうすることが私たちの「趣向（goût）」をつくりあげることに貢献するし、それぞれのものが人間に与えるべき快楽の大きさを、鋭敏に、速やかに、知ることになる。(29)

モンテスキューが、「趣向」を人間の本質的な側面から沸き上がる快楽によってつくられた感性であると考えていること、しかもこれが社会の道徳的あるいは美的な感性であるとも考えていること、がここから理解できよう。モンテスキューが趣向にかんしてあげているのは、社交における趣味から各種の芸術作品まで、多様である。私たちの身近な言葉でいえば「文化」とも言い換えることができるだろう。ただし忘れてはいけないのは、かれの「趣向」の概念は、多様なもの、異質なもの、未知なもの、などの間にある、激しい葛藤を引き受けながら関係を結んでいく、そのダイナミックな魂の活動の結果、ようやく醸し出されてくる感受性のことだ、という含意である。この魂の活動の結果、さまざまな趣向が生まれる可能性がある。社会に目を向けるなら、たとえば社交界では、性や身分や感性の異なるご婦人との関係のなかで一定の礼節のかたちが生まれるだろうが、相手によっても、どんなご婦人のサロンかによっても、異なるものだろう。また、芸術作品とはいっても、作品の創作者とその受容者の関係の多様性が実際にどのようであるかによって、あるいは創作者とかれを囲む社会との関係性がどうかによって、あるいは、表現手段が活字なのか音なのか形なのか、などによって異なる。いずれにしてもその関係性はたいていユニークなものである。

モンテスキューは、このダイナミックな魂の活動こそ、自然から与えられた本来の魂の姿だと考えている。魂は、知覚し、感じて、考えて、そして活動するためにこそ、人間に与えられている。それは多様なものに向けられていなければならない。すべてを見ていなくては、一つのことさえわからないからである。

私たちの魂は、考えるために、つまり知覚するためにつくられている。ところで、このような存在は好奇心をもつはずである。というのは、すべての事物は一つの連鎖のうちにあり、そこではそれぞれの観念がある観念に先立ち、また、別の観念に従うから、別のものを見ようと望むことなしにある事物を見ようとすることはできない。そして別の事物にたいするこのような欲望をもたないとしたら、私たちは、ある異物にいかなる喜びをも味わうことがなかったであろう。したがって、絵の一部を示されるとき、見た部分が私たちを喜ばすのに比例して、私たちは隠されている部分を見たいと思う。それゆえ、ある事物の私たちに与える喜びこそが、私たちを別の事物への関心へと導いていく。そのためにこそ、魂は常に新しい事柄を求めて、決して休まることがない。したがって、魂に多くの事柄を見せると、あるいは魂が見ることを期待していた以上の事柄を見せると魂は喜ぶ、ということはつねに確信していてよいであろう。通常は、偉大な思想がつくりあげられるのは、多数のほかの事柄を見せてくれるようなひとつの事柄が語られるときであり、また、多くの読書の後に初めて望むことをできたことを一挙に私たちに発見させてくれるときである。(30)

人間が社会から与えられる感性や役割を内面化することを、社会学では「社会化」という。しかし、趣向を「社会化」された状態であると解釈するのは誤りである。ジンメルによれば、社会化とは、多くの役割を担い、多くの集団に帰属し、つまり相互作用の網の目に加わることである。社会化を通じてはじめて、人間は自らの本性を発現できるとジンメルは論じる。(31) そして、生の本質は社会化あるいは形式化されることによってはじめて、人間はこれを認識し亨受することができる、とする。ジンメルにとって、社会化とは人間の喜びにつながるものである。それにたいして、モンテスキューにとっては、人間の本性は反社会的な力をも含む快楽なので、社会で生きる人間は、それを代替的に実現しようとするのである。社会のなかに広がる多様性や異質性を関係づけ、なんとかその全体を支える感性を生みだそうとする――いわばこれが「趣向」の意味するものである。この代替された疑似的習俗――趣向――は、社会的に共有された感性であるといってもよいが、本質においてその目的は十全には達せられないものであり、いつ快楽という本来の性質に立ち戻って社会に刃を向けるかわからないものなのである。社会が適切な均衡を失ったとたんに、趣向は反社会的な快楽へと変貌し、社会全体にたいする狂暴な破壊者となる。

趣向が社会の存立にいかに関係しているかについて、モンテスキューは、やはり『ペルシャ人の手紙』のなかで、男女の関係についての描写をつうじて語っている。前にも述べたように、男女関係は人間にとって、人間の心の奥で発せられる行為によってつくられる関係であるが、それが社会のなかでどのような形態をとることになるのかという問題は、趣向が先鋭な問題となるひとつの事例であった。

パリでは、ペルシャとはまったく異なる男女関係が結ばれていた。ユズベクとともにパリを闊歩するリカは、驚いて言う。パリでは「自分の妻を独占しようと思う夫は、公共の楽しみを妨害し、ほかの人々を排除して太陽の光を一人占めしようとする、非常識な人とみなされるのだ。……一般に妻の不貞を見て見ぬふりをする男は決して非難されず、かえってその慎重さを賞讃される」(LP55, 邦訳上巻一四九頁)。しかしペルシャの習慣でパリの女たちを、不貞で人格的に卑しいなどと考えてはならない、とリカは言う。多くの男をあつめる女性はきわめて優れた人間であることも多いのだ。パリでは、ペルシャとは異なる趣向が出来あがっているからである。さらにかれらに違和感をもたらしたことは、パリの女たちの最も大きな苦労は、無理にでも楽しそうにすることだということだった。リカは、女たちと集うためにある別荘での夜会に出て、退屈でしかたない夜会にも、「とにかく楽しまなくてはね」と言い続けている女たちとともに過ごす。「美しい女の役割は、はたで考えるよりもはるかに苦労なものだ」(LP110) とリカはつぶやくのである。しかしその苦労の結果、美しい婦人たちは互いに連絡をとりあい一つの国を形成し、最終的に権力者たる男たちを支配している、と言う。強制される楽しみとはパラドックスでしかないが、この女たちの楽しみの趣向が維持されているのは、この支配構造を保つためには重要なのである。「大臣や裁判官や僧侶の行動を観察して、これらの人々の支配者たる御婦人方を認識しない人は、機械の運動はよくわかるがゼンマイにはまるで気づかない人と同じだ」(LP107, 邦訳下巻九五頁)。

同じまなざしはペルシャにも向けられる。

ユズベクは、ペルシャにおいては専制君主でありハーレムの主人である。かつ、ハーレムではただ一人の男なのであり、妻たちの欲望の一切をひきうける存在である。ペルシャのハーレムは、君主の絶大な権力と君主にあつまる絶大な快楽が均衡して全体をつくっているからこそ、換言すれば、ハーレムに一つの趣向が成り立っているからこそ、政体は維持できていた。しかしユズベクの旅立ちで、ハーレムの趣向が徐々に破壊されていく。旅立ったのユズベクにたいして妻たちが出した手紙が、悲痛なまでにユズベクを慕う文面であるのは、女たちが自分たちの内部にあるバランスの崩壊、あえて表現すれば自然と政体とのバランスの崩壊を感じつつ、やむにやまれず訴えたからである。

『ペルシャ人の手紙』の最後の書簡にいたってようやく悲劇的結末を告げる、ハーレム崩壊のこの物語は、単純な男女関係の描写などでは全くない。それどころか、綿密なプランにもとづいて、「趣向」とはどのような力学のもとに置かれているのかという視点から人間の快楽と制度との力学を描ききった、モンテスキューの思考の重要な軌跡なのであった。

たとえ自分が不在であってもハーレムを今のまま維持しつづけるために、ハーレムの趣向を変えないように、当然ながらユズベクは、宦官たちに女たちの厳重な監視を命じる。宦官頭は、女たちの従者の立場でありながら、命令し従わせなければならないという、逆説的な難しい命令をユズベクから言い渡される。「私はおまえに世界で最も可愛い女たちを預けた。……おまえは女たちに命令し、従わせなさい。彼女たちの意志のままに振舞わせながら、ハーレムの掟も守らせなさい。……私の愛を分かちあう女たちのそばでは、ふかい慎みをもってふるまいなさい。しかも同時に心からの信頼を得るようにしなさい。無邪気な楽しみにはなんであろうと自由にさせなさい。彼女たちの気持ちをまぎらわせ、音楽、踊り、美味しい飲み物を楽しませ、しばしば集まらせればよい。……ときどき私の話をしてやりなさい」(LP2, 邦訳上巻二二—二三頁)。

しかし政体の中心にあるべきものの不在は、趣向の崩壊から帝国の崩壊をもたらす。

報告された妻の一人と宦官との関係に、ユズベクは烈火の如く怒りをたたきつける(LP20)が、その一方で友人宛の手紙には、主人のいないハーレムが維持できるとは思っていないことを告白している。「私にはハーレムの女たちの集団が、彼女たちの思いのままに放り出されているのが目に見える。……これから訪れる遠い国々でどんなに惨めな便りが私に舞い込んでくるのだろう」(LP6, 邦訳上巻三〇頁)。趣向の失われた政体が、権力という暴力だけで政体を維持し続けられるか、という問いに、ユズベクは否定的な答えしか出せない。やがてユズベクの予感はそのまま、的中することになる。趣向の失われたハーレムの体制は、達成されない快楽の奔流に押し流され、ついにハーレム全体が崩壊してしまう。

モンテスキューの「政体」が社会構造だと考えると、「原理」は、多様なものを結びつける力である。しかし社会構造のまわりに力をもって多様なものを共存させているとはいえ、たえず葛藤と軋轢だけを見続けることは人々にとってかなり厳しいものである。趣向は、その危うさや厳しさを多少でも穏やかにするための、いわば絆創膏のような役割をはたす。趣向によって葛藤や軋轢が決しておさまるわけではないのだが、趣向が成り立つことによって、人々はこの厳しさに一人ひとり直接に対峙するのではなく、媒介物をとおして間接的に共有することになる。世界は不条理であり、悲しみや怒りが満ちているのかもしれない。その運命にひとり抗い続けることはあまりにも過酷だ。しかしその多様性のぶつかり合いから分泌されたものが、互いに良いものだと思えればどんなに慰められるだろうか――私たちは、おいしい料理や葡萄酒を味わうことができるし、音楽を楽しむこともできる――。多様性のぶつかり合いから分泌されたものが、深い絶望や悲しみであったとしても、それが歌や詩や文学で語られ共有できたなら、私たちにとってどんなに幸せなことか――。私たちは趣向をつくりだすことによって、多様性や異質性から生まれる社会がどのようなものであれ、とりあえずは、それらと共存する力を持つことができるのだ。

以上のような考察を振り返ると、モンテスキューがダランベールから『百科全書』のために依頼された「専制政」「君主政」の項目を謝絶して、「趣向（GOÛT）」を執筆したいと申し出たのは、決して気まぐれではなく、かれの著作全体にわたる一貫した主張の必然的な表われだとさえ考えることができる。すなわち、「趣向」という感性は、かれの人間観にも社会観にもかかわる鍵概念だったのである。かれは、あれこれの政体の形式ではなくて、「政体」という制度のなかで人間がどのような運命に置かれることになるのかという、いわば一般方程式をこそ考察したかったのだ。まさにこの意味で、「趣向」は、自然の習俗のなかに穏やかに眠っていた人間が、社会生活の多様な関係性のなかで生きるとき、そもそも人間の本性である快楽をめぐって人がいかなる状況に置かれるのか、を明らかにする重要な鍵でもあった。社会生活という一般方程式にとって、「趣向」は不可欠の独立変数であったといえよう。

第四章　自由の多層性と社会の力学

1　エスプリは世界を跳ねまわる

モンテスキューは、「理性」という言葉をすくなくとも二通りの意味で用いている。一つは、ものの本性を知るために観察し分析する、技術（art）としての理性である。この理性は十八世紀の自然科学の急速な発展を促したものであり、また批判や分析の精神の活動の母体となった理性である。「技術を失うと私たちがどんなに不幸な目にあうか考えただろうか」（LP106）。しかしこの理性は、自然科学の発見と分析にとどまらず、他の啓蒙思想家と同じく、社会へも向けられていく。しかし第二部第二章でも論じたように、モンテスキューは自然科学と道徳格率とは区別されなければならないことを意識していた。社会制度が技術としての理性の目的と混同されてしまうとき、人々の心はおのずから社会から離れてしまうのである。そしてこの区別が曖昧にされた結果もたらされる問題について、モンテスキューは著作の多くの部分でふれているが、その最も有名で象徴的なものは、財務総監ジョン・ローにたいする批判であろう。

ローが一七二〇年におこなった財政政策、すなわち、紙幣の導入と株価操作によって計算上の財政再建をはかろうとするシステムの導入を、モンテスキューは『ペルシャ人の手紙』のなかで痛烈に批判する。その政策は、みなの心の中に豊かさの想像をもたらし、はじめこそ効果を上げたものの、乱発される紙幣に人々が不信を抱くに至って、一気に経済界を破綻させる大事件となった。証券とは、モンテスキューに言わせれば「地面から葉っぱをかき集めて、寡婦や孤児の食糧と交換する」（LP145, 邦訳下巻二〇一頁）現象をまき散らすようなものだ。「私はすべての人々の心の中に、豊かさへの癒されない渇望が一瞬にして生まれるのを目撃した。働くことに誇りをもって誠実に励むことを捨てて、国王、国家、国民という隣人たちを蹴落としてでも豊かになりたいという忌々しい陰謀が、あっという間に人々のあいだに広まるのを目撃した。……一人の大臣が、国民の習俗を腐敗させ、誇らしい魂を堕落させ、気品の放つ光彩を濁らせ、徳をも曇らせ、高貴な身分の人々を侮蔑の対象としてしまうような、これほど大きな罪があるだろうか」（LP145, 邦訳下巻二〇一頁）。モンテスキューはこの混乱をペルシャの占星術による政治と比較する。「星の偶然の組合わせが、フランスの制度を支えている立派な理屈よりも確かなものでないと、誰がいえるでしょう。これに関して、フランスとペルシャで投票すれば、占星術が勝つというおもしろい事件になるでしょうし、あの数学者たち（ローたち）の惨敗ぶりを、見ることになるでしょう」（LP135, 邦訳下巻一六五頁）。技術としての理性の生む構想が、占星術の生む想像よりもはるかに現実にそぐわない場合がある。人々の信頼を得ることができない経済体制よりも人々の心に受け継がれた自然秩序にたいする神話の方が、よほど社会全体をうまく達成していく場合がある。技術としての理性を、もう一つの理性と混同するようなことをしてはいけないことは、見間違う余地がないほどふんだんに織り込まれた、「理性」のなせるわざにたいするモンテスキューの風刺や批評によって理解できる。社会的理性の体現者として重要な機能をもつ立法者について、モンテスキューは主人公ユズベクに語らせる。「かれらはむだな細かい詮索に熱中し、例外にばかり気を配り、部分を見て全体を見渡すことのできない才能しか示せないのだ。……人間のエスプリよりも、むしろ事物の体系から引き起こされる軋みのために、ある種の法律はときどき改正する必要がある。……立法者はたびたびあまりに鋭敏に神経をつかいすぎ、自然の平衡感覚よりも論理的観念に従いすぎた。その結果、法は残酷なものとなり、人は自分の均衡を求めるエスプリ（un esprit d'équité）によって、法律を敬遠すべきだと信じるようになった。しかしこの治療法はひとつの悪であった」（LP129, 邦訳下巻一四五頁）。

モンテスキューのいうもう一つの理性とは、この分析理性を超越し、全体を総合的に見わたすことのできる位置にある「エスプリ」である。そしてかれはこのエスプリを「原始理性」(raison primitive)とも呼ぶ(EL1-1)。この名称は、おのずからモンテスキューの論理をも物語っている。前者より後者の方が人間にとっては根源的なものである。また、その全体というのは、スピノザの場合のように神によってつくられる幾何学的調和によって存在するのではなく、多様なものが混在した自然のつくりだすひしめき合う不協和音の響く全体であり、しかしある程度の均衡が成り立った実体なのである。

「エスプリとは、さまざまな種類のもの、すなわち、神、良識、判断力、的確さ、才能、趣向をその下に統括する集合概念である。エスプリとは、それが適用される事物それぞれにふさわしい、美しく構成された手段を持つことである」(1)。エスプリとは、秩序を揺るがす人間の情念をも決して排除せず、異質な力すべてを展望し統括する。エスプリは、理性によって合理的に社会を分析したうえでもなお、決して合理的に把握できないものを排除せず、その全体の平衡をつくろうと働く精神である。「法のエスプリ」とは、すべての法律を含むすべての合理的法則を超越し、相対比較ができる位置に視点を置いて、それらの間にある関係性について論じようという方法の宣言でもある。そして技術とは異なり、エスプリは、決して論理として独立し発展することはない。

分析的理性は目的と論理性のみに基づくことによってこそ近代科学の必要不可欠な力となるし、有効な道具でもありうる。しかし分析的理性は論理性を軸にして自己展開するので、この理性の数学的運動は必ずしも、流動的に変化する事態に適切に対応する力を持たない。だから適宜適切に分析的理性を選択しその適用範囲をさだめ、他の場所ではまた、異質の尺度を適用する知の活動が必要とされる。その知の活動にともなって、社会に活性を与える活動も不可欠となる。これこそ、モンテスキューの鍵概念であるエスプリの働きなのだ。第二章で論じたように、モンテスキューが唯一「あるべき」だと判断しているのは、正義、すなわち釣合いのある適合的関係という観念であった。またかれが多様性・多元性とそれらの相互的関係性の構築こそが社会をつくるものであると考えてきたことは、これまでの議論のなかで明らかにしてきた。エスプリの第一の意味は、この正義を行使し多元性のある社会を釣合いよく成り立たせる知の力であり、第二の意味は、その知の力が達成された状態を意味して使われているのである。エスプリはいうまでもなく『法の精神』という言葉が示すように、普通には「精神」と訳されているものである。しかし、これまで論じてきたことから推測できるように、かれ独自の思想的背景を担った概念であり、通常「精神」という語が持っている含意から、ただちに理解されるものとはおのずから異なるものである。もちろん第一部を通して検討した普遍的理性ともまた、異なったものである。

モンテスキューの「一般精神」(esprit général) という観念はしばしば「文化」と同一視される。たとえばアロンは、モンテスキューの「一般精神とは、自然的、社会的、道徳的な要因の集合した全体のなかにある。……一般精神は、ある共同体の独自性と統一を構成するものを教えてくれる。……モンテスキューがある国の一般精神と呼んだものは、アメリカの人類学者たちが文化と呼んだもの、つまり生活や共同体における関係の形式のことである」(2)と言う。文化のなかに自然要因を見過ごしていない点などよって、アロンの評価は的を射ている。しかしこの解釈では、エスプリをとらえるにはやや不十分であろう。この説明では、生活や共同体における関係の形式のなかに、質的に異なるもののあいだの摩擦や軋轢が内在しているという認識が前提としてあるからこそ、エスプリが必要とされているという含意を見通すことができない。

エスプリはいつも、新しいものや異なるものに飛びつき、それを受け入れつつ転げまわり、新しい関係をつくりだそうと運動している。それはモンテスキュー自身の潑剌とした好奇心の活動そのものを示しているが、しかし好奇心という概念は、決してかれの個人的な性格としてのみ理解されるべきでないのである。絶えざる好奇心の活動は、モンテスキューにとって、魂が生きている証左なのであり、快楽そのものであった。「好奇心、それは、精神 (esprit) の作品のなかに発見される快楽の原理 (principe du plaisir)(3)」、つまり、多様性と相互性を達成するために最も重要視される「エスプリ」は、絶えず好奇心をもって世界を飛び回っている精神でなければならない。そして、異なるもののあいだに関係を結ぶということは、すなわち、社会をつくるということなのである。ところで、エスプリという言葉の誤解された使用法について、モンテスキューは次のように言う。「フランス人の大部分が熱望していることは、エスプリを持ちたいということであり、それはすなわち本を出すということなのである。しかしこれほど誤った想像はない。というのは、せっかく自然は人間のばからしさを儚いものにする力をもっているのに、本はそれを永遠のものにしてしまうから」（LP66, 邦訳上巻一七三頁）。そして、「本のなかでよいといえる唯一のものは、他の本をことごとく茶化してしまう本である」（LP78, 邦訳下巻三〇頁）。『ペルシャ人の手紙』のなかに出てくるこの挿話は、エスプリの位置をよく示している。事象のことごとくは、決して永遠に価値あるものではない。状況の変化によって、それがばからしいものになることは、必ずある。それが適切さを欠き愚かなものとなったとき、それを破棄して新たな平衡をつくりだすことこそ、エスプリの役割なのである。「他の本をことごとく茶化す」ということは、本に託されている内容をすべて相対化し、限界を示すことによって、柔軟さを不可欠とするエスプリの場所を守ることである。だからこれこそ「よい」本なのだ。換言すると、次のようにいえるであろう。そこに存在する社会性は、多様なもののあいだにある期間達成されている均衡の形なのであり、その均衡も、人間のなかに存在する反社会的な情念によって遅かれ早かれ、崩される時がくるのは必然なのである。このとき柔軟に新しい平衡を回復させ、社会を新しくしていくのが、エスプリという知の働きである。

このように考えると、エスプリとは広義の意味での政治である。

あらゆる社会は、エスプリが結び付けた総合体であり、そこにはひとつの共通の性格が形成される。この普遍的な魂はひとつの思考様式をもつが、その思考様式とは、時代から時代へと、種々様々にその数を増やし結合した無数の原因連鎖の結果なのである。この基調（le ton）が与えられ受容されるならば、統治するのはこの基調のみである。主権者、役人、人民の行なうことや想像することのすべては、それがこの基調を傷つけるように見えようと従うように見えようと、いずれにしても常にこの基調に関連する。基調は、それが完全に破壊されるまで支配するのである。(4)

ここで語られている「普遍的な魂」とはエスプリのことであり、「基調」とはエスプリの活動する痕跡のことである。多様性や矛盾をはらんだもののあいだに関係性の何らかのものが成立してこそ、そこに社会が出現するのであるから、その結果として当然ながらこの関係を無視した政策や法律は、その機能はきわめて低くならざるをえず、場合によっては社会を傷つける結果になることさえある。それと同時にこのエスプリの機能は、人によって意識的に活用される場合もある。

『ペルシャ人の手紙』のユズベクは、フランスのワインについて次のように語る。

(ペルシャの) 君主たちは法律によって禁酒を命じられているが、飲み過ぎで人間としての格を落している。ところが反対にキリスト教徒の君主たちには飲酒は許されていて、かれらが酒のためにしでかしてしまう過ちに人々は気づかない。人間のエスプリとは矛盾そのものなのだ。……しかし私は理性を失わせるこの飲みものを飲むことに賛同しないが、人を楽しませるこの飲みものを悪いとは思わない。極めて危険な病気に対する薬と同様の慎重さで、寂しさに対する薬を探すのは、まさに東洋人の叡智である。ヨーロッパ人には、なにかよくないことがあるとセネカの哲学を読むことのほかになす術がない。しかしかれらよりも良識があり、より優れた物理学者であるアジア人は、人を明朗にして、苦痛の記憶をやわらげるこの水薬を処方するのだ。……悪の必要性だとか、無益な治療、不幸な運命、神の摂理、あるいは不幸な身の上などという慰めほど、やりきれないものはない。それは、人がその人生を生来惨めなものだと考えることによって、不幸をすくなくしようとする努力を嘲笑することである。エスプリをこのような考え方から解放し、人間を理性的なものとして扱うよりは感情的なものとして扱うほうが、ずっといい。(LP33, 邦訳上巻九六頁)

酒は、社会的規制のあり方によって、その用いられ方が変わる。苦しみにたいする人間の対応は理屈で解決できないが、この矛盾を矛盾として破棄しないで、矛盾を把握することこそが、エスプリの働きなのである。酒が精神的な苦痛にたいする薬であることを考えると、社会的抑圧が高まり苦しみのなかにあるとき、この水薬を魂の解放剤として使う東洋人は、酒の効用を十分に活用して、そのエスプリを発揮させているといえるのである。これに対して、ヨーロッパ人はいつも酒を飲むために、社会的抑圧が激しくなったときに魂を解放する薬として酒を用いることができない。その代わりに魂の解放を哲学に求めるのだ。しかし、おしつぶされそうな心にとって、理性の体系であるセネカ哲学(ストア派)は、さらなる重荷にこそなれ、解放の薬にはならない。このヨーロッパ式のやり方は、暴れようとする情念のエネルギーを理性の枠に入れてしまおうとして、情念という生きた活動を殺してしまうか、あるいはそのエネルギーを破壊力として高めてしまう。心が追い詰められたときに提供されるセネカは、社会の平衡も、心の平衡も、崩していくことにしか役立たない、というのがモンテスキューの理解である。モンテスキューは、哲学という理性の産物に救済を求めるヨーロッパ人よりも、酒に救済を求める東洋人に、魂の物理学者としての軍配を上げるのである。

このような平衡状態をつくりだそうとするエスプリの意志と同じものは、風土にかんしても向けられる。モンテスキューはしばしば風土決定論者という誤解を生むほどに、風土という自然条件の重要性を強調してきた。これは、自然法則が普遍かつ不変的だと考えられがちであった時代においては、風土決定論というような誤解は考えられるところであった。しかし、ここで解明してきたように、モンテスキューは多様性のある世界を前提として受け入れるところからすべての著述を始めている。そして風土とは、人間にとって所与の多様性として生活を基礎づけているものである。モンテスキューは、風土と社会制度という、まったく異質なもののあいだに関係性を見いだし、適切な社会を構築しようともする。

しばしばモンテスキューの矛盾として象徴的に語られる、奴隷制に関する言説を例に挙げよう。モンテスキューは奴隷制を公民法にも自然法にも反するとしていながら、その一方で「暑さが肉体を消耗させ人間を怠惰にしている国々では、懲罰の恐れなしには、人間は困難な義務を果たさない。そのような土地では、奴隷制は比較的に理性に反しない」（EL15-7, 邦訳中巻六一頁）と言う。この文章を書いたために、啓蒙思想家をはじめとして後世の知識人から、かれは総攻撃の対象となる。アロンはこの矛盾を取り上げ、道徳的非難と、科学的に証明される論理的帰結との間の矛盾に、モンテスキューが陥ったと批判している。(5) しかし、自然の恵みの豊かな風土に生きるのか、あるいは不毛の土地や自然環境の厳しい環境のなかで生きるのか、によって、そこにある人々が生きるために必要とする協力のかたちは異なってくるのは、かれにとって当たり前であった。「ある地方の土地の良さは、当然、従属を打ち立てる」（EL18-1）。「肥沃な地域は、人々が最強者にたいして争い得ない平野である。それゆえ人々はかれに服従する。かれに服従するとき、自由の精神はそこに戻ってくることはないであろう」（EL18-2, 邦訳中巻一一七頁）。恵み豊かな風土においては、人々が自ら関係を構築しながら生活する必要性は大変低く、かつ、国家をはじめとするような大きな政治的統合体にたいする関心そのものを育てる理由がおそらくないのである。これにたいして風土が厳しい地域では事情は逆である。「土地の不毛は人々を勤勉にし、節制と労働に耐えさせ、勇敢で戦争に適させる」（EL18-4）。すなわち、自然が人間の生活条件を決定するのは、物理的な環境だけではなく、環境にたいしてはたらきかける生活からもたらされた人間の性向もあり、これが社会の基礎的な部分に大きく影響を与えるのだ。

モンテスキューは「良き立法者とは、風土のもつ悪徳に対抗する者である」（EL14-5, 邦訳中巻三五頁）というが、風土そのものに善徳と悪徳があるわけではない。他者や異なるものへの関心をあまり必要とせず、求めようともしない場合、それは社会の側から見れば「悪徳」ということになるし、また、風土から人間に与えられた生活の特性を無視した制度は、これも「悪徳」ということになるのである。専制政は、もともと人と人との結びつきを破壊し、権力の下にすべてを従属させるものであるから、本性として悪徳である。しかし、風土がすでに人々の結びつきをあまり必要としていない環境のなかでは、そこに国家を打ち立てようとする場合、相対的に専制政が罪深くはなくなる。とはいえ、やはり悪は悪なのだ。モンテスキューにしてみれば、肥沃な土地には、そこに大きな国家をつくろうとすること自体が、エスプリに反することだったはずである。このように考えると、モンテスキューが社会構造を考察する際に注目したものが、風土・宗教・商業・人口の四つであったことは納得できる[6]。社会は、自然との平衡、心の平衡、ものの価値体系の平衡、それら全体の達成をはかる尺度を、必要とするからである。

さらにいえば、多様なものの葛藤から生まれる社会を社会のありのままの姿としてとらえることから始めるモンテスキューにとって、エスプリという知や、平衡（équité）、適合性（convenance）、趣向（goût）という概念が、どれほど必要なものだったのかがわかる。これらの概念は、ある意味で、同じものの異なる側面あるいは表現でもある。矛盾に満ちた関係性、葛藤を秘めた均衡という状態は、エスプリの機能をはたらかせながら、ようやく達成されるものである。ただ多少でもその均衡に成功した場合、そこにはある趣向をはぐくまれ、相対的に幸福な安定を獲得できるような性質のものである。しかしこの安定は、つねに人間の内部に存在する自然の力によって、脅かされてもいるものなのである。「あらゆるものをかき混ぜるのではなく、あらゆるものを調整するためのエスプリを持っていなければなりません[7]」。諸条件が変化することによって均衡が崩れると、エスプリは新たな状況をふくんだ新しい均衡のもとに新しい社会を構築することになる。葛藤を内在させている社会とは、つねに変化の可能性をもつ。変化とは、エスプリという機能要件が、社会のさまざまな要素の新しい均衡を常に調節しつつ、別の均衡の状態を達成する――それは政体の変化をもふくむ――政治であり、変動によって特徴づけられるものである。エスプリという判断力あるいは理解力は、論理の証明力を超えてはたらく。それは誰もが納得する感情、あるいは想像力に訴えるものだ。この方法によってしか得られないものを、モンテスキューは道徳上の真理と呼んでいる。

政治がいかに道徳や理性や正義に反しているかを見て、それを直接に攻撃することは有益なことではない。この種の言説はすべての人を説得するかもしれないが、心を動かされる人はいない。法のくびきから独立した情念が存在するかぎり、政治学はつねに存在し続けるであろう。(8)

2　自由とは不完全さのことである

山の地方では人々は所有するものを保持できるが、保持するべきものはほとんどない。自由、すなわち人々が享受する統治が、人々が守るに値する唯一の財産である。それゆえ、自由は、自然がより多く恩恵を与えたと思われる地方よりも山の多い、困難な地方により君臨する。(EL18-2, 邦訳中巻一一七頁)

前述した風土にかんする議論をふまえた上でこの文章を読むと、ここに出てくる「自由」という言葉が、人が他者と関係性をもち、弱さや欠落を補い合う状態を意味することは、たいへんわかりやすい。人と人とがかかわりをもち、人が生活のうえで求めるかたちで整えられる統治の状態が、ここでは「自由」という意味として表現されている。

モンテスキューにとって人間とは、いつも情念の運動に翻弄されながら精神のバランスをなんとか保ち、変動している存在である。また社会も、異なるものとの絶えざる遭遇を常態としながら、エスプリによって常に更新され続ける。かれにとって、世界は多様性と変化に満ちている。精神は世界を跳ねまわり、情念は心を動かし続け、新しい関係のなかに平衡をつねに更新していくことが、自由という言葉にかれが込めた想いなのであった。これこそ社会に生きるということである。このような人間観・社会観のもとにおいてこそ、次のような言葉が出てくる。

自由とは私たちにおいては、不完全さである。私たちは自由でありかつ不確実である。なぜなら、私たちは自分にとって何がふさわしいかを確実に知ることはできないからである。(9)

この世界で私たちは、どんな状況にあっても完全な存在にはならない。完全性は、他との結びつきを必要としないが、人間はそのような生物ではないのである。第二部第二章でもみてきたように、私たちはいつも限界づけられた存在であり、間違いを犯さざるを得ない存在であり、自らの課した法にすらしばしば従うわけではない。不完全で不確実であり、だからよりよいものへと努力しつづける可能性があり、未来を切り開くべく考える存在である。このような自由という意味でなら、専制君主自身が不自由であることは当然ありうるし、庶民が自由であることも当然ありうるのである。『自然法試論』のなかで、モンテスキューは次のように言う。

社会の外では、人間はある種の自由を享受しているが、この自由はかれにとって大変な重荷でしかないであろう。この自由はかれに自分が欲することは何でもできるという特権を与えるが、同時にかれに対して反抗する権利を他人にも認める。しかし、社会においては、各人は便利で静かな生活を過ごすために必要な程度においてのみ、その自由を行使する。私のものとあなたのものとは、はっきりとした境界があり、そのため、人は互いにそれぞれの権利を平和に享受する。……社会の外には倦怠と残忍しかない。恐怖は決して私から立ち去らず、助けも、慰めも、すべてが私に欠けている。しかしながら、社会では、洗練された習俗が支配しているのがみられる。私は必要なときに私を援けてくれ、私の不幸を和らげてくれ、私が困難に陥ったときに、私を慰めてくれる友人を見いだすことができる。(10)

個人の意思の行使に制限がないことという意味での自由――近代以降優勢になる自由の解釈――は、ここでは「重荷」という表現で示され、はっきりとマイナスの評価を与えられているし、それは「社会の外」の話だということになっている。ここでモンテスキューが「社会の外」というのは、完全性の世界であり、関係性を必要としない世界のことである。ここには、たとえば自分自身が世界の法律だと思い込んでいる傲慢な君主も、利益計算だけを価値の物差しだと信じきっている商人も、妻たちの裏切りに疑心暗鬼に囚われたユズベクも、ここでは「社会の外」に生きる人々である。かれらは、革命や損失や孤独を恐怖し続けなければならない大きな不自由さを引き換えにしている。これにたいして、「社会のなかの自由」というのは、一人ひとりの意志の行使という意味では不完全だが、その不完全さを補うよう、互いに援助や慰めを与え、恐怖から解放してくれるものである。このような意味における自由を「社会にとっての自由」としておこう。

かれ〔スラ〕〔ローマ皇帝〕は、ローマにその自由の保持を不可能にさせるにいたったいくつかのことをやってしまった。アジアへの遠征において、スラは軍隊の規律をすべてぶち壊してしまった。かれはその軍隊を略奪に慣らさせ、それまでもっていなかった欲求をそれに与えた。かれがいったん兵士たちを堕落させると、次には、かれら兵士が将校たちを堕落させることになった。スラはローマに武器を手にして帰り、ローマの将軍たちに自由の聖域を侵害することを教えた。(CR11 419-420, 邦訳書一一二頁)

自由の聖域。言うまでもなくそれは、社会にとっての自由を守るために、個人の意志の行使に制限を設けなければならない領域のことである。

ホッブズは、個人の自己保存から生じる自然権をその裏づけとして、自由とはいかなる制限も受けないこと、としている。恐怖のもとで自由を放棄する行為も含めてかれにとっては自由の範疇である。社会のなかではコモンウェルスという主権者が絶対のものとなり、主権者の自由はいかなる理由であれ侵害されない。すなわち、主権者へ譲渡される個々の権利がどれほど自分のものとして承認できるのか、という部分に自由および義務の問題が入り込んでいる。これにたいして、モンテスキューは、自然状態から社会状態になった段階で、自然状態の平和を社会のなかで実現しようとするためには、個人の自由は制限をうける、というところから出発する。しかしそれはだれかに強制されて自由を放棄するのではなく、人間は集団として生きるものだという人間観からおのずと生じることなのだ。ホッブズにおいては、個人の自由を制御し調整するものとしての法があるが、モンテスキューにおいては、自由を支えるものこそが法のあるべきかたちとして論じられている点で、対照が際立っている。

ルソーは、自然状態のなかにある個人の自由と平等との理念が、社会状態に入ると契約によって代替的に実現されるという。そしてここでもまた自由は個人の行為を基礎として発想されたものである。契約をつうじて実現する公的人格である一般意思は、個人の自由の範囲を強制する力をもつが、個人意思と一般意思とがより同一化すればするほど、この強制は相対的に少なくなり、自由を拡大させることができる。これにたいして、自然状態から社会状態に入ると平等が失われてしまうという認識はルソーと共通しているものの、モンテスキューにとってはまさにこの平等を失うこと自体が、自由と相互扶助を不可分のものとする理由なのである。ひとは社会のなかで孤独に生きることはできず、多様な相互扶助的な関係をつくることが社会でよりよく自由に生きることに結果する。他者を無視した自由の行使があるとはいえ結局、それは自らにも社会にも利益をもたらさないのであり、それを理解するのがエスプリなのだ。また、個人が従う法と社会のなかの法がより同一化されれば、自由は拡大するということにおいては二人は共通しているようにも思えるが、モンテスキューからみると、一人ひとりの人間と国家との距離はあまりにも遠すぎると思われたはずである。

また、功利主義的な見方、すなわち、個人の自由の総和を最大にすることがめざすべき自由な国家の姿だという考え方にも、当然ながらモンテスキューは与していない。個人の自由の総和の拡大は、社会にとっての自由を低減させてしまうからだ。

「社会にとっての自由」という言葉はモンテスキューの言葉ではない。しかし、それぞれの思想のなかで、自由の主体と目的をどこに設定しているのかという問いについてここで確認しておくことは意味があるだろう。通常、自由という言葉の主体は個人であることは、啓蒙主義の時代からすでに問われることさえあまりない常識である。しかし、モンテスキューにとってそれは個人ではない。強いていえば異質なものどうしを結びつける関係性、とでも言えるだろうか。そして、前述のホッブズやルソーにしても、個人の自由の目的は個人的な利益の獲得あるいは幸福の実現にあるのだが、モンテスキューの自由の目的は、共同体の永続である。共同体の永続が結果的に個人の幸福に戻ってくるということなのである。そのように考えればこそ、次の言葉が理解できる。

> 自由な国家がほかの種類の国家より永続し得ない理由は、不幸と成功のいずれが生じても、ほとんど常に国家から自由を失わせる結果となるからである。反対に、人民が従属しているような国家の成功や不幸は、同じように隷従を強化させる効果をもつ。賢明な共和国は、幸運であれ不運であれ、偶然の結末に自らをさらすような危険を冒すべきではない。それが志向すべき唯一の善は、国家としての永続性だけである。(CR9, 邦訳一〇〇頁)

『ローマ人盛衰原因論』のなかのこの叙述だが、自由な国家というのは、もちろん個人的自由が謳歌されている国家、という意味ではない。自由な国家のなかで行なわれたこと、すなわち、ローマ内部にある分裂がもみ合いながらも――特権への嫉妬と羨望、元老院の揺れ動く議論、反乱と同盟――そこに結合（統合ではない）をつくりだし構築されている国家を、自由な国家と言う。その難しい結合をつくりだそうとする意思をかれは「自由への愛」としているのだ。そしてその自由の目的は共同体が存続することにある。自由が成功しても永続が難しいのは、自由の繁栄は領地の拡大と富の拡大を必然的にもたらしてしまうが、これは分裂を結合ではなく分断に導く条件だからである。モンテスキューはこのあと、繁栄をふまえて為政者は法律を変えていく必要があることを示していく。すなわち、自由な共同体の永続のためには、国の大きさや法律をも変えることが政治家の仕事だと主張するのである。

二十世紀になってパレートが効用の議論をするとき、「社会にとっての効用」（utilité pour une collectivité）という概念を提出している。全体社会あるいは個人にとっては、それぞれの目的のための資源としての自由は、その限界まで最大化することが望ましい。これにたいして、社会にとっての効用とは、ある点からわずかに動いてもある諸個人の受ける効用の増大と他の諸個人の受ける効用の減少、換言すればある人には快適で、ある人には不快になるといった、つまり葛藤を内在化させている状況のなかの均衡点を指している。均衡点はさまざまにありうるが、うまく社会にとっての効用の最大をめざすことはパレートの「結合の残基」の力で達成されることであり、また、効用の最大化がより成功している時代に経済が繁栄すると論じた。

モンテスキューはこの考え方を先取りしていたようである。モンテスキューにとっての自由は、他者との関係を必要とするものであり、個人の不完全さや制限された自由をひきうけつつも、共同体の安定と繁栄を目指すものである。

もしイギリスに王がいないならば、イギリス人は、より少なくしか自由を持つことができなかったであろう。このことは、オランダによって証明される。つまりオランダでは、州長官が存在しなくなって以来、国民はいっそう奴隷状態にある。そしてそれぞれの都市のすべての為政者たちは、小暴君なのだ[11]。王でさえその権限が制限されているイギリスは、オランダより自由である。みんなが小暴君になることは、決して国家にとっての自由の拡大にはつながらない。

3　豊かさが富によって荒廃するとき

不完全さを補い関係を構築するのが自由だとするなら、十八世紀の人々にとって重要なテーマであった商業を論じておく必要があるだろう。モンテスキューは商業について、つねにアンビヴァレントな立場をとっている。かれが商業を評価し期待もしているのは、確かなことである。「商業は破壊的な偏見をいやす。そして習俗が穏やかなところではどこでも商業が存在しているというのは、ほとんど一般的な原則である。……商業はあらゆる国民の習俗についての知識がいたるところに浸透するような働きをなしたのである。人はこれらの習俗を互いに比較したが、そこから大いに有益な成果があった」（EL20-1, 邦訳中巻二〇一頁）。商業は、異質なもののあいだに流通が生み出されるところにあり、そこに生まれる交換は、多様で異質なもののあいだの平衡感覚をもとにはじめて成立するものである。そこには互いの異質性や多様性の発見と驚き、好奇心にもとづいた知的探求心、それらと自分とのあいだにつくりあげる正義、勤勉さと他者を経由した自己評価、がある。この活発な活動ほど、モンテスキューのエスプリに親和的なものがあるだろうか。「商業の自然の効果は平和へと向かわせることである。……そしてすべての結合は相互の必要に基づいている。……商業の精神は、人間のなかに厳密な正義についてのある感情を生み出す」（EL20-2, 邦訳中巻二〇二頁）。モンテスキューが多様性のあるものを関係づけ結びつけることに重要な意味を見いだしていたことを踏まえるなら、商業については、この結びつきをより広く可能にする側面を積極的に評価することは自然なことであろう。

とはいえ、モンテスキューはその期待と同じくらい、いや、それ以上に、商業が持ち込む危険にたいする警戒も忘れない。かれは商業が習俗をより洗練させることもあれば堕落させることもあることを、同時代にとって最重要な問題としてとらえている。「この感情〔商業の精神が生む感情〕は、一方で略奪に対立するけれども、他方である道徳的な徳――自分の利益だけを執拗に追求しないようにさせる道徳、あるいは、他人のために自分の利益を譲るといった道徳――にも対立する」（EL20-2, 邦訳中巻二〇二頁）。

商業の精神の良い面を台無しにさせてしまうものには、最低でも二つある。一つは、多様性を喪失させることであり、もう一つは、制限を忘れさせることである。

多様性を喪失させること、とはすなわち、商業がもたらす価値の抽象化によって引き出される感性である。具体的にいえば、金銀、貨幣、証券などの価値の符号が、世界にちりばめられている価値の多様性や具体性を捨象してしまうことによって、あらゆるものの意味を失わせてしまうことなのだ。そこでは、あらゆるものが金銭的に取引されてしまい、徳も知もその対象になり、すべての価値が切り下げられてしまう。「商業の精神は諸国民を結びつけるが、同じように諸個人を結びつけるわけではない。私たちのみるところでは、商業の精神の影響しか受けていない国では、あらゆる人間行動やあらゆる道徳的な徳も取引の対象となる。人間性が求めるどんなに小さな事柄でも金銭と引き換えになされたり与えられたりする」（EL20-2, 邦訳中巻二〇二頁）。こうなると、人が異質なものや多様性に直面するという経験そのものが不可能になってしまい、その経験のなかに発見できるはずだった正義もまた、不可能になる。

もう一つの、制限を忘れさせること、とは、商業が人々の心にもたらす満たされることのない欲求のことである。価値が生活のなかの具体性を失うことによって、私たちは自分の欲求を制限する理由を失う。このことにより、富の争奪戦が世界に無限に広がり、それにつれて富の切り下げが起こってしまう。その結果、人々には何の豊かさも残されないという悲劇が起こってしまうのである。モンテスキューはスペインの経済に関する小論のなかで、次のように言う。

商品には二種類ある。一つは小麦、葡萄酒、織物のように、あるがままに使用され消費されるものである。もう一つは金や銀のように、その使用が虚構的にしか与えられていないものである。国が保持することのできるあらゆる商品のうちで、虚構ないし符号としての商品は、その国を富ますことが最も少ない商品である。これらの符号は、価値の具体性をもたないので永続的であり、消費されたり証明したりすることがほとんどないので、この種の富は増大すればするほどその価値は減少することになる。(12)

何度繰り返しても十分でないと思うことは、人が金銀の力について多変誤った観念を抱いているということである。人は金銀に、無理やりにでも実在的な力を付与する。このような考え方は、もっとも強力な国民がたくさんの金銀を所有していることから主として生じている。しかしそうなる理由は、それらの国の善政、土地の豊饒さや耕作が金銀をもたらしているからである。これらの貴金属は国の力のたんなる符号であるだけなのだが、人々はこれを結果としてではなく原因と考えている。(13)

社会のなかの権力や威信の根拠とは何かを、私たちは慎重に理解しなければならない。その根拠がもし金銭のみならば、それは根拠にならない。金銭で買った力は、再び簡単に金銭によって奪われるからである。「豊かさ(opulence)とは、習俗のなかにあり、富(richesse)そのもののなかにはない」(CR10, 邦訳一〇八頁)。また、習俗を豊かにすることを商業の富と混同し、結果、習俗を荒れさせてはいけない。これがモンテスキューにとって商業にたいする基本的な姿勢であった。モンテスキューは、君主政において貴族が商業に従事することにはっきり反対を示したにもかかわらず、官職の売買については容認するし、みずからもこれを行なった。これを奇異な矛盾であると論じる研究もあるが、これまでの議論をふまえるなら、かれにとってはある程度ではあるが、自然な判断だったと考えることもできるだろう。

モンテスキューは「いくつかの国で実行されていることに感銘を受けた人々は、フランスにおいても貴族を商業に従事させることを義務づける法律が必要であると考えている。これは商業にとって何の効用ももたらさぬまま、ただ貴族身分を破壊するだけの手段となるだろう」（EL20-22, 邦訳中巻二二〇頁）と言う。『法の精神』で論じたように、君主政では不平等に基づいて奢侈が存在することは、政体にとって必要なことである。ただし、ここで奢侈という言葉で表わされる不平等は、その豊かさが貴族の勝手にゆだねられるような性格のものではない。「奢侈は他人の労働によって自分が獲得する安楽の上にのみ基礎づけられる」（EL7-1）と言うモンテスキューは、貴族の奢侈がみずからを支える下の身分の人々の労働や生活と、なんらかの関係性を結ぶことを求めている。

君主政では、富む者が資産の不平等に比例して消費することが必要である……個人の富は公民の一部から生存上必要なものを奪うことによってのみ増大した。したがって、必要なものはかれらに返さなければならない。……君主国家が維持されるためには、奢侈は、農夫から職人、商人、貴族、役職者、大領主、大徴税請負人、君公へ、次第に増加していかなければならない。そうでなければすべてが失われるであろう。

（EL7-4, 邦訳上巻二〇三頁）

つまりかれにとっては、奢侈も一定の制限をうけなければならないものなのである。身分や地位のヒエラルキーと奢侈や消費が対応していなければならないというこの考え方は、社会的不平等さえもが多様性がつくりあげる社会関係の一つであり、そこには相互性がなければならないという、モンテスキューの世界観と共鳴するものがある。そこでは、貴族の奢侈は基本的には、自分の虚栄心の満足のために行なわれるのではなく、身分の低い人々に奪い取った生活資源を返すことと、名誉の原理に従って与えられた特権を適切に果たすこと、の二つのために行なわれなければならない。かれは君主国家と専制国家との奢侈の違いについて、「君主国家において奢侈は、ひとが自分の所有物を自由に使用することであり、専制国家においては、ひとがその隷従のもたらす利益を濫用することである」（EL7-4, 邦訳上巻二〇四頁）と言う。自由に使用することは、他の人々との関係性をつくることであり、濫用とはそれを無視することなのである。

こうしてみると、商業はこの関係性を崩壊させる危険の最も大きなものでもあるのは明らかであろう。商業の富は、このような奢侈の制限をあっという間に忘れさせ、また名誉を金銭と引き換えする可能性を高めるからである。それでも、モンテスキューが官職売買について肯定したのは、商業のなかに、勤勉という一種の徳がはぐくまれる可能性があるからであった。商業は勤勉さを奨励する。その勤勉さは、官職に求められた使命にたいしてもまた発揮されるはずなのである。モンテスキューの官職売買にたいする態度は、このため、限られたものである。すなわち勤勉を身につけた人間が売買した官職によって身分を上げていくことを肯定はするが、それ以外のいかなる含意ももたない。かれにとって、職業の流動性は職業そのものの質を高めていくためには必要なことだった。またかれは世襲によって初めから守られている身分継承がどんなに人間を怠惰にし、エスプリを忘れさせるものか、についても、多くの著作のなかで訴えている。『グニードの寺院』の主人公は、世襲によって引き継がれた身分と特権に安住して怠惰と逸楽が蔓延した国に嫌気がさして祖国を捨てた人物だったではないか。「各人がその職業にとどまり、これを子孫に継承させるという法律は、専制国家においてのみ有用である。専制政では誰も競争心を持たないし、持ちえない。自分の職業を捨ててほかの職業にむかうことができないような場合に、人はその職業をよりよく営むとは言えない。自分の職業で抜きんでたものが他のよりよい職業を獲得する可能性がある場合には、その職業をよりよく営むのである」(EL20-22, 邦訳中巻二二〇頁)。勤勉さが社会上昇の可能性をもつことは、習俗を整えることを促す。その反面、勤勉さによって達成された富によって勤勉さが傷つけられる可能性や、金にものをいわせて官職が売買されるような事態を、かれは拒否しているのである。

とはいえ、商業が発達した末に、モンテスキューがいうように、良い面だけを社会のなかに入れ、それ以外は拒否するなどということは、実際には困難である。商業はそれこそ制限なく広がるのであり、モンテスキューがそれを理解していなかったわけではない。だからこそ、かれは商業についてはつねにアンビヴァレントである。少なくとも、マンデヴィルのような、私的利益の追求が最終的には社会全体の利益につながるという単純な構図は、まったく持っていなかった。私的利益の追求は競争を伴ない商業を発展させるであろうし国家の富を増大させる可能性はあるが、それは国家を豊かにするとは限らない。モンテスキューは、マンデヴィルが大都会のなかで虚栄心を膨らませていく人々の様子を記述しているところを指しながら、「このことから一般的な不便が生じる。……欲望とその充足手段とのあいだにもはや調和がうまれない」(EL7-1, 邦訳上巻一九九頁)と述べる。また、「人民相互の交通がさかんであればあるほど、かれらは容易にその生活様式を変えるようになる。なぜなら、おのおのが他のものにとって、いっそう見世物になるからである。……自己の精神を浮薄にする結果、国民はその商業部門をたえず拡大させる」(EL19-8)と言う。これもまたマンデヴィルを想定した記述であるが、ここでも、商業の交流を良しとしながらも、精神を浅薄にすることが習俗にあたえる影響を深刻にとらえており、きわめてアンビヴァレントな表現となっている。

モンテスキューにとって、完全な人間も完全な社会も存在しない。それは人間の情念の反秩序性によって、つねに揺れ動かされているものだからである。しかし一つひとつの不完全さは、つながりを生み、相互補完への力となる。自由とはそのつながりのことを指し、かつ、自由もまた制限をうけることを、その商業論をつうじても確認することができる。

4　四つの自由と市民精神

すでにこれまで論じてきたように、モンテスキューが決して「個人」を基礎とした社会を考えていないことを思い出すなら、「自由」もまた個人的行為に基礎をおく概念ではない。というより、私たちが現在常識的に考えている、個人の自由すなわち、「自分の意志の行使、あるいは少なくとも自分の意志を行使しているという、人が考えること」という使い方は、モンテスキューの場合「哲学的自由」ないし「純粋な自由」という修飾語を付けたかたちで区分けされている。「純粋な自由は、市民的状態よりもむしろ哲学的状態である。このことは、非常に良い政体と非常に悪い政体とが存在することを妨げない(14)」とあるように、個人の哲学的自由の探求は、かれの主たるテーマではない。

『法の精神』の「自由とは何であるか」という章でかれは、「何らかの法が存在する社会においては、自由とはただ欲すべきことをなすことができ、欲するべきでないことを行なうよう強制されない、ということにある」(EL11-3. 邦訳上巻二八八頁) と自由を定義する。これは最広義の定義であり、かつ個人の行為の側から語られた定義であるので、かれの「自由」という言葉に込めた意味をかえって伝え損ねているように思われる。重要なのはその直前にある文章である。「民主政の国々では人々は自分が望むことのほとんどすべてを行なっているかに見えるので、自由がこの政体にあると考えられてきた。人民の権力と人民の自由とが取り違えられたのである」(EL11-2. 邦訳上巻二八八頁)。前節で、個人の意志の行使について何らかの制限を与え、その上で相互的な関係性——援助や慰めを与え可能性を開き、恐怖から解放する——を生むことを「社会的自由」としておく、と述べた。これはいわば「自由」を関係性の特性として述べたものであり、かれが自由という言葉を使うときの実態に近い。とはいえ、「社会的自由」という言葉は、モンテスキュー自身の言葉ではない。モンテスキュー本人の言葉を用いるなら、これは「政治的自由」という。

政治的自由を国制のなかに見いだすには、それほど苦労はいらない。自由をそれが存在するところで見ることができるとすれば、そして、それをすでに見いだしたとすれば、なにゆえそれを探し求める必要があろうか。(EL11-5, 邦訳上巻二九〇頁)

社会のあるところ、そこには人と人との関係がすでに構築されていると考えるなら、そこにおいて人々が自らの意志で社会とつながりをもつ、という場面を見いだすことは、本来は確かに当り前なことである。しかし、当り前と思えることは考える必要はないということではなく、むしろ権力のあり方と社会関係への考察を行なったうえで自由を守らなければならないし、自由を守るべく法を整えなければならない、というのが、モンテスキューの立場である。

さらにこの政治的自由には、二つのものがある。一つは国家の政治権力の側から考える政治的自由、もう一つは、市民の生活の立場からとらえるものとしての政治的自由である。モンテスキューは前者を「政治的自由」、後者を「市民的自由」として区別する場合がある。

『法の精神』では国政にかかわる政治的自由については、主に三権分立の議論が取り上げられている。どの権力も制限されていること、不完全な権力が互いにその異質性を認め葛藤しながらも独立しないことが、政体全体の自由を守ることであり、穏和な政体の姿である。すくなくともここでは、国家のなかにある「個々の力すべての結合」(EL1-3) のあり方が考察の対象である。しかし市民にかかわる政治的自由については、三権分立などとは全く別に、公民状態 (état civil) の観念に基づいて考察が必要であるという。「国政は自由であるが市民は少しも自由でない、ということがありうる。市民は自由であるが国政はそうでない、ということもある」(EL12-1, 邦訳上巻三四二頁）。そして市民の自由を考える際に鍵となるのは、「自由は安全にあり、あるいは人が自己の安全について持つ確信にある」（EL12-1）、という言葉に示されるように、人が自分の生活を安定した納得のいくものてとしてとらえているか、という点である。こうして実際には公民の政治的自由を論じた第十二編では、刑法が論じられていくことになる。

市民的自由があえて取り出され、政治的自由とは別に論じられなければならない理由は、これが人々の生活すなわち、習俗や生活態度という水準に深くかかわるからである。市民の自由のなかでこそ、制度への信頼、ひいては社会への信頼を醸成していかなければならないのだ。この意味で「市民的自由」はきわめて重要な位置にある。安全と安心は、習俗や生活態度を安定させるための必要条件であるし、それを達成する社会制度は人々の生きる現場の実感のなかからその正当性を了解されなければならないからである。

市民的自由の議論でモンテスキューが取り上げている四つの罪は、宗教、習俗、平穏、安全をそれぞれ侵害する罪である。宗教については、神の名における報復という行為が、宗教の目的に適さないことを述べている。いかなる神であっても敬うべきものであり、宗教対立とは「臆病な意識を持った人の熱意や大胆な意識を持った人の熱意を公民に対立させることによって、公民の自由を破壊する」（EL12-4）として、罪のある行為とされている。習俗を侵害する罪とは、性愛の制度を乱す罪なのであるが、これは悪意からよりも我を忘れることや自分を軽んじるところに原因があるので、性愛の無軌道を矯正する場を設けることでよい、とする。平穏にたいする罪というのも、既存秩序に立ち直らせるための罰を与えるというくらいに捉えられている。そして最も重要なものは、いうまでもなく安全に対する罪である。「社会の安全を奪った、あるいは、他の市民の安全を奪おうとした公民にたいし、社会が安全を拒否する」として、同害報復の原理が打ち出されている。生命を奪おうとするほどの罪の場合は、刑罰は死に値する。しかし財産にたいする安全を侵害した場合は、財産の剝奪によって償われるべきである。償うべき財産がない場合は身体刑がふさわしい、とする。

どのテーマも、人々の心の中にある感情と社会をつなぐ感覚とに関わりのあるものばかりである。これはそれぞれの歴史や地域性のうえに具体的な実態をともなって、そこに生きる人々の不安、憎悪、羞恥心などを伴うかたちで実行化されてこそ、刑罰としてはじめて有効になる。不敬罪についての記述もここに重ねられているが、敬う気持ちというのは本来自然に心に湧き上がる性格のものであるにもかかわらず、権力を持っている側が不敬罪の適用を自在におこなうことは、社会への信頼と社会関係を破壊することになる。これもまた市民の自由を阻害するものとして、慎重でなければならない。

市民精神（l'esprit du citoyen）とは、自分の国がほかのあらゆる国家を併合するのを見ることではない。自分の都市が他国の徳のすべてを呑み込むのを見たい、隊長たちの凱旋を見たい、また諸国の王を憎悪していつも自分の眼を覆いたいという欲望、このようなものはすべて市民精神をつくるものではない。市民精神とは、国家のなかに秩序を見たいという欲望であり、公共的な静穏、正義の正確な執行、法務官の安全、法に対する尊重、政治体が安定的に繁栄していること、それらのなかに喜びを感じたいという欲望である。市民精神とは、法を、それらが私たちにとって不利であるという事例を含む場合でさえも愛し、それらが時として、私たちに及ぼす弊害よりも、むしろそれらが常に私たちに与える一般的善（le bien general）を考慮することである。市民精神とは、政治体において各人に託されている一種の公職を、熱意と喜びと満足とをもって執行することである。なぜなら、職業においてであれ家庭においてであれ、自分の財産管理においてであれ、統治に参加していない人などいないからである。[15]

人々の幸福、熱意、喜び、満足に通じることが、市民の精神ないし市民的自由にとっての核心にある。このような経験をつうじてこそ、いかなる社会も成立しえることを、かれはいつも忘れない。

哲学的自由、政治的自由、市民的自由の他にもう一つ、忘れてはならないのは「自然的自由」である。自然的自由は、『法の精神』のなかで一カ所だけ登場する言葉であるが、未開人の自由として論じられている。未開人は自然の摂理のなかですでに自由が満たされているので、社会の場面ではこれがそのままのかたちで登場することはない。しかし、前述したように、自然の生活のなかの平和は社会生活にはいると戦争に代わってしまう、というのがモンテスキューの考え方であり、これがホッブズと対照的であることは、すでに第二部第二章で述べた。社会生活のなかでは、この安定的だった自然的自由は奪われ、情念は自由に社会を飛び回りはじめる。もちろんこの情念が、政体の原理のなかに回収されて趣向をつくりだし、比較的安定的な「洗練された習俗」の生成に貢献していればさほど問題ではない。パリで、名誉の観念が非常によく発達しているのを目にした『ペルシャ人の手紙』のユズベクは、「名誉を求める欲望は、生きているものが自己保存をしようとする本能とまったくおなじものだ」(LP89, 邦訳下巻五一頁)と言う。すなわち、君主政における人々の名誉という趣向にたいする愛着は、人間と社会を融和させるので、これを自由ということもできる。「フランスは多くの点でペルシャよりも自由です。また人々は一層自由を愛しています」(LP89, 邦訳下巻五一頁)。

しかし問題は、人間の情念それ自体があまりにも自由だ、ということである。それはやがて簡単に政体から離脱する。そして人の心の平衡を取り戻すためなら、破壊的な力にもなるということなのだ。自然的自由のもう一つの意味は、主人を失ったペルシャのハーレムに描かれている。ユズベクが受けとる妻たちからの手紙のなかに、「自由」という言葉が繰り返し登場する。妻のゼリスはユズベク宛の手紙で言う。「ユズベクさま、あなたが私よりずっと幸せだなどと思わないでください。私はあなたの知らない楽しみを、ここでたくさん味わいました。私の想像はたえず動き回り、私に貴重なものを教えるのです。私は生きた日々を送っていましたが、あなたは疲れていただけなのです。……あなたが私を閉じ込めた牢屋のなかでさえ、私はあなたより自由なのです。私を見張るためにますます激しく心配してくださっても、私はその心配をも楽しむのです。あなたの疑いや嫉妬や悲しみは、あなたも囚われの身であることを証明しています」（LP62, 邦訳上巻一六五頁）。ゼリスの生きる制度が強権的であればあるほど、すなわち制度が、洗練された趣向を排除して直接人間を支配しようとすればするほど、従属する人間の心の中ではますます激しい快楽が渦巻いているのだ。快楽の活発な活動は心の自由そのものである。これにたいしては制度的強制など何の役にもたたない。やがてハーレムの崩壊のとき、寵妃ロクサーヌもユズベクへの裏切りを告白する。「私はあなたの掟を自然の掟に書き換え、いつも魂は独立していました」（LP161, 邦訳下巻二二一頁）、と。心の中の自由の力は制度をも破壊してしまったのであった。「閉じ込められている女たちよりももっと凄まじい壁の中に私は幽閉されるのだ。そこであらゆるものを疑っていることだろう」（LP155）と、ユズベクは友人に告白する。自分のもって生まれたペルシャの習俗から遠く離れ、パリの趣向にも馴染めない異邦人ユズベクは、安心して心をなぐさめ快楽を感じる場所をどこにももたない。よりどころを失った心は、あらゆるものに疑心暗鬼となり悩まされつづけなければならない。女たちが閉じ込められていたのは制度の檻であるが、男が閉じ込められたのは自然から追いやられた心の檻なのである。そしてその檻の壁は、たしかに男のほうが厚いのだ。

自然的自由は、社会のなかではそこに人間が生きていることをあらわす、鼓動のような力である。この自由が活発に活動してこそ社会が活性化するのであるが、しかし社会があまりにも深刻な息苦しさに満ちているとき、この自由は社会変動をもたらす重要な動因にもなる。それはいかなる社会においても、そうなのだ。自然的自由が暴れだし、市民的自由を壊してしまえば、どんなに国政における制度が整っていようと、あるいはどんな強権を使おうと、社会は崩壊せざるをえないのである。「原則として、共和国という名称を与えられている国家において、社会全体が静穏になっているのが認められるような場合はいつでも、自由がもはやなくなっているとみて間違いない」（CR9）。自由とはまず活動なのであり、それは基本的に情念の活動なのである。

モンテスキューは自由という言葉について、哲学的自由のほかに、自然的自由、市民的自由、政治的自由という、少なくとも四種類のものを区別し、このうち哲学的自由だけが個人を基礎とするものであり、ほかの三つの自由は社会的自由、すなわち社会のそれぞれの場面で起動するものであるとしたことはすでに述べた。人の心の中の情念の活動を考えること。習俗や人間の感受性に触れながら社会が立ち上がる現場の安定的な関係を考えること。一人ひとりの個別の感受性から距離をもって成立する、国制という政治の現場における諸権力の関係を考えること。これらを異質性をもつ別々のものとして扱うことは、ある意味では当然のことのように思われるが、モンテスキューの独自性は、これらをそれぞれ独立した事象としてばらばらに扱うのではなく、社会全体を見渡すときに必要なものとして、そのすべてを同時に見ようとすることである。一つのことを知るためには多くのことを知らなければならないのである。自由のこの多様性は連動しながら、重なり合いながら、全体をつくりあげる。そして、自然的自由がもっとも根源的であり、市民的自由は政治的自由よりも根源的である。というのも、原理の腐敗は自然的自由の活動から始まるのであり、また、習俗がよく整えられたところでは、法律は単純なものでいいというのも、この理由による。これはモンテスキューの社会観の注目するべき特徴である。これは、かれの社会観そのものが、一つの観念で説明するにはあまりにも複雑な、異質な世界の複合によってつくられていることを示している。

政治がこれほど貧しい成果しか上げない原因は、政治の信奉者が決して人間を知らないことにある。かれらは自分が鋭敏で抜け目のない見解を持っているので、すべての人間がそれを同じように持っていると信じる。ところが、すべての人間が鋭敏どころではない。その逆にかれらは、ほとんどつねに思いつきや情念によって行動する。ないしは、たんに行動せんがために、あるいは人から何も行動しないといわれたくないがために行動する。しかし、偉大な政治家たちをも破滅に追いやる原因は、かれらの政治技術が秀でているという世評によって、ほとんどすべての人にかれらへの嫌悪を生んでしまうことである。その結果人々はかれらと交渉することを避け、協力のもたらすあらゆる利点をかれらには与えない[16]。

このような重層的な世界全体に対する総括的な視点をもつことの必要性が、政治にかかわる人々によく理解されていない、というモンテスキューの溜息のような言葉がここにはある。「政治学をそれが倫理や理性、正義に反するといって直接攻撃しても無駄である。この種の言説はすべての者を感動させるが、誰をも説得しない。法のくびきから独立した情念が存在する限り、政治学はつねに存在し続けるであろう[17]」。

5 多様性の連結体としての世界――社会は必要だ、しかし国家は？

モンテスキューは、世界は多様性に満ちているという事実を、まず社会認識の基礎とし続けた。そのうえで、社会の基礎を個人ではなく関係性そのもののなかに置き、その関係性とは、多様な方向にひしめき合う作用と反作用によってつくり上げられるものだと考えたのである。自由の多様性と多層性を発見し、この世界を矛盾をはらんだ複雑で動的な宇宙としてイメージしたことは、かれが時代や地域を超越してさまざまな政体を比較して論じつつも、相対的には君主政に軍配を上げることになった理由でもある。モンテスキューが君主政にたいして評価をあたえているのは、明らかなことだが、その理由としてこれまで、モンテスキューの保守性が上げられてきたし、法服貴族ないし領主としてのかれの社会的地位との関係も言及されてきた。しかしモンテスキューの作品全体から受ける印象としては、ルイ十四世の治世や当時のフランスの体制にたいして肯定的だったとは考えられない。そうであれば『ペルシャ人の手紙』のような作品は不可能であっただろう。これまでのかれの世界観をふまえるなら、モンテスキューの保守性というものににわかに同意することができない。

共和政、君主政、専制政、という代表的な三つの政体のなかで、その政体の本性として、とぎれのない多様な不平等をおいているのは君主政だけである。共和政と専制政は、その政体の本性のなかにいくぶんかの平等の精神を含んでいる――もちろん平等の意味が全く異なりはするけれど。ところで、世界は多様性に満ちていることを事実認識の基礎においていたモンテスキューは、平等について語るときにはいつも、それを曖昧さのベールに包まないではいられなかった。「民主政においては実質的平等が国家の神髄ではあるが、それは打ち立てるのが非常に難しいので、平等に極端な厳密さを求めることは、必ずしもつねに適当とは限らない。……民主政の不平等はすべて民主政の平等の原理そのものから引き出されなければならない」(EL5-5, 邦訳上巻一一三頁)。「天が地から遠く隔たっているのと同じくらい、真の平等の精神は極端な平等の精神から遠く隔たっている。真の平等の精神は、すべてのものが命令するようにしたり、あるいは誰も命令されないようにすることにあるのではない。すべてのものが自分と同等の人々に服従かつ命令することにある。それは主人をまったく持たないことを求めるのではなく、自分と同等の人々しか主人を持たないことを求めるのである」(EL8-3, 邦訳上巻二二七頁)という具合である。「自然状態においては人間はたしかに平等のなかに生まれるが、そこにとどまることはできないであろう。社会がかれらに平等を失わせる。そしてかれらは法律によってのみ、再び平等を取り戻すことができる」(EL8-3)。とはいうものの、そこで平等と徳を原理とした社会は、その本性においてはじめから曖昧さを要求せざるを得ないのであり、腐敗をその本性の奥深くに内蔵していると言うこともできる。専制政についてはいうまでもなく、君主以外の人々は可能な限り、その存在を無に近づけなければならないという意味での平等が要求される。しかしこれはモンテスキュー自身が繰り返し述べているように、そもそも政体としてはじめから腐敗しているのであり、かれはもとより評価してはいない。

人々がその存在において平等だと考えることができるのは、自然状態のなかだけであって、社会状態に入ったとたん、人々は基本的に不平等になるのであり、これは多様性の写し絵でもある。モンテスキューにとって社会状態にある人々は平等だと考えることよりも不平等だと考えるほうが、よほど自然なことだった。さて、これまで既述したように、モンテスキューの考える「社会」のなかでは、神も、権力も、自由も、自らを制限する——自由であれ権力であれ、それは不完全であることをあえて選びながら、相互性のもとで全体をつくり上げるというかたちをとる。しかも、異質なものがひしめき合っているわけだから、不完全さを補い合うといっても、それは凹凸のように単純な補完対応関係というよりは、不協和音をぎりぎりと立てて、ズレの部分から摩擦熱を発しながらも補い合う、ということなのである。社会は摩擦あるものの関係性のまとまりの間にさらに関係性を積み上げていくようなものであり、これがうまくいくためには、連結そのものが多々あることや、その連結部分の一つひとつには曖昧さが必要である。曖昧さとは、接合部の動きをスムーズにするために役立つ、いわゆる「遊び」である。そこには数学的正確さも論理的な整合性も必要ではなく、ただ正義という釣合いの感覚だけが必要とされる。そして正義の関係とは、矛盾や葛藤を超えて多様なものを結びつけることを可能にするが、それは曖昧さとともにあるからこそ可能だともいえるのだ。君主政の本性に内在している不平等は、具体的に分厚い中間的な階層として機能している。このような縦にも横にも広がる多様性、予測不能な広がりをもつ多様性を包摂しつつ、社会を一つのまとまりとして構築していこうとしたとき、釣合いという法則のうえに機能する中間権力の分厚くソフトな緩衝物を擁する君主政こそ、ストレス耐性が最も高い政体、すなわち最も柔軟に対応力を持つかたちであるとモンテスキューは考えていた。「君主政は専制政にたいして一つ大きな長所をもっている。ここにはその本性上、国制にもとづくいくつかの身分層が君公の下に存在しているから、国家はより安定的であり、国制もより安定的であり、統治者の身もより安全である」（EL5-11、邦訳上巻一三二頁）。具体的にいえば、貴族階層の諸勢力や地域領主たちの独立性および高等法院のシステムなどが、君主の下に分厚く中間権力として広がっていて、これが社会の各所にみられる矛盾ある関係を吸収してなお機能しているのである。

さらに人間の内部に目を向ければ、モンテスキューにとって人間は、個人として他の人々との関係を切っては生きていけないが、一方で、完全な無私という生き方も困難である。名誉という原理がこの二つの矛盾をつなぎとめ、政体に結びつけるという意味で、徳や恐怖といった原理よりも名誉の方が優れていると判断していたと思われる。かりに偽りの名誉を私欲によって追い求めることがあっても、その矛盾を名誉の原理は排除しないからである。とはいえ、この名誉という原理でさえ腐敗を運命づけられている――私たちはつねに情念にさらされ、それは予定調和を約束していない。

君主政は、宇宙の体系のようであるともいえよう。そこではすべての物体をたえず中心から遠ざける力と中央へと引き戻す重力がある。名誉は政治体のあらゆる部分を動かし、その活動自体によって各部分を結びつける。（EL3-7, 邦訳上巻八〇頁）

「偉大な人というのは、あっという間に遠くまで見渡し正義を見つける人である」[18]というモンテスキューの言葉は、この矛盾と曖昧に満ちていながらも一つのバランスの取れたまとまりをどのように見つけるのかを、即座に判断できる能力（エスプリ）のことを表現している。

モンテスキューによれば、この葛藤をはらむ関係性のまとまりが無数に連結して、人々の生活の根源にある市民的自由から全体国家の問題まで、これらを穏やかな全体として世界をつくっていく。国家の政治とは、この全体をまとめ上げる力である。しかしいうまでもなく、生活世界から全体国家までの広がりにはかなりの距離がある。前述したように、もちろんここにはさまざまな中間権力や中間層があり、一つひとつが矛盾をつなぎとめているわけだが、人々の生活世界とはあまりにも無関係な国家が成り立ってしまい、国家からの義務だけが課されるようになってしまうと、自然的自由は国家に反逆を企てはじめる。これが、これまで本書で述べてきた社会のダイナミズムである。

モンテスキューは、国家には適切な大きさというのがあり、国家の巨大化にかんしては否定的であった。このことは、『ローマ人盛衰原因論』のなかでも語られている。ローマは巨大化してアルプスを越えてしまうと、もはやローマ精神やローマ市民という言葉が空虚な「擬制」となってしまって、帝国が衰退しはじめた(CR9)。共和国はあまりに拡大してしまうと、その政体は維持が難しい。国家が適切な規模と体制を失えば、反乱や革命は当たり前に起こってくるのである。モンテスキューは反乱や革命を起こす権利を否定していない。そして反乱や革命は、自然的自由のもつ貴重な機能——人間にとって貴重な生きることの証——だと考えてもいる。『ローマ人盛衰原因論』と同年、モンテスキューは「ヨーロッパにおける普遍的君主国についての考察」という小論を書いている。ここでは、一国の拡大による他国への侵略は、ヨーロッパではすでに軍事的にも経済的にも不可能であることや、ヨーロッパの国々が相互依存の関係をつくり平和を構築するべきだと論じられている。「現段階におけるヨーロッパは、もはや多くの国々からなる一つの国である。フランスやイギリスは、ポーランドやモスクワの豊饒さを必要とする。それはあたかも国内の一つの地方が他の地方を必要とするようなものである」[19]。すなわち、どの単位の地域が一つの共同体をつくるのが適切であるかについて、少なくともモンテスキューは、地域やヨーロッパなどと比べて、「国家」という政治体を特別なものとしては考えていない。適切に、もとめられている状況に応じて、地域間の結びつきを優先させることもあれば、国家を超えてヨーロッパとしての相互依存の原理を求めるときがあってもよい。フレキシビリティが可能であってこそ、私たちは「自由」の価値を生かすことができるのだ、とでも言わんばかりである。

モンテスキューにとっては、家族、地域、貴族社会、国家、諸外国との関係もまた、連続して連なる社会であった。それなら、一人ひとりが、どの社会が自分と親和的だと感じられるものか、どの社会がたんなる擬制としてのつながりなのか、を判断することも可能である。ある人は家族との深い関係を最も重視するだろうし、またある人は、国家よりも地域に密接な関係性を見いだすだろう。このような人と集合体との関係の多様性はかれにとっては当たり前のことであり、その多様性と相互性のある関係として、社会をつくりだせばよい。場合によっては統治の枠組みを変更する必要があったとしても、人々が平和に共存することのほうがモンテスキューにとっては大事なことであった。国家に、すくなくとも既存の国境などに、こだわる必要はない。社会は必要だが、国家は、多様な社会形態の一つにすぎない。

このように考えると、モンテスキューは、かれの同時代の啓蒙思想家たちが踏襲した「社会契約」という考え方とは相容れない考え方をしていたことがわかる。モンテスキューは、人はみずからの権利をいかなる場合にも決して譲渡できないし、してはならない、と考えていた。というのも、かれのいう市民的自由の概念は、まさに基本的人権や主権が発現する現場であり、人に生きる基礎を与えているものであるが、生活に密着したこの自由を何かに代替することなど、モンテスキューにとってはありえなかったからである。かれの考えは、ホッブズ、ロック、ルソーを含む啓蒙思想家たちの多くが、個人の主権を国家に譲渡し、かつ国家が理性的に法を執行することによって、近代国家の正当性を説明することとは、激しい対照をなす。モンテスキューにとって、国民の一人ひとりの意志が国家という一つの意志によって代表できるほど人間は同質ではないし、国家による一律の法律の下で自らの権利を取り戻せるなどと単純な構図ではとても対応しきれないほど、人間は多様であり独自性のある存在なのだ。また、国家だけを一つの公的人格として考えることができるほど、国家理性は誤謬がなく信頼に足るものかという点についても、モンテスキューは信じることができなかった。ホッブズなどの多くが、国家の「一般意思」という概念を使うのにたいして、モンテスキューはそれを決して使わず、「一般精神」という概念を使う。人は意思も権利も、たとえ制限を受けたとしても、どこまでも自らのものであり、そのなかでこそ関係性が創出できるからである。かれにとって「法の精神」とは、決して政治家や国王のためのものではない。人間一人ひとりが向き合うものが、家族であろうと地域であろうと国家であろうと、すべての人にとってそれぞれの人生の現場では、エスプリが必要とされているのであった。

スタロバンスキーは、モンテスキューのこのあまりにも自在な多様性にたいする寛容な態度を、次のように言う。

いかなる場合でも、世界が必然的により大きな自由に向かって進むという保証などない。……歴史は最善なるものを守り、これを到来させる機能はもたない。また、すべてを解放しようと欲してはならない。「徳でさえ制限を必要とする」というのは、その他の諸々の価値もまた正当だからである。他の規範によって規定される有機体は存在する権利をもつ。モンテスキューの多元主義は、十分に寛容である。自由な国家と徳によって統治される共和政と同じように、それほど自由でも有徳でもない国家をも、かれの多元主義は受け入れているのである。この多元主義――寛容と自由の原理――は、すべての人間を同じ政治体制に拘束しないために自由の適用領域を制限しているが、これは特異である。〔ただ、〕ここにはまったく矛盾はない。自由の理想を厳密に普遍的に適用することは暴力になるであろう。より少ない自由をともなう多様性のほうが、多様性なき自由よりさらに望ましいのである。[20]

最後に再び、私たちは確認しておかなければならない。「音楽において不協和音が全体的調和に加わっているのと同じように、混乱しか認められないと思われる国家に結合が存在しているということがありうる。そしてそれのみが真の平和である幸福をもたらす」(CR9, 邦訳一〇三頁)。私たち自身が不完全で不安定な存在であることを想えば、社会生活のなかで、あるいは国家のなかで、あらゆる混乱や衝突を避けることは極めて難しい。しかしそれでも私たちは、他者とともに生きるために手を伸ばし続けなければならない。それが社会をつくる、ということなのだから。モンテスキューは平和への努力の価値を次のように言う。

私たちにとって他の人々とともに結合し、かれらと平和に融和して暮らすことは重要である。……しかし、この平和を獲得するための最も確実な方法は、私たち自身が平和を求めて、それを樹立するためにあらゆる努力をすることである。私たちにとって大切なことは、人が私たちを愛してくれ、必要な場合には人が私たちを援けてくれることである。そして人々をそうするように促す真の方法は、私たち自身が他人を愛し、かつ必要であるときにはかれらに奉仕することではあるまいか。……万人は本性上平等であり、かつまた同じ欲求と同じ援助、同じ立場と同じ状況のもとにあるのだから、一方のもののみが特権を占有し、それを他方のものには拒否するような何ら理由も存在しないのである。人々のあいだにみられるこのような均衡から、正義と衡平の諸観念が生まれる。……神は私たちに事物が私たちにたいしてもつ諸関係についての知識を獲得できるように、悟性の力をあたえている。[21]

平和への終わりなき模索は、自由で多様な社会を希求する人びとに求められた、基本的な態度である。

結び

1　変化しつづける多様な社会をいかに記述するか

モンテスキューは紛れもなく、ヨーロッパの知の歴史のなかに位置づけられる重要な思想家であり、かれの思想や方法もそれらと全く無縁であったとは思われない。

たとえば、ギュルヴィッチは、法社会学についての著書のなかでモンテスキューの思想について、かれが受け継いだ知的遺産とは主に、アリストテレスであり、ホッブズであり、スピノザであった、と述べている[1]。さらに、アリストテレスからモンテスキューが受け継いだものとして、政体を論じ政体とその下にある社会構造との関係を考察したこと、とくに法を社会の自然な要因（人口、土地、気候など）との関係において問題にしたことについて、モンテスキューはアリストテレスの基盤を広げた、と言う。一方、「法に携わる階層」の存在をアプリオリに前提する偏見からまぬがれなかったことを挙げ、批判もしている。またギュルヴィッチは、モンテスキューがホッブズから、社会物理学者として社会現象を分解し、要因のそれぞれをアトム化して考える論理を受け継ぎ、スピノザからは、さまざまな社会的バランスの分析という観念を受け継いだ、としている。確かにギュルヴィッチの議論は、モンテスキューの思想的位置を言い当てているだろう。人間のあり方と人間関係を考察するとき、政体の役割に本質的な意義を見いだしていることは、アリストテレスとモンテスキューに共通することである。もっとも、その方法は全く異なる。

モンテスキューの実験的方法や無神論的な性格は、かれが経験主義の子であることを示している。ホッブズは、技術の中立性を主張し、法が宗教的、形而上学的真理から独立したものであることを、「真理ではなく権威を」という言葉で言いあらわす。(2)ここでいう「権威」とは、モンテスキューとは異なり、完全な技術となった国家権力のことである。さらにホッブズは、国家権力が個人の内的な信仰にまでは、強制力を持たないことを述べている。(3)またスピノザが、個人の理性は、神の絶対性に到達する力となりうると考え、その力は人間にとって国家権力よりも大きい、という認識をしていたことも、(4)スピノザの幾何学的調和の観念とともに、モンテスキューへ受け継がれたものとして見過ごしてはならないであろう。第二部第四章で既述した、モンテスキューの二つの理性、すなわち分析的・実験的理性と、全体のバランスをはかる理性とは、たしかにこの三人からの影響と全く無関係ではない。さらに、制度と人間の快楽や道徳の問題を、相互的に影響を及ぼしあう一つの全体であると考えることは、もちろん古典的伝統に則ったものであり、同時にフランス的な考え方でもある。

ところが、自分が連なる知的伝統のかかえる大きな問題に気づいたのも、またモンテスキューであった。第一部で論じたように、「普遍」という概念は、フランス精神の根底につねに存在しつづけてそれを支配していた。それは、実際に現実の社会変容を導きだすほどの思想的な力をもって、時代に君臨してきたといってよい。

ボシュエは、このフランス的伝統――普遍性の絶対的支配――の権化であった。その後の啓蒙思想という新しい思想潮流のなかでも、またコントにおいても、何を普遍性と考えるのかの違いこそあれ、普遍概念の構図は維持された。かれらは社会を、それぞれの普遍性へいたるための前段階として現実の諸現象を理解しようと苦闘したのであり、そこにはかれらがそれぞれの仕方で求めようとした「普遍」の価値の絶対化と、それを中心にして構成される価値の体系化が追求されている。さらに普遍概念の系譜においてかれらは、社会をなにか特定の観念構成体に結び付ける。たとえばボシュエにとっては、宗教であった。具体的にはカソリシズムの信者であることこそが社会の成員の条件となるべきものであった。モンテスキューより年下のヴォルテールは、寛容の精神の共有を掲げて人々の多様性を許容したものの、最終的には「自然」という概念によって普遍概念そのものを捨てるには至らなかった。ディドロにとっては、人間の生体としての普遍性に人々の共感の可能性を託し、それを社会の基礎とした。そして、コントにとっては実証精神という普遍概念そのものが社会にほかならず、またそれを目指すことが社会の成員の必要条件であった。このようにみると、モンテスキュー後にあっても普遍概念の刻印は深く諸学問をとらえていたし、それは社会学にも受け継がれていったといえるだろう。

しかし、普遍観念にたいして深い疑義をもち、多様性に満ちた世界を見わたすモンテスキューは、十八世紀初めにすでに新たな課題に向き合わざるをえなかった。それは、外に向かって無限に開かれた、かつ変化し続ける多様性のある社会を、どのように記述できるのか、という問題であった。この問題に向き合うことこそ、モンテスキューの受け継いだ知的遺産が何だったかよりも、かれの根源的な特徴をつくりあげたのである。

第二部全体をつうじて述べたことだが、モンテスキューは社会を論じるとき、二つの点で、第一部の登場人物たちと激しい対照をなすといってよいだろう。一つは、当為すなわち道徳からの解放であり、もう一つは、抽象性・理念性からの離脱である。

モンテスキューにとって人間は、人間たる以外の何ものでもない資格において、すでに社会の成員であった。かれにとっては、宗教にたいする態度がどうであれ、また人間という生物として、健康であろうがなかろうが、どんな価値や信条を持とうが、多様なものが多様なままで、そのまま社会の成員であった。かれは、人間のもつ道徳的内容や掲げられた理想の如何にしたがって「社会」という観念をイメージしているのではないのである。個々の人間はたしかにあまりにも多様で、しかも感情によって揺れ動きの激しい存在である。とはいえ、第二部第三章で議論したように、どんな場合であろうと人々の感情を排除することは生きている証を失わせることであり、あってはならない。確かに人間は、有限で不完全で、感情を持ちしばしば過ちを犯す存在であることを否定できない。しかしそれでも、いやだからこそ、有限で不完全な人間たちが生きている場所は、「社会」にしかありえない。人は社会に生まれ落ちるのであり、それは、逃れることのできない事実なのである。社会は、人間が生きているという事実によって、必然的に人間を包み込んでしまう何ものか、であった。

モンテスキューは、普遍概念すなわち完全さの理想を追うこと自体が、そのまま暴力となる可能性に、明らかに気づいていたといえるだろう。普遍概念を求める人々は、世界を知りたいという尽きない情熱によって衝き動かされるにもかかわらず、実はますます、広い世界を理解する可能性を閉ざしてしまうというパラドックスのなかにある。また、かれらは、抽象的な観念を使って世界を説明しようとするがゆえに、意識的にであれ無意識的にであれ、現実の多様な生活者の実態には目が届かず、普遍概念にかかわるもの以外の多様性を排除し、その価値体系を中心として現実のほうを構築しなおしてしまう陥穽に陥っているのだ。モンテスキューは言う。

つねに感じやすい存在に感情を持つなと命じること、情念を正すことさえ認めようとせずに情念を追い払おうとすること、日ごとに悪くなっていく時代に完全さを提案すること、あれほど悪行があるなかでも弱点に逆らおうとすること、すべてこのようなあまりに高度な道徳は、思弁的になりはしないかと、私はおおいに恐れる。また、私たちがあらねばならない姿をあまりに遠くに示しすぎて、私たちを現在あるがままの状態に放り出しはしまいかと、私は大変に不安に思う(5)。

モンテスキューが必要だと考えたのは、現実を構築しなおすことではなく、現実を事実として理解することであった。

人間の情念の力は生きることの根本でありながら、同時に人を迷わせ誤謬に導くことがあるが、それでも情念の揺れ動きやほとばしりがつながりあい、互いの関係性を形成し、全体のまとまりをつくっていくからこそ社会が可能となる。「均衡」「適切さ」「趣向」「精神」などというモンテスキューの鍵概念は、変動しつづける主体同志のあいだの作用と反作用の力学がつくりだすものである。重要なのは、せいぜい、それぞれの有限で不完全な人間が「よりよい」エスプリを持つことであり、それぞれの人間が社会との「よりよい」平衡を達成することであって、それ以外の何ものでもなかった。第二部をつうじて繰り返し論じたように、かれの関心の中心は、あれこれの観念や信条や形式のなかにあったのではなく、エネルギーに満ちてはいるが不完全な人間ばかりが集まっているのに、結果的になにかしらの社会を形成するという事実の、メカニズムの解明だったといえるだろう。よりよい「平衡」という、いわば関係性を結ぶ力学が達成されていくことへの見識を得ようとする努力がここにあった。もちろんそれらは社会というまとまりにむけて機能するわけではあるが、しかしそれは常にいくぶんかは不安定で、相対的なのだ。そこには、よりよいものはあるが、善は存在しない。道徳の内容には一切入り込まないこと、それが、変化し続ける多様な社会を研究するモンテスキューの基本的手続きなのだ。

さらにモンテスキューは、具体的な現象から離れた抽象的な観念の世界の議論には、一切立ち入ろうとしなかった。第二部第四章でも論じたように、人間が国家という理性に基本的権利を譲渡するかわりに国家が人間を守るといった近代思想のなかにある「社会契約」という考え方も、かれには人々の日常生活の現実からかけ離れた、為政者がその正当性をつくりだす方便としか映らなかったのではないだろうか。世界の多様性とは、その具体性のなかでこそ多様なのであり、抽象化や概念化には基本的に馴染まないものである。

もちろん、多様な現実を再構築し直さずに受け止めながら向き合おうとするとき、残念ながら、世界の記述は複雑にならざるを得ないし、わかりにくいものにならざるを得ない。しかしモンテスキューはその複雑なわかりにくさを、あえて選択する。それこそがかれにとっては誠実なことだった。

この本〔『法の精神』〕には、今日の諸著作の特徴のように見えるあの警抜な表現は見いだされないであろう。いやしくも事物を一定の広がりのなかで見さえするならば、警抜さは消えうせてしまうものである。警抜さというものは通常、精神がまったく一方にだけ傾倒し、他方はすべて顧みないことからこそ生まれるものなのである。(EL 序文、邦訳上巻三四頁)

さて、これらのことをモンテスキューは自分の著作の全体のなかで、具体的な例を上げながら記述していく。かれの初期作品である『ペルシャ人の手紙』では小説という形式をとりながら、一人ひとりの感受性のレベルに訴えかけ、ユズベクという具体的な精神にフランスを語らせる。そのあとに続く『ローマ人盛衰原因論』では、ローマという共同体の歴史とそこに具体的に発見される政体の盛衰と多様性の関連性について語り、『法の精神』のなかでは、政体と原理の類型化というテーマをえらんで焦点を当て、その具体的事例が世界中から集められ語られている。そのどれもが、人間の生活のあらゆる側面にしみわたり、その全体を貫くダイナミズムとの関連に配慮のないものはない――それこそが変動の要因だからだ。モンテスキューを、その意味において、後世の学問枠組みにのっとって、法学や政治学の学者であると単純に分類することは的を射ていない。『法の精神』や『ローマ人盛衰原因論』は、相互補完的に世界を説明しているのであり、さらに、後世の研究者たちからは注目されることの少ないかれの文学作品群もまた、かれにとっては、『法の精神』などの作品と同様に、世界の説明のために不可欠なものだったはずである。モンテスキューの思考はジャンルに囚われず自由だった。そのためかれの著作は一見すると、話があちこちに飛び回り、テーマが変化していくために、私たち読者はそのすべてに込められたモンテスキューの意図を追いかけるのに苦労する。しかしそれは、モンテスキューの世界観が、いかに広範にわたり、かつ人間の存在の深みに届いた真理であるかを、おのずから示している。

だからこそモンテスキューは、次のように、長い時間のなかで評価してほしいと言う。

認めてもらえるかどうか分からないが、私には一つお願いがある。それは、少し読んだだけで私の二十年の仕事を判断しないこと、片言隻句を取り上げるのではなく、この本の全体を是認するなり否認するなりしてもらいたいのである。（EL 序文、邦訳上巻二三頁）

2　異質な世界を見わたす思考

モンテスキューが見ていたのは、自分たちがよりどころにしている体制への信頼を失いはじめた人々であった。このような社会だからこそ、できるだけ「なにものにもとらわれない視点」で、人々のなまの姿を具体的に記述することが、人間の本質的な問題をしっかりとつかみとるために、モンテスキューが意図して追求した方法であった。したがって、人間の生活と制度とを無批判に混同し、社会のある姿が、あるべき姿だと当然のように受け入れている人々の先入観を払拭するためには、フランスの習俗から切り離された異邦人に語らせることが、必要不可欠な方法だったのである。『ペルシャ人の手紙』には、風俗本とも見まがわれ、たいへんもてはやされたという過激な性の描写も、神の摂理について悩む若い男の訴えも、カフェに集まる人々の様子も、また経済金融政策までも、まるで現象のすべてをすくい取ろうとするかのように、織り込まれている。今日、『ペルシャ人の手紙』は暗黙のうちに、文学ジャンルの作品であるかのように見なされている節があるが、その内容を克明に検討し、同時にモンテスキューがこれを書くにあたって抱いていた前記のような動機を思うならば、私たちはこれを単なる文人の手すさびの読み物として楽しむ気持ちにはとうていならないであろう。

ペルシャ人とはなにものにも囚われずにものを言うことが許される異邦人の別名である。パリで経験する出来事について喜怒哀楽するペルシャ人の声は、飾り気のない素朴なものでありながら、人間にとって重要な問題を提起する。というよりも、カミュの例を引くまでもなく、既存の偏見からまぬがれた人が異邦人という身分でありながら問題としなければならないことは、必然的に時代と人間にとって、深刻で重要な問題の洞察とならざるを得ないといってもよいであろう。ユズベクは、フランス社会の奇妙さについて素朴な疑問を発したり批判したりしながら、ペルシャの文化との相対的な比較の視点を提供しつつ手紙を綴る。ユズベクの位置は、モンテスキュー自身のもとめた観察者の視線である。もちろんかれは本当の異邦人ではないので、「なににもとらわれない視点」を完全には体現できない。しかしそれはだれもが背負うことになる制限である。完全さは得られないとしても、その視点をめざさなければならない。

異邦人の視点をもって人々を観察したモンテスキューは、キリスト教、君主政、アカデミー・フランセーズなどをはじめとして、既存の制度的価値に心を注ぐことのできない人々をまのあたりにする。むしろ人々は、制度の支える価値にそれぞれの仕方で対決しながら、制度と自分との狭間で生きていたのだ。恋愛に身をやつしたり、カフェで議論という大声競争をしたり、錬金術師の技に不気味さを感じたり、賭博に興じたり……、というように。それらの人々がみな、心の中に一つの普遍的、超越的な価値を持つことができるはずだ、などと、どうして信じることができようか。[6] それよりも、モンテスキューが感じ取ったものは、無数の異質の人間や思想や価値観が、相互に凌駕したりされたりしながら、しかしそこには、確かに社会という関係性のまとまりが存在する、ということであった。無数の具体的な事例ばかりを取り上げて注目していながらも、具体的な現象のみに即してしか記述せず、全体を包括する存在の論証をあえてしようとしていないにもかかわらず、そこに明確にまとまりがあること（パリとペルシャでは、異なるまとまりであること）を感じられるのは、ユズベク（つまりモンテスキューの視点）が、他との対比のもとにある異邦人だからなのである。ここに異質性を内在化した「社会」を記述しようとするモンテスキューの、周到な計画がある。それは、人々の感情がかかわる具体的な実体でありながら、論理だけでは証明できないものをも射程に収め、けっして捨象しない、と決意する、モンテスキューが選択した方法にほかならない。

ところで、知ろうとする主体はみずからを完全にとらえることはできない。というのは、観察の主体とその対象が同じだからである。そのことは、『法の精神』序文のなかでも指摘されている。「もしも人間が偏見から脱することができるように私がしむけることができるなら、私は最も幸福なものだと思うだろう。ここに私が偏見というのは、ある事柄について人を無知に陥れているものではなく、人を自分みずからについての無知に陥れているものである」（EL序文、邦訳上巻三六頁）。すなわち、自分の知がすでに限界を持っていることを知らない、いわば傲慢な知のことを、偏見といっているのである。かれにとって「知ろう」とする行為は、他者を知ることや、他との比較を通して、みずからがつねに背負う偏見の危険に向かいあいながらはじめて実現するものである。ツヴェタン・トドロフはこのモンテスキューの考え方を、以下のように的確に言う。

自己認識は可能であるがそれは他者を知ることを前提とする。比較という方法が唯一目的へとたどりつかせてくれる道なのである……すなわち、自分自身が属する共同体を知ろうとするなら、まず全世界を知ることから始めなければならない。他者を知らないならば、結局自分自身を知ることはない。(7)

この姿勢はモンテスキューのあらゆる著作に地下水のように浸透している。かれの叙述は、パリやペルシャ、古代ローマ、『法の精神』にいたっては、ヨーロッパ全域を越えてアジアまでの知識が展開する。フランスを知るためには、世界を知らなければならない。個別性と全体性はつねに往復運動をしなければ、結局は何も知ることにはならない。

かれは旅の方法について語る。「町に着いたとき、私はいつも一番高い鐘楼か塔にのぼる。部分を見る前にすべてを全体として見ておくためである。また町を去るときにも、同じことをする。自分の考えを確かめるためである」(8)。これもまた、モンテスキューのスタイルなのである。

さらに、かれは、偏見の危険から逃れるために、あえて意識的に精神を飛び回らせる。『ペルシャ人の手紙』

は書簡体小説なので、パリの話とペルシャの話が頻繁に入れ替わるだけではなく、書き手も手紙のテーマもめまぐるしく変わる。読者はそれぞれのストーリーをたどり確認するために、頻繁にページを行き来する煩瑣な作業を強いられる、という仕掛けになっている。このような展開は、この作品だけではない。『本当の物語』[9]という小説は、輪廻転生の話を下敷きにしたものであるが、一人称で語る主人公が、老若男女、牛馬、虫まで、さまざまな生命として、必然性もなく変身していく。ところが主人公の魂の記憶はずっと自分のこととして延々と続いていく。そのさまざまな視点を行ったり来たりしながら、最終的には「人間の幸福とは何か」という問いに答える形で進んでいく物語である。これは未完成ではあるが、このスタイルは、『ペルシャ人の手紙』はもちろん、『法の精神』にも通じているといえよう。『法の精神』でもまた、モンテスキューは読者を一つのところに思考をとどまらせない。偏見から離脱させる思考へと読者を巻き込んでいく戦略と、個別主義的な世界に読者をとどめておかない戦略がここに意図されているのである。モンテスキューは、かれの相対主義を、相対主義がしばしば陥りがちな閉じた個別主義を乗り越えさせ、世界の認識を感得する場所にまで到達させようとした。その戦略のかたちがここにある。

私たちの魂は、考えるために、つまり知覚するためにつくられている。ところで、このような存在は、好奇心をもつはずである。というのは、すべての事物は一つの連鎖のうちにあり、そこではそれぞれの観念がある観念に先立ち、また、別の観念に従うから、別のものを見ようと望むことなしにある事物を見ようとすることはできない。そして別の事物にたいするこのような欲望をもたないとしたら、私たちはある事物にいかなる喜びをも味わうことはなかったであろう。[10]

トドロフは言う、「モンテスキューには、諸民族の多様性と人類の同一性を同時に考えようとする、フランスの歴史上もっとも徹底した努力が見いだされる」[11]。

3　文学と社会学——つながりのありか

モンテスキューの研究者であり評伝を書いたシャックルトンは、モンテスキューによって提起された「趣向」(goût)という感性に関連して、次のように述べている。

「感性(sensibilité)」とは何かという問題は、フランスにおいては明らかに『ペルシャ人の手紙』によって提起された。これによって文学における情熱は高まり、情熱の抑制されない状態の創作や研究が、やたらとなされるようになった。ときどき、様々な道徳的な観念が情熱という関心と合体した——情熱は自然であり、自然であるものは悪徳にはなり得ないといった信念、情熱的な自己表現は主要な善であるとか、偉大な人間はもっとも激しい情熱を持つ人であるとかの主張。このような「感性」が理解されるようになるのは、主として『ペルシャ人の手紙』以降の現象である。フランスにおける主要な「感性」の解釈者は——かれらの主張した倫理的観念と連結されて表現されたのではあるが——プレヴォ、ルソー、ディドロである[12]。

少なくとも、モンテスキューが人間の個別に持つ感性あるいは情念というテーマを、人々にとって共通のテーマであると認識させたことは確かであろう。そのことが、深くかれの人間観に根差したものだったことは、すでに第二部第三章で述べた。しかしこの感性は、たんに人間の説明としてのみ、とらえられるべきではない。かれにとって感性をあつかうことは、一つの社会制度のなかに生きる人々がその社会との相互作用のなかで、人間の個別性を超えたなんらかの感情の社会性、ないし感性の風土をもちうるからこそ必要なのであった。その一つのかたちが「趣向」の概念でもあった。

モンテスキューは『グニードの寺院』が猥褻な作品であるという悪い世評にたいして、次のように言う。

小説を読むということは確かに危険である。危険でないようなものが一体あるだろうか。小説の耽読の悪影響のほかには改革するべきものがないなら、なんとありがたいことだろう。つねに感じやすい存在に感情をもつなと命じること、情念をただすことさえ認めようとせずに情念を追い払おうとすること、日ごとに悪くなっていく時代に完全さを提案すること、……これらを私は大いに恐れる(13)。

『ペルシャ人の手紙』以外のかれの小説が必ずしも社会的評価を得るものでなかったにもかかわらず、なおかれが小説を必要としたのは、人間あるいは社会の動因である情念の具体的な描写が人々の素朴な感情に働きかける力を、軽んじてはいなかったからである。物語のなかで繰り返されるテーマは、二つの情念——独占、野心、力への志向などという人間のやみがたい情念と、分かち合うこと、新しい発見、幸福という人間の穏やかな情念——のあいだで展開される。すなわちこれらは、モンテスキューの社会観の根っこにある動態の記述にほかならない。モンテスキューは、この情念の物語がどんなに科学的あるいは合理的な説明には馴染まない世界であっても、人間や社会を理解するためには必要だと考えていた。

あなたの求める問いにこたえるために、それほど抽象的な理性を使わなければならないとは思わない。確かにそうであるという証明は難しいにしても、感性をはたらかせて理解することができる真理は存在する。それこそ道徳の真理である。この断片的な物語が、精緻な哲学よりもはるかに、心を動かすであろう。(LP11. 邦訳上巻四二頁)

第一部の普遍概念の系譜のなかでは、人間の情念はなんらかの信念の共同体に注ぎ込まれることが必要とされていた。そこからはみ出すものは、情念の教育を受けなければならない。道徳の物語は基本的にたくさんあってはいけない。しかしモンテスキューにあっては、情念は人間の生きるあらゆるところに顔を出すものであり、それは人間の管理を簡単に超えていく。だからあらゆるところに小説は成り立つのだ。「〔小説の〕作家たちは一種の詩人で、エスプリ（esprit）と心（cœur）の両方の言葉を駆使します。自然を求めて努力することに命を費やしていて、いつも失敗し、かれの主人公は、羽のあるドラゴンやケンタウロスのような奇妙な人間なのです」（LP137，邦訳下巻一六八頁）。このように小説は、つねに情念のもち方に人々を直面させ、それを経由して自らの情念を省みさせる。つねに失敗が運命づけられているとはいえ、その迂回路をへて、社会と人間との関係性――必ずしも融和的なものとは限らない――を、あらゆる水準で活性化することに貢献する。それは情念の自由――絶対的規範からの解放――を学び、かつ確認するための、欠かせない方法なのだ。

科学は相互に接し合っている。もっとも抽象的なものは、より抽象性の少ないものに接触し、かくして科学の総体は全体として文学（les belle-lettres）につながる。……これによって、科学は無味乾燥を軽減され、倦怠を予防され、すべての人の精神のおよぶ範囲にもたらされる。科学への嗜好は容易に普及し、紳士たちに迎えられる。(14)

モンテスキューにとって、それがどんなものであっても最終的に人間が了解するためには、あらゆる科学が文学につながり、そこにおいて抽象性は具体性に連結され、ついには一人ひとりの感情をともなう経験のなかで身体的に了解されることが必要なのである。言い換えれば、文学を排除した政治学や社会学は必然的に技術化せざるを得ないが、それはモンテスキューが最も嫌ったことであった。

健全な骨やすめを必要とする時があるのだから、まじめな読み物だけでなく愉快な読み物も有益である。学者でも楽しみによって疲労を償われるべきである。科学そのものも繊細なやりかたで趣味豊かに取り扱われることで利益を得る。それゆえ、人があらゆる主題について、あらゆる文体で著述するのは結構なことである。哲学は孤立させられるべきではない。哲学はあらゆるものと関連をもっている[15]。

モンテスキューにおいては、社会学と文学のつながりの重要性は当然のこととして意識されていたし、学問が人々の知となり肉となるためには、このつながりが必要だと考えられていた。むしろ絶対的なるものや普遍的なるものを喪失していればなおさら、社会を人間的なものとして構築するために、文学の価値は高められる必要があった。

なお付言しておきたいことは、前述したように、モンテスキューにとって知ることとは、異質な他者を知ることを経由してはじめてたどりつくものであった。しかし他者を知ることとは、たんに知らない世界の情報をかき集めることを意味しない。他なる世界の環境や国家や生活などについて学ぶことはもちろんなのだが、その上に、そこで生きる人間を具体的に想像し——その人の思考や感受性や幸福までをも想像し——、みずからの世界と対話させていくことによって、ようやく手が届くかもしれない遠い迂回路をたどることなのである。この遠い迂回路をたどる旅路のなかで、普遍的に通用する羅針盤がないときには、文学が、頼るべき有効な羅針盤の一つとなるのだ。かれにとって文学は、相対主義を空虚なものに終わらせないための、重要な社会的資源であった。

4　相対主義の陥穽を超えて――多元主義の社会学へ

相対主義という言葉は、古くはすでに古代ギリシャ時代から繰り返し使われてきたものである。しかし、相対主義とは何か、という内容に踏み込んだ議論がどれほどなされてきたかを省みるならば、それに答えるのは困難をきわめる。現代において、「文化的多元主義／相対主義」など、これに類似した言葉がグローバリゼーションの進展のなか、あらゆる場面で多用されている感がある。しかしその含意はといえば、「どれか一つの文化ではなく、ほかの文化も尊重しよう」という意味以上であることはほとんどない。すなわち、その場合の相対主義というのは、普遍主義がその自意識のために他なるものへの攻撃性をあらわにしかねない場合にみられる、無遠慮な暴力への批判として使われているのだ。しかし、それ以上の意味、少なくとも、社会構成原理となりうるような力強い原理になりうるものであるとは、たいていの場合は考えられていない。

そこには伝統的な、常に繰り返され続けた陥穽が潜んでいる。

文化相対主義によれば、すべての文化は唯一独自の存在であり、文化に優劣は存在しない。したがって一つの文化はその文化自体の価値基準で理解し、評価しなければならない。あらゆる文化に自文化中心主義を認めようとするこの態度は、西欧を中心として広がった覇権主義的な普遍主義にたいするアンチテーゼとして機能したことは否定できない。その意味では、いかなる相対主義にも一定の使命があったことは認めなければならないであろう。しかしそれは同時に、深刻なパラドックスをもたらした。つまり、どの文化にも自文化中心主義を認めていこうとすることで、世界が一つの普遍主義で染まることは回避できたかもしれないが、同時に、世界に無数の普遍主義の乱立を引き起こしただけではなかったか。それは、覇権的普遍主義の絶対性を否定したが、同時に、文化と社会の間にコミュニケーション的可能性をも引き下げ、かえって、他への理解に自ら限界を設けることに結果しなかったか。結局のところ、相対主義とは、現実に対処するにはあまりに無力な思想的基盤であった、といえないか。

もちろんその陥穽にまとわりつく無力感に対抗して行動した、クリフォード・ギアツをはじめとする文化人類学者たちがいた。ギアツが文化の記述に際して主張した「厚い記述」という立場は、他への理解に自らの限界を設けることへの警鐘であり、他への理解への長く深い営みそのものの宣言でもある。人類学の出発点が民族誌からはじまるように、人類学は個別性の理解をその方法とすることによって、具体的に普遍主義への対応軸をつくることに貢献しているようだ。しかしながらこの文化相対主義は、個別の文化間のコミュニケーションへの臆病さを払拭することにはならなかっただけでなく、さらに、個別の世界をこえて世界について語ることを禁欲するという方向に進まざるを得なかったといえよう。しかし、これが近代のめざした社会の姿だったのかというと、私たちは立ち止まらざるを得ない。いったいいつ、私たちは深い閉塞感に沈んでしまった社会にいたるこの道を選んでしまったのだろう。

たしかに西洋哲学の伝統のなかでは、普遍的に価値があるものは何かという問題の追求を断念した思想は、不安定で、よりどころがなく、人間を迷いのなかに閉じ込めるかのように考えられてきた。しかし、そこにはどこか思想の驕りが混じっていないだろうか。人間は、普遍なるものを知らなくても、絶対的なものなど知らなくても、あらゆる場所で生きているではないか。その事実を引き受ける社会思想は不可能なのだろうか——モンテスキューはこれに応えようとしたのである。ある意味で現在の状況は、モンテスキューが予言したものであり、人間の情念が引き起こした必然的結果だったとも考えることができる。

人間の条件に結びついた不幸からして、節度を得た偉人は稀である。そして自分の力を抑制するよりもそれに従うほうがより容易であるから、おそらく、上層の階級では、きわめて賢明な人間よりもきわめて勇敢な人間を見いだす方がより容易である。

魂というものは、他者の魂を支配することに多くの無上の喜びを味わう。善を愛する人々でさえ自分をこよなく愛するから、自分の善意までも疑わねばならないほど不幸な者などいない。そして実際、私たちの行為は多くの事柄に関係するから、自分の善意にもとづき行動することは、他者との関係性をよりよくつくることよりも、千倍も容易なのである。(EL28-41，邦訳二四七―二四八頁)

ここから、モンテスキューもまた、人間は自らを制限して共存をはかるよりも、結局はそれを捨てて力による勝利へと傾く、と考えていたのではないかという研究もある。しかし、困難を意識することと、困難にたいして白旗を上げることとは異なる。かれが一貫して制限することを語り、異質なものとの関係や、摩擦や不協和のなかにこそ平和があるのだと主張した理由、さらに『法の精神』を簡単に評価してほしくないと言った理由は、この困難に挑もうとするかれの深い決意のあらわれとしか考えることができない。

みずからに制限を課そうとする理性の力が、結局は勝利への欲望に負けてしまうという構図は、相対主義が普遍主義に負けてしまう構図と共通している。相対主義は相対的にしかみずからを主張できないというパラドックスゆえに、相対主義というだけで弱さをまとうことになるとこれまで考えられてきた。しかし、普遍主義の強さはそのまま脆さにもなる。多様性や変動のなかでは、つねに危機に対応しなければならず、その不安のなかでみずからの普遍観念に呪縛され続けて自由から遠ざかる運命にある。このことをモンテスキューは見通していたのである。文化相対主義が結局は相互の関係性を希薄化する個別主義に陥ることの危険、中立や中庸という立場がしばしば無関心を引き起こすという運命にたいして、モンテスキューは次のような言葉を残して警戒している。

二つの異なる派閥のあいだで、私は中立を保ちさえすればよい、と考えてはいけない。……私は、社会のなかで孤立するのではなく、無数のことがらに加わらなければならない。中立の立場は賢明ではない。それは無数の敵を持つことを確実にし、一人の味方をもつことを不確実にするからである。……しかし私が間違って選択したらどうなるのか。とはいえ、最強の派閥でも、私を殉教者として殺すことができるほど、いつでもどこでも最強であるわけではない(16)。

中立や中庸という立場で、現実の具体的な軋轢ある関係性から身を引いてしまうことを、モンテスキューは批判的にとらえている。それは目の前の現実を生きることの責任を放棄することでしかないのだ。その対立のただなかでどのように精神を冷静にたもち賢明であり続けるのかを心配しながらではあるが、それでも渦中に在ることは大切なのである。人間は失敗や間違いをするであろうが、中立よりはましである。人は社会に参加してこそ生きているのであり、やり直しをすることも人間の権利であるのだから。個人の首尾一貫性など、変動する世界のなかでは、自分の弁護以外の価値をもつのだろうか、とかれは主張しているかのようである。大切なのは、首尾一貫性ではなく、共存をあきらめないことなのである。

モンテスキューの相対主義は、普遍概念が存在しないことを引き受けるだけでなく、むしろあらゆるものが関係するダイナミズムのなかに、それぞれ個別で多様な理念や道徳を紡ぎだすことをその目的としている。個別性から紡ぎだされたものがさらにそれらの多元的で重層的な結びつきをもち、その結果として多くの選択肢と自由を私たちは手に入れることができる、とかれは考えるのである。相対主義の強さとは、何かを打倒する強さではなく、何によっても打破されない強さである。これまで論じてきたように、モンテスキューの鍵概念である、「平衡」「エスプリ」「趣向」「適切さ」は、どれをとっても関係の力学がつくりだす概念である。それらは変化する具体的状況に対応して多様な可能性のなかからつくりだされる関係性であり、その固有の関係性をつくりあげる過程のなかで、それぞれの現場で生きる人間たち自身が、闊達にその内容を創出するのである。

幸福とは、人間の知性が感性との結びつきによってつくりあげていく集合的な観念であり、当事者がつくりあげていくものだが、世界に開かれたものとしてある。人々にあらかじめ目標は与えられていないが、それは問題ではない。スタロバンスキーはモンテスキューの幸福観を以下のように適切に説明している。


幸福が動きのなかにあるなら、この動きは根拠のないものではない。それは世界に開かれたものである。……モンテスキューにとって、幸福は、幸福のそののもののうちに閉じこもらないし、精神はその自在な働きを遊ぶことに最大の喜びを求めたりしない。精神は歴史的社会的な世界に向かい、われを忘れて考える。精神は、計画し、ものを知り、そしてそれを実現したいと欲する。精神は、個人的な幸福への執着から離れ、客観的世界の諸問題に向かうことによって、迂回して自分の幸福を得る。……幸せな活動に専念していると、幸福について考えるのを忘れる。幸福が見いだされるのは、幸福を目的としなかった努力の末、ことが済んでからにすぎないのである。[17]

想定されていない他者との出会いも、未知なるものに挑み変化していく人間の可能性も、情念の激しいエネルギーも、確実にとらえることの難しい幸福という経験も、モンテスキューの相対主義はそのすべてを抱擁する強さをもつ。しかしその強さが理解されるためには、長い迂回路と長い時間が必要なのだ。社会はその関係性の長い迂回路を経て、その恩恵であれ病であれ、その果実が一人ひとりに戻されていくのだ。だからここには孤独な繁栄などない。「あらゆる国家は一つの鎖でつながっており、良いことも悪いことも伝播するのだ。……世界の繁栄はつねに私たちの繁栄となるであろう[18]」。

ただし相対主義の真の果実が理解されることの難しさを、モンテスキューはすでに覚悟していた。「私は自分に当然適した時代に生まれていない。……そして今から七百年、八百年もしたら、私の思想が非常に役に立つような国民があらわれるであろうと信じ、私は残された人生のわずかな時間を私自身のために節度をもって活用する覚悟をした[19]」。この信念の強さには震撼させられるほどである。『法の精神』冒頭のエピグラフにかかげられた「母なくして生まれた子」という言葉は、やむをえず同時代から離別するしかなかったモンテスキューの厳しい自己認識が背景にあったのである。

ところで、モンテスキューを含め十八世紀の人々は、社会を構想するときに有機体をアナロジーとして頻繁に使っている。社会のさまざまな部分は有機体すなわち身体のさまざまに機能的に異なる部分にたとえられ、その全体がかかわりあいながら統一体として成り立ち、社会が安定的に機能していくさまとして描かれる。しかし、モンテスキューの有機体のイメージは、少し異なっている。かれの有機体は一個の独立したものでありながらも、完結したものではない。

モンテスキューの有機体は生きている。それは、動悸を打ったり、疲れたり、楽しんだり、死んだりする。「健康はしばしば多くの病気の意のままである。自由は傷つけられやすい。有機体としての社会は、人間の身体のように腐る。人間の身体のように、消耗し、老い、そして死ぬ[20]」。有機体の各部分それぞれの平衡性の揺らぎが、さらに多重化されたり規制しあうことによって、それは全体としてつねに動き続けているのだ。たとえどんなに平静な生活をしても、やがて訪れる劣化は避けられない。社会はどんなに成功裏に運営されても、やがて必ず腐敗するものなのである。だからかれの有機体に完全な調和などない。それは「変化こそ恒常」（EL1-1）であり、不調和で、完結したものではない。また、この有機体は外の世界と交わることによって、つねに新しく生まれ代わる。この有機体は、みずからがより大きな有機体の一部、あるいは、大きな自然世界のほんの一部をなすことを知っている。そのような外部とつながることによって、いつも新しい有機体として、みずからを提示しつづけることになるのだ。モンテスキューの有機体は、観念上の構築物ではなく、いつもみずからの鼓動に耳を傾ける、開かれた生きたシステムであった。

モンテスキューは、生も死も、男も女も、キリスト教もイスラム教も、国家も社会も――、相容れない多様性がひしめき合う世界を見据えていたのだ。葛藤から逃れられない多様性のそれぞれは、引力と斥力の衝突しあう動的な関係性を結びながら、一つの世界をつくるのである。多様性と自由が共存するこの不協和音の宇宙は、モンテスキューにとって「平和」の原像であった。そして不協和音の宇宙への人間の探求には、終わりはない。

註

第一部

第一章

（1）Simpson, S. *A Study of Bossuet, Society for promoting Christian Knowledge*, 1937, p.75.

（2）アウグスティヌス「神の国」『アウグスティヌス著作集』第一五巻、教文館、一九九〇年、六一頁。

（3）同上書、六四頁。

（4）Hazard, Paul, *La Crise de la Conscience Européenne*, Fayard, 1961, p.184. アザール『ヨーロッパ精神の危機』野沢協訳、法政大学出版局、一九九〇年、二五〇頁。

（5）Bossuet, *Correspondance de Bossuet*, 1909-25, Hachette, tome7, lettre 2/18/1696.

（6）Bossuet, "Oraison Funèbre de Marie-Thérèse d'Autriche," *Œuvres*, Gallimard, Pléiade, 1961, p.110.

（7）Bossuet, "Discours sur l'Histoire Universelle," *Œuvres*, p.1025

（8）*Ibid.*, p.1003.

（9）Bossuet, "Méditation sur la Brièvete de la vie," *Œuvres*, p.1037.

（10）Bossuet, *Œuvres Oratoires*, Desclée de Brouwer, tome 5, 1926, pp.4-5.

（11）Goyet, T., *L'humanisme de Bossuet*, Librarie C. Klinksiek, 1965, p.564.

（12）アウグスティヌス「神の国」『アウグスティヌス著作集』第一一巻、一九九〇年、三二一頁。

（13）アウグスティヌス「神の国」『アウグスティヌス著作集』第一五巻、一九九〇年、七二頁。

（14）Bossuet, "Discours sur l'Histoire Universelle," *Œuvres*, p.665.

（15）*Ibid.*, p.676.

（16）*Ibid.*, p.666.

（17）*Ibid.*, pp.665-666.

(18) *Ibid.*, p.951.
(19) *Ibid.*, p.1024.
(20) *Ibid.*, p.1002.
(21) *Ibid.*, p.1023.
(22) Descartes, *Discours de la méthode*, Nelson, 1960, p.57.
(23) Bossuet, *Correspondance de Bossuet*, Hachette, 1909-25, tome 3, lettre, 1960, 5/18/1689,
(24) Bossuet, "Oraison Funèbre de Marie-Thérèse d'Autriche," *Œuvres*, p.110.
(25) Bossuet, "Oraison Funèbre de D'Anne de Gonzague de Clèves," *Œuvres*, p.148.
(26) Bossuet, *Correspondance de Bossuet*, tome 3, lettre, 5/21/1687.
(27) Bossuet, *Œuvres Complètes de Bossuet*, tome 3, Cattier Librarie, 1862, p.62

第二章

(1) Voltaire, "Discours aux Welches, Mélanges," *Œuvres Complètes de Voltaire,* Pléiade, Gallimard, 1961, p.694.
(2) *Ibid.*, p.695.
(3) Voltaire, "Enthousiasme," Dictionnaire Philosophique（DPと略記する）, *Œuvres Complètes de Voltaire,* Chez th. Desoer, I-7, 1817, p.882.
(4) Voltaire, *Œuvres Complètes de Voltaire,* Pléiade, p.639
(5) Voltaire, "Athéisme," DP, *Œuvres* I-7, p.418.
(6) *Ibid.*, p.419.
(7) Voltaire, "Tolerance," DP, *Œuvres* II-7, p.1756.
(8) Voltaire, "Lettres Philosophiques," *Œuvres Complètes de Voltaire* I-7, Chez th. Desoer, p.9.
(9) Voltaire, "Essai sur les Mœurs et l'Esprit des nations," *Œuvres Complètes de Voltaire* I-4, Chez th. Desoer, p.13.
(10) *Ibid.*, p.115.
(11) Voltaire, "Tolerance," DP, *Œuvres* II-7, p.1753.

(12) Voltaire, "Certain, Certitude," DP, *Œuvres* I-7, pp.567-568.
(13) Voltaire, "Fanatisme," DP, *Œuvres* II-7, pp.978-979.
(14) Voltaire, "Vertu," DP, *Œuvres* II-7, pp.1791-1792.
(15) Voltaire, "Bien, Souverain bien," DP, *Œuvres* I-7, p.489.
(16) Voltaire, "Foi," DP, *Œuvres* II-7, p.1031.
(17) Voltaire, "Esprit faux," DP, *Œuvres* II-7, pp.939-940.
(18) Voltaire, "Juste et injuste," DP, *Œuvres* II-7, pp.1243-1244.
(19) Voltaire, "Morale," DP, *Œuvres* II-7, p.1459.
(20) Voltaire, "Sens Commun," DP, *Œuvres* II-7, p.1676.
(21) Voltaire, "Enthousiasme," DP, *Œuvres* I-7, p.883.
(22) Voltaire, "Égalité," DP, *Œuvres* I-7, p.825.
(23) Voltaire, "Essai sur les Moeurs et l'Esprit des nations," *Œuvres* I-4, p.17.
(24) Voltaire, "Essai sur les Moeurs et l'Esprit des nations," *Œuvres* I-4, p.39.
(25) Voltaire, *Œuvres Complètes de Voltaire*, Pléiade, p.1258.
(26) Voltaire, *Œuvres de Voltaire*, tome 8, Lequien Libraire, 1819, p.3
(27) Voltaire, *Œuvres Complètes de Voltaire*, Pléiade, p.524.
(28) Diderot, "Supplément au Voyage de Bougainville," *Œuvres Complètes de Diderot*, tome 2, p.227.
(29) Diderot, "Addition aux Pensées Philosophiques," *Œuvres Complètes de Diderot*, tome 1, pp.169-170.
(30) Diderot, "Le manuscript de Didrot à la bibliothèque de l'Ermitage;Addition aux Pensées Philosophiques," *Œuvres Complètes de Diderot*, tome 1, pp.158-159.
(31) Diderot, "Pensées Philosophiques," *Œuvres Complètes de Diderot*, tome 1, p.149.
(32) Diderot, "Autorité politique, Dictionnaire Encyclopédique," *Œuvres Complètes de Diderot*, tome 13, p.399.
(33) Diderot, "Pensées Philosophiques," *Œuvres Complètes de Diderot*, tome 1, p.127.
(34) ディドロ「エカテリーナ二世との対談」『ディドロ著作集第三巻　政治経済』法政大学出版会、一九八九年、二八四頁。

(35) Diderot, "Supplement au Voyage de Bougainville," *Œuvres Complètes de Diderot,* tome 2, p.233.
(36) Diderot, "Pensées Philosophiques," *Œuvres Complètes de Diderot,* tome 1, p.128.
(37) ディドロ「エカテリーナ二世との対談」二六六頁。
(38) Diderot, "Droit naturel," Dictionnaire Encyclopédique, *Œuvres Complètes de Diderot,* tome 14, pp.297-298.
(39) Diderot, "Eléments de Physiologie," *Œuvres Complètes de Diderot,* tome 9, p.359.
(40) *Ibid.,* p.372.
(41) *Ibid.,* p.384.
(42) Diderot, "Réfutation de l'ouvrage d'Helvétius," *Œuvres Complètes de Diderot,* tome 2., p.418.
(43) *Ibid.,* p.417.
(44) Diderot, "Pensées sur l'interprétation de la nature," *Œuvres Complètes de Diderot,* tome 2, p.19.
(45) ディドロ「エカテリーナ二世との対談」二七四頁。
(46) ディドロ「ガリアニ師讃」『ディドロ著作集第三巻　政治経済』法政大学出版会、一九八九年、一八三頁。
(47) Diderot, "Argent," Dictionnaire Encyclopédique, *Œuvres Complètes de Diderot,* tome 14, pp.353-354.
(48) Diderot, "Éclectisme," Dictionnaire Encyclopédique, *Œuvres Complètes de Diderot,* tome 14, p.349.
(49) *Ibid.,* p.304.
(50) Althusser, L. *Montesquieu; la politique et l'histoire,* Presse Univ. de France, 1974.

第三章

(1) トマス・アクィナス『神学大全』第十三巻、創文社、一九七七年、第九一問題、一九頁。
(2) 同上、第九五問題、八八－一〇三頁。
(3) 同上、第九一問題、二三頁。
(4) Comte, A., *Cours de Philosophie Positive,* tome 4, Anthropos Paris, 1969, pp.233-234.
(5) *Ibid.,* tome 4, p.329.
(6) *Ibid.,* tome 4, p.249.

(7) *Ibid.*, tome 1, p.12.
(8) *Ibid.*, tome 4, p.292.
(9) *Ibid.*, tome 5, p.216.
(10) *Ibid.*, tome 5, p.218.
(11) *Ibid.*, tome 4, p.496.
(12) *Ibid.*, tome 5, p.217.
(13) *Ibid.*, tome 5, p.214.
(14) *Ibid.*, tome 4, pp.500-503.
(15) *Ibid.*, tome 5, pp.240-242.
(16) *Ibid.*, tome 5, pp.334-335.
(17) *Ibid.*, tome 5, p.351.
(18) *Ibid.*, tome 5, p.352.
(19) *Ibid.*, tome 5, p.356.
(20) *Ibid.*, tome 5, pp.278-279.
(21) *Ibid.*, tome 5, pp.348-349.
(22) *Ibid.*, tome 5, p.551.
(23) *Ibid.*, tome 5, p.512.
(24) *Ibid.*, tome 5, pp.518-519.
(25) *Ibid.*, tome 4, pp.46-47.
(26) *Ibid.*, tome 5, p.548.
(27) *Ibid.*, tome 5, p.566.
(28) *Ibid.*, tome 4, pp.193-194.
(29) *Ibid.*, tome 4, pp.197-198.
(30) *Ibid.*, tome 4, pp.197-198.

(31) *Ibid.*, tome 4, p.200
(32) *Ibid.*, tome 4, p.199.
(33) *Ibid.*, tome 4, pp.207-208.

第四章

(1) Durkheim, E., "La contribution de Montesquieu à la constitution de la science sociale," *Montesquieu et Rousseau*, Librairie Marcel Rivière et Cie, 1953（以後、C. de Montesquieu と略す）. デュルケム「モンテスキューの社会科学成立に対する貢献」（以下「貢献」と略す）『モンテスキューとルソー』小関藤一郎・川喜多喬訳、法政大学出版局、一九八八年。
(2) 前記の著作の冒頭でデュルケムは、モンテスキューとコントを実質的に社会学を誕生させたフランス精神として称えている。
(3) Cuvillier, A., "Avant-propos," *Montesquieu et Rousseau*, Librairie Marcel Rivière, 1953, pp.7-8. さらには、Cuvillier, A, *Manuel de sciologie*, Presses Univ. de France, Paris, 1950, pp.10-11.
(4) Aron, R., *Les étapes de la pensée sociologique*, Gallimard, 1967〔アロン『社会学的思考の流れⅠ』北川隆吉ほか訳、法政大学出版会、一九九〇年、一六－八一頁〕、および、Gurvitch, G., *La vocation actuelle de la sociologie*, Presses Univ. de France, 1950, pp.35-36.
(5) アウグスティヌスは古典世界とキリスト教世界の統合を試み、世界を一つの理想のもとに吸収しようとした。トマス・アクィナスはスコラ哲学よりキリスト教世界の完全さを理論体系化し、世界の向かうべき方向を指し示した。
(6) Durkheim, E., *De La Divisions du travail social*（*Divisions* と略す）, Librairie Felix Alcan, 1922, p.XXXVIII. デュルケム『社会分業論』田原音和訳、青木書店、一九七一年、三二頁。
(7) 情念には、sentiment, plaisir, goût, curiosité など、さまざまな内容が含まれる。ここではとりあえず、客観的かつ合理的に共有されうるものでなく、あくまでも個人的感情に基づくものを示すこととする。
(8) Durkheim, E., *Les règles de la méthode sociologique*（*Règles* と略す）, Librairie Felix Alcan, 1919, p.55『社会学的方法の基準』宮島喬訳、岩波文庫、一九八六年、一一五頁。
(9) Durkheim, E., *Les formes élémentaires de la vie Religieuse*（*Formes* と略す）, Presses Univ. de France, 1990, p.622.

デュルケム『宗教生活の原初形態』下巻、古野清人訳、岩波文庫、一九七六年、三五六頁。

(10) Durkheim, *Formes*, p.622. 邦訳『宗教生活の原初形態』下巻三五六頁。

(11) Durkheim, *Formes*, p.623. 邦訳同上書三五八頁。

(12) Durkheim, *Formes*, pp.622-623. 邦訳同上書三五七頁。

(13) Durkheim, C. de Montesquieu, p.54. 邦訳「貢献」三〇頁。

(14) Durkheim, C. de Montesquieu, p.54. 邦訳同上書三〇頁。

(15) Durkheim, *Formes*, p.620. 邦訳『宗教生活の原初形態』下巻三五四頁。

(16) Durkheim, C. de Montesquieu, pp.104-105. 邦訳「貢献」六八頁。

(17) Durkheim, *Divisions*, p.396. 邦訳『社会分業論』三八四頁。

(18) Durkheim, *Formes*, p.633. 邦訳『宗教生活の原初形態』下巻三七〇頁。

(19) 同じことは、マルセル・モースとの共同論文で提出された、"De quelques formes primitives de classification. Contribution à l'étude des représentations collectives." *L'Année Sociologique*, no.6, 1903〔デュルケム、モース『人類と論理』山内貴美夫訳、せりか書房、一九六九年〕にも論じられている。この論文の結論章のタイトルは、「社会は論理の原型である」であった。

(20) 参考までに、拙稿「モンテスキューにおけるエスプリ概念」『思想』八一九号、一九九三年。

(21) Montesquieu, *Essai sur le goût*, Librairie Droz, 1967, p.67.

(22) Durkheim, C. de Montesquieu, p.34. 邦訳「貢献」一一頁。

(23) Durkheim, C. de Montesquieu, p.34. 邦訳同上一一頁。

(24) 二つの理性の共存は二つのヨーロッパ的観念のユニークな結合である。一つは先験的、スコラ的な論理性であり、もう一つはイギリス経験主義の実験的法則性である。モンテスキューにおいてはこの二つが適切に結びついた。ギュルヴィッチは、モンテスキューの方法はデカルト、ホッブズ、スピノザの近代的影響をうけたアリストテレス的なものであると述べている。Gurvitch, G., *Sociology of Law*, Routledge & Kegan Paul, 1974, pp.53-62. Cf. Gehin, E., "Descartes et Montesquieu." *Revue francaise de sociologie*, vol.14, no.2, 1973.

(25) Durkheim, C. de Montesquieu, p.51. 邦訳「貢献」二七頁。

(26) 内藤完爾の指摘によると、デュルケムは法社会学を標記するのに、la sociologie de droit という言葉を使うことが多く、la loi という言葉を使うことがきわめて少なかったという。デュルケム自身が法社会学の展開のなかでモンテスキューとの距離を自覚的に表明していたと解釈できるかもしれない。ところで、la loi の意味のなかには道徳的なものは含まれていない。それにたいして droit には、社会にたいする権利や義務という意味、すなわち当為の意味合いが極めて重く染み込んでいることを付言しておきたい（内藤完爾『デュルケムの社会学』恒星社厚生閣、一九九三年、五六－七〇頁）。

(27) Weber, Max, "Ueber einige Kategorien der verstehenden Soziologie," *Gesammelte Aufsätze zur Wissenshaftslehre*, J. C. B. Mohr, 1951, pp.427-74.

(28) Durkheim, C.de Montesquieu, p.106. 邦訳「貢献」六九頁。

(29) Aron, R., *L'opium des intellectuels*, Calmann-Levy, 1955.

(30) Aron, R., *Les étapes de la pensée sociologique*, Gallimard, 1967, pp.66.

(31) Durkheim, C. de Montesquieu, p.106. 邦訳「貢献」六九頁。

(32) 一例として、Stark, W., *The Sociology of Knowledge*, Routledge & Kegan Paul, 1958, pp.134-135.

(33) Chaunu, P., *Histoire et Décadance*, Librairie Académique Perrin, 1981, pp.5-12.

(34) モンテスキューの当時の行動が貴族主義的であったことをあげ、かれの業績のひとつの限界をみる人がいる（Althusser, *Montesquieu :la politique et l'histoire*, p.107-122, Stark,The *Sociology of Knowledge* p.221）。しかし、モンテスキューが理性をさらに相対化する〈精神〉をもつことは、この批判が必ずしも当たらないことを証明している。モンテスキューは貴族的行動にもかかわらず思想的には「戦略的」無党派であるといえよう。

(35) Hazard, P., *La Crise de la Conscience européenne*, Fayard, 1961, p.381. アザール『ヨーロッパ精神の危機』野沢協訳、法政大学出版局、一九九〇年、四九五頁。

(36) モンテスキューは、カトリックとイスラム教の「結婚」という習俗の形態について述べ、それがローマ以後のヨーロッパの人口減少に深く関わっていたことを論じている。詳しくは、（LP: 114-117, 邦訳下巻一〇九－一一〇頁）。あるいは、Young, D. B., "Montesquieu on Depopulation", *Journal of the History of Ideas*, vol.36, 1975.

(37) Eisenmann, C., "L'Esprit des lois et la séparation des pouvoirs," *Mélange*, R. Carre de Marberg, 1933, pp.163-192. この論文以後、三権分立という概念は「神話」であるという見解が支配的になった。アルチュルセールはこの神話説を手がか

りにして、モンテスキューが不偏的な立場ではなかったことを説こうとする。Cf. Althusser, L., *Montesquieu; la politique et l'histoire*, Presses Univ. de France, 1974, pp.98-108.
（38）Durkheim, C. de Montesquieu, p.32-33. 邦訳「貢献」一〇頁。
（39）ロジェ・カイヨワは、モンテスキューに傾倒し、『モンテスキュー全集』の編纂を自ら手がけている。かれは、モンテスキューが書いた多様な事象のなかで理性的構造からこぼれ落ちる情念のありさまに注目し、それを「遊び」「聖なるもの」「叙情詩」などのテーマで論じた。
（40）パレートは、情念に関わる非論理的な要素を「残基」（résidus）とし、理性にかかわる論理的要素を「派生体（dérivations）」とした。そして社会にとって恒常的なのは残基であるとする。パレートはモンテスキューの『ローマ人盛衰原因論』をとりあげて各所で言及し評価している（Pareto, V., *A Treatise on General Sociology*, Dover Publications, 1935, No.314-315, 2048-2608）。「ヴォルテールとモンテスキューのどちらも……非合理的行為の自然な発達を考えなかったことは、とても奇妙なことだ」（No.315）。

第二部

第一章

（1）パスカル『パンセⅠ』中公クラシックス、中央公論新社、二〇一二年、断章二九四番。
（2）モンテーニュ「エセー（下）」松浪信三郎訳、ワイド版世界の大思想『モンテーニュ』河出書房新社、二〇一三年、一四三－一四八頁。
（3）川出良枝『貴族の徳、商業の精神――モンテスキューと専制批判の系譜』東京大学出版会、一九九六年、一七〇頁。
（4）Shakleton, *Montesquieu. A Critical Biography*, Oxford, 1961, pp.157-158.
（5）オークは、ギボンが皇帝の個性と歴史との関係を重視したのに対して、モンテスキューが皇帝を権力機能として考えて歴史との関連をとらえたことを指摘する。Oake, R. B., "Montesquieu's Analysis of Roman History," *Journal of the History of Ideas*, vol.16, 1955, p.58.
（6）"Mes pensées," 993(1383), O.C.M-Pléiade, t.1-p.1267.

（7）Eisenmann, C., "L'Esprit des lois et la séparation des pouvoirs," *Mélanges*, R. Carre de Malberg, 1933. pp.163-192. しかしこのように判断することがやや性急にすぎることは、分裂や多様性に対するモンテスキューの含意を論じる本書のなかで論述することである。

（8）"Mes Pensées" 618(1269), O.C.M-Pléiade, t.1-p.1143.

第二章

（1）「トログロディトの物語」は、十八世紀における代表的な社会主義の先駆的思想として、社会主義の歴史家に認知されている（Lichtenberger, A., *Le Socialisme au XVIII siècle*, Felix Alcan, 1895, pp.84-93 など）。

「トログロディトの物語」の概略は以下のとおり。

トログロディトはアラビアの小数民族であった。かれらは非常に狂暴で、力の命ずるままに、自らを支配しようとする役人たちを殺してしまった。そして全員一致して、各個人が誰とも相談せず、自分の利益だけに目を光らせることにした。「私は幸せに生きよう。他人の幸せなど何の関わりがあるものか」と。この小国に日照りや大雨が続き、飢えに苦しむ人がたくさんいたが、人々は飢えている人には構わなかった。また、美しい女性をめぐって男たちが奪いあいをし、家族という関係が壊れても意に介さなかった。畑の所有を争って殺人も起きた。病気が流行し、隣国から名医を呼んだが治療代は納めなかった。「あなた方はこの世に存在する価値がないのだ。なぜなら、すこしも人間性（humanité）がなく、公正の規則（les règles de l'équité）をまるで知らないからだ」（LP11, 邦訳上巻四六頁）。こうしてかれらは自らの不正義のために滅んだ。

しかし数多くの家族のなかでただ二家族だけが、国家に訪れた不幸から逃れて生き残った。かれらは、人間的で正義を知り善を愛していた。かれらは最も辺境に住み、不徳な同国人と離れて、共通の利益のために働き、畑をみずから耕し、自然の恵みで生活していた。善徳は自分たちを犠牲にしなければ得られないものであり、それを辛い修行だと考えてはならないことを子供たちに伝え、仲間のためだけに祈り、かれらの間に徳が養われていった。「粗末な夕食の間には、昔のトログロディト人の不徳や、新しいトログロディト人の善徳の心や、その至上の幸福を歌う。大いなる神と、祈る人びとに与えられる恩寵とを祝福し、神を畏敬しない人びとに必ず与えられる罰を謳う」（LP12, 邦訳上巻四九頁）。このようにして、トログロディト人は自然からの恵みを充分にうけ、大変栄えた。

この繁栄する国を羨望の目でみていた隣国の人々は、トログロディト人たちのもつ豊かな家畜を横取りしようとして、武器をもって侵入した。しかしトログロディトは、家族同然のすべてのトログロディト人を守るために、心を熱く燃やして闘い、勝利したのである。「このように不正義と徳との戦いがなされた。戦利品しかめあてにしていなかった下劣な隣国の人々は、トログロディト人の善徳に戦い破れて、恥も知らずに逃走した」(LP13, 邦訳上巻五二頁)。

人口が増大したトログロディト人たちは、国王を選ぶことにした。一番正しく、有徳でみんなに慕われている老人が、国王として選ばれた。しかし老人は涙を流しながら言った。「あなた方の善徳は、あなた方にとって重荷になりはじめてしまった。……あなた方は、自分たちの習俗のもつ厳しさよりも、君主に従いその法律に服するほうが、ずっとよいと思っている。法律を破らなければ、野心を遂げたり、富みを得たり、邪悪な肉体的快楽に溺れたりできると思っているのだ。また大きな犯罪を犯さないようにしさえすれば、徳を必要としないことを、あなた方はわかっているのだ」(LP14, 邦訳上巻五四頁)。

(2) Hobbes,T., *Léviathan*, Scientia Verlag Aalen, 1966, p.113.
(3) *Ibid.*, pp.116-117.
(4) Aron, R., *Les étapes de pensée sociologique*, Gallimard, 1967, p.60.
(5) "Discours sur les motifs qui doivent nous encourager aux sciencs," O.C.M-Pléiade, t.1-p.56
(6) Hazard, P., *La Pensée européenne au XVIIIe siècle, de Montesquieu à Lessing*, Paris, Boivin & Cie, 1946. アザール『十八世紀ヨーロッパ思想――モンテスキューからレッシングへ』小笠原弘親ほか訳、行人社、一九八七年、二九−四六頁。
(7) "Les Lois Naturelles," O.C.M-Nagel, t.3-pp.184-185.
(8) "Les Lois Naturelles," O.C.M-Nagel, t.3-p.186.
(9) "Les Lois Naturelles," O.C.M-Nagel, t.3-p.188
(10) "Mes pensées," 2204(1676), O.C.M-Pléiade, t.1-p.1574
(11) "Les Lois Naturelles," O.C.M-Nagel, t.3-p.195
(12) "Les Lois Naturelles," O.C.M-Nagel, t.3-p.196
(13) "Mes pensées" 11(741), O.C.M-Pléiade, t.1-p.981
(14) "Éloge de la Sincérité," O.C.M-Pléiade, t.1-p.99

(15) "Voyages," O.C.M-Nagel, t.2- p.1102,
(16) "Mes pensées," 11 (741), O.C.M-Pléiade, t.1-p.981
(17) "Mes pensées," 1214 (1008), O.C.M-Pléiade, t.1-p.1304
(18) "Mes pensées," 2060 (202), O.C.M-Pléiade, t.1-p.1536
(19) "Mes pensées," 2083 (57), O.C.M-Pléiade, t.1-p.1543

第三章

(1) "Histoire Véritable," O.C.M-Pléiade, t.1-p.456
(2) "Mes pensées," 550 (31), O.C.M-Pléiade, t.1-p.1062
(3) "Essai sur la goût," O.C.M-Pléiade, t.2-p.1240
(4) "Mes pensées," 549 (30), O.C.M-Pléiade, t.1-pp.1060-1061
(5) "Les Lois Naturelles," O.C.M-Nagel, t.3-pp.188-199
(6) "Mes pensées," 551 (1675), O.C.M-Pléiade, t.1-1065-1066
(7) "Mes pensées," 459 (30), O.C.M-Pléiade, t.1-p.1061
(8) "Mes Pensées," 551 (1675), O.C.M-Pléiade, t.1-p.1066
(9) "Mes pensées," 549 (30), O.C.M-Pléiade, t.1-pp.1060-1061
(10) "Mes pensées," 997 (69), O.C.M-Pléiade, t.1-p.1268
(11) "Spicilège" 525, O.C.M-Nagel, t.2-p.836
(12) "Les Lois Naturelles," O.C.M-Nagel, t.3-p183.
(13) "Les Lois Naturelles," O.C.M-Nagel, t.3-p.192
(14) この引用の前半部分は、アダム版に収録されているものである。Montesquieu, *Lettre Persanes*, édition critique avec notes par A. Adam, Genève-Lille, Droz-Giard, 1954.
(15) 福鎌忠恕『モンテスキュー』第二巻、政治公論社、一九七〇年、八頁。
(16) "Le temple de Gnide," O.C.M-Pléiade, t.1-p.388

(17) *Ibid*, p.413.

(18) "Mes pensées," 993 (1383), O.C.M-Pléiade, t.1-p.1267

(19) 福鎌忠恕『モンテスキュー』第二巻、二三頁。

(20) "Les Lois Naturelles," O.C.M-Nagel, t.3-p.183

(21) Rousseau, J. - J., "Du Contrat Social," *Œuvre Complètes de Rousseau*, Pléiade, 1964, t.3- p.304.

(22) Freud, S., "Das Unbehangen der Kultur", *Gesammelte Werke* XIV, S. Fischer Verlag, 1948, S.448.

(23) *Ibid*, S.445

(24) *Ibid*, S.446

(25) Pareto, V., *Mannuel d'Economie Politique*, Librarie Droz, 1966, Traité 2079.

(26) *Ibid*, Traité 2247.

(27) 参考までに、中江桂子「ふたつのローマ——モンテスキューとパレート」『ソシオロジ』第三七巻二号、一九九二年。

(28) "Le temple de Gnide," O.C.M-Pléiade, t.1-p.413.

(29) "Essai sur le goût," O.C.M-Pléiade, t.2-p.1240.

(30) *Ibid*, t.2-p.1243.

(31) Simmel, G., *Soziologie*, Suhrkamp, 1992, S.16-24

第四章

(1) "Essai sur le goût," O.C.M-Pléiade, t.2-p.1243.

(2) Aron, R., *Les étapes de pensée sociologique*, Gallimard, 1967, p.51.

(3) "Mes pensées," 1142(288), O.C.M-Pléiade, t.1-p.1293.

(4) "De la politique," O.C.M-Pléiade, t.1-p.114

(5) Aron, R., *Les étapes de pensée sociologique*, Gallimard, 1967, p.46.

(6) *Ibid.*, pp.44-45.

(7) "Mes pensées," 1159 (2162), O.C.M-Pléiade, t.1-p.1295

(8) "De la politique," O.C.M-Pléiade, t.1-p.112.
(9) "Spicilège," 391, O.C.M-Nagel, t.2-p.787.
(10) "Les Lois Naturelles," O.C.M-Nagel, t.3-p.196.
(11) "Mes pensées," 655 (1990), O.C.M-Pléiade, t.1-p.1160.
(12) "Sur les Richesses de l'espagne," O.C.M-Pléiade, t.2-p.13
(13) *Ibid.*, t.2-p.17
(14) "Pensées," 943 (1798), O.C.M-Nagel, t.2-p.267.
(15) "Mes pensées," 618 (1269), O.C.M-Pléiade, t.1-p.1143.
(16) "De la politique," O.C.M-Pléiade, t.1-p.115.
(17) *Ibid.*, t.1-p.112
(18) "Mes pensées," 1156 (2061), O.C.M-Pléiade, t.1-p.1295.
(19) "La Monarchie universelle," O.C.M-Nagel, t.3-p.378.
(20) Starobinski, J., *Montesquieu, par lui-même*, Seuil, 1953, p.100. スタロバンスキー『モンテスキュー――その生涯と思想』古賀英三郎・高橋誠訳、法政大学出版局一九九三年、一三三頁。
(21) "Les Lois Naturelles," O.C.M-Nagel, t.3-p.190, p.193.

結び

(1) Gurvitch, G., *Sociology of Law*, Routledge & Kegan Paul, 1974. pp.53-62.
(2) Hobbes, *Leviathan*, Scientia Verlag Aalen, 1966, p.263.
(3) *Ibid.*, p.493.
(4) Spinoza, "Ethices," *Spinoza Opera*, vol.1, Editio Stereotypa, 1843, p.250, p.408.
(5) "Mes Pensées" 89 (1438), O.C.M-Pléiade, t.1-p.998
(6) 中江桂子「超越的価値について」『ソシオロジ』第一一二号を参照。
(7) Todrov, T., *Nous et les Autres*, Seuil, 1989. トドロフ『われわれと他者』小野潮・江口修訳、法政大学出版局、二〇〇一年、五五八頁。
（8）"Voyages," O.C.M-Nagel, t.1-p.1102.
（9）O.C.M-Nagel, Histoire Véritable, t.3-p.335.
（10）O.C.M-Pléiade, Essai sur la goût, t.2-p.1243.
（11）Todrov,T., *Nous et les Autres.* トドロフ『われわれと他者』五五三頁。
（12）Shackleton, *Montesquieu; A Critical Biography,* Oxford, 1961, p.33.
（13）"Mes pensées," 89（1438）, O.C.M-Pléiade, t.1-p.998.
（14）"Discours sur les motifs qui doivent nous encourager aux sciences," O.C.M-Pléiade, t.1-57.
（15）"Pensées," 1261（612）, O.C.M-Nagel, t.2-p.337.
（16）スタロバンスキーは、これをモンテスキューにノートに書かれた言葉として、著書のなかで紹介している。Starobinski, J. *Montesquieu, par lui-même,* p.107. スタロバンスキー『モンテスキュー』一三六頁。
（17）*Ibid.*, p.34. 同上書三六－三七頁。
（18）"Pensées," 1694（336）, O.C.M-Nagel, t.2-p.507.
（19）"Mes pensées" 1940（198）, O.C.M-Nagel, t.2-p.580.
（20）Starobinski, J., *Montesquieu, par lui-même,* p.100. スタロバンスキー『モンテスキュー』一二三頁。

あとがき

当初私もおおかたの人々と同じく、三権分立というラベルでしかモンテスキューの名を知らなかったし、もちろん法律学や政治学の古典であるという認識しかもっていなかった。ところが、「法律とは必然的な諸関係である」（EL1-1）という言葉を見たとたん、それならこれは、本当は社会学の本なのではなかろうかと、漠とした深い不安にかられたのは、まだ大学院のときだった。『法の精神』にあふれる法律に関する膨大な記述を理解するには、その頃の私はあまりにも力不足だったけれど、モンテスキューの、テーブルの上に歴史を広げて見渡して語るような壮大さやおおらかさ、現象にたいする活発な好奇心は、よく感じることができた。『ペルシャ人の手紙』の抜群に面白い物語に没入すると、私のかれへのこの印象はほぼ確信となり、会ったこともないシャルルに、ほとんど仮想恋愛かというほどに憧れたものだった。ところが、モンテスキュー研究の文献を読むと、かれはデカダンスの思想家とされていて、とても驚いたのを覚えている。やがて「『ペルシャ人の手紙』研究――モンテスキューと社会学」と題した論文で私は学位を得たのだったが、残念ながらすぐにこれを印刷できるような気はしなかった。というのも、モンテスキューの世界は、もちろん『ペルシャ人の手紙』に映し出されてはいるが、その鏡はあまりにも小さく、かれの考えた射程はもっとずっと遠いものであることを、私は直感的に知っていたからである。本書は学位論文のエッセンスはもちろん含みながら、それをモンテスキューの著作の全体のなかに置きなおして全面的に書き直したものである。本を書くためには、若い頃の仮想恋愛もだいぶ冷める必要があったうえに、ここまで世俗の事情も重なり、つい長い時間がたってしまった。

この間に書かれた、第一部第一章および第四章については、初出を示しておく。「ボシュエ論――あるいは近代への精神的転回について」(『成蹊大学文学部紀要』二〇〇九年三月)、「法と法則の二元論へのとまどい」(『成蹊大学文学部紀要』二〇〇七年三月)である。

現代世界の混迷を前にした私たちにとっても、モンテスキューは読み返すたびに発見があり、その魅力は尽きない。まだかれの世界を理解したというには自分が不十分であることは承知しているが、かれの言うように、きっとどこまでも人間は不完全でしかない。であれば、私は恥をかかなければならないと思った。そして、成蹊大学学術出版助成を得たことを機会にして、出版にたどりつくことになった。この幸運に感謝したいと思う。

これまで私は、多くの人々に考える機会をいただき、右往左往する思考に刺激をいただき、研究者として何とかやってきた。謝辞を伝えなければならない人は本当に数知れない。しかしここでは、私を研究者として育ててくれた、法政大学名誉教授の平野秀秋先生にとくに御礼を申し上げたい。学問の世界には確かに関心があったけれど、それに向かい合うと底知れない深淵を覗くような怖さを感じて、本能的に身をすくめるしかなかった私に、平野先生は幾筋もの糸を投げかけてくれたように思う。平野研究室のソファでコーヒーを飲みながら、本を読んで感じた興奮をかなり自分勝手に話す私だったと思うが、先生はダメなところは笑い飛ばし、端っこでも的を射たものについては、思想や理論の広大な世界につなげてくださった。いつもウィットに富んで、洒脱に、厳しく真剣に——学問の楽しさと奥深さを体感する幸福を私は知ることができた。そのような長い時間を経て、先生はものを書くところまで私を導いてくれたのである。平野研究室を離れてかなりの時を経たが、いまでも、言葉に向き合うたびに平野先生と過ごした時間の濃密さがよみがえり、先生に叱られるかな、と自問自答しているのだ。平野先生はすでに八十歳をゆうに超える年齢になられたが元気に過ごされておられる。本書を携えて、またお叱りをいただくことが楽しみである。

二〇一七年一月

中江 桂子

ま　行

や　行

ら　行

わ　行

た　行

な　行

は　行

さ 行

索　引

あ 行

か 行

著者紹介

中江桂子（なかえ　けいこ）

法政大学大学院社会科学研究科博士後期課程修了。博士（社会学）。

現在、成蹊大学文学部教授。専門は、社会学、文化社会学。

編著書として『昭和文化のダイナミズム』（ミネルヴァ書房、2016年）。

共編著書として『メディアと文化の日韓関係』（新曜社、2016年）。

共著書として『ダイナミズムとしてのジェンダー』（成蹊大学文学部学会編、風間書房、2016年）、『21世紀のスポーツ社会学』（日本スポーツ社会学会編、創文企画、2013年）、『社会学ベーシックス　日本の文化と社会』（井上俊・伊藤公雄編、世界思想社、2010年）など。

新曜社

不協和音の宇宙へ
モンテスキューの社会学

初版第1刷発行　2017年3月31日

著　者　中江桂子
発行者　塩浦　暲
発行所　株式会社　新曜社
〒101-0051　東京都千代田区神田神保町3-9
電話（03）3264-4973㈹・Fax（03）3239-2958
E-mail：info@shin-yo-sha.co.jp
URL：http://www.shin-yo-sha.co.jp/

印　刷　メデューム
製　本　イマキ製本所

ISBN978-4-7885-1520-8　C1036

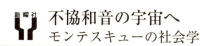

国境と壁を考える

奥野昌宏・中江桂子 編
メディアと文化の日韓関係 相互理解の深化のために
メディアは日韓の相互理解に役立っているのか。文化交流は真の理解につながるか。
A5判312頁 本体3200円

青柳悦子 著
デリダで読む『千夜一夜』 文学と範例性
デリダの「範例性」を切り口に、『千夜一夜』物語を世界文学として読み解く痛快力作。
A5判612頁 本体6400円

小杉泰・江川ひかり 編
イスラーム 社会生活・思想・歴史 〈ワードマップ〉
いまや世界の命運を握るその世界を、日常生活から文化・政治まで歴史的に一覧。
四六判312頁 本体2400円

中山元 著
ハンナ・アレント〈世界への愛〉 その思想と生涯
無国籍者として米国に渡ったアレントは、いかにして「世界を愛する」ようになったか。
A5判514頁 本体5700円

藤田結子 著
文化移民 越境する日本の若者とメディア
電子メディアは国境を消滅させるというが事実は？ 国境を越える心性の意外なゆくえ。
四六判286頁 本体2400円

日比嘉高 著
ジャパニーズ・アメリカ 移民文学・出版文化・収容所
日米開戦とともに日系移民は収容所に入れられた。その苦難の時代を支えたものは？
A5判392頁 本体4200円

大澤真幸・塩原良和・橋本努・和田伸一郎 著
ナショナリズムとグローバリズム 越境と愛国のパラドックス 〈ワードマップ〉
人やモノ、カネがボーダレス化する時代に、なぜ国境にこだわるのか。その謎を解明。
四六判352頁 本体2500円

（表示価格は税を含みません）

新曜社